LOÏC BIENASSIS

Préface de
JOËL ROBUCHON

Reflets de France

Les recettes gourmandes et les produits typiques de nos "pays"

Le travail de synthèse et de rédaction des introductions et des textes relatifs aux produits, ainsi que la sélection iconographique ont été réalisés par Loïc Bienassis et l'unification et la correction des recettes par Alice Breuil. Les sources principales utilisées pour élaborer cet ouvrage sont les volumes parus cans la collection « L'inventaire du patrimoine culinaire de la France » (voir bibliographie en fin d'ouvrage) publiée aux éditions Albin Michel, en partenariat avec le CNAC et les régions.

ALBIN MICHEL

Préface

Je suis né à Poitiers, dans le Poitou. C'est mon « pays », celui de mon enfance et de mon premier apprentissage, à quinze ans. C'est aussi celui du beurre, qui a réuni le Poitou et la Charente avant que la région n'existe officiellement. Ce beurre… qui est le secret de mon plat emblématique, la purée, que je sers aux quatre coins du monde. Est-ce un hasard ?
Non bien sûr. Car nous sommes tous d'un « pays », qui nous a façonnés, inspirés, et nourris.
Je n'oublierai jamais les premières émotions olfactives et gustatives de mon enfance : la viande parthenaise cuite au barbecue sur les sarments de vigne, le fromage de chèvre sec du Poitou (cette chèvre que l'on surnommait « la vache du pauvre »), les lumas farcis, le chevreau à l'ail vert, les macarons de Montmorillon… et enfin, ma « madeleine de Proust », la tranche de pain frais que ma mère nous tendait en un geste d'amour, après l'avoir découpée dans la miche qu'elle venait de signer de la pointe de son couteau.
À vingt ans, j'arrive à Paris, après un crochet par Dinard, en Bretagne, et Contrexéville, dans les Vosges. Une rencontre décisive y change le cours de ma vie. Je suis adopté par une nouvelle famille, les « Compagnons du Tour de France ». Une institution traditionnelle de formation et de perfectionnement qui propose à l'aspirant compagnon un périple chez les maîtres de son métier afin que ceux-ci lui transmettent leurs connaissances et leur expérience.
Je reçois un surnom, C'est la règle : « Poitevin la Fidélité ». Du nom de mon « pays » — pas de hasard, disais-je — qui devient alors un point de départ vers la découverte. Me voilà prêt pour les étapes de mon Tour de France, au départ de Paris, par Montpellier, Nîmes, Tours et Nantes.

Ce livre unique en son genre me renvoie donc à mon adolescence, qui fut une période capitale de ma vie : celle au cours de laquelle j'ai découvert la richesse de notre trésor gastronomique et appris les valeurs de l'exigence et de la curiosité. Ce qui m'a poussé par la suite à sillonner le monde, avec la même soif de découverte des produits locaux et des recettes du terroir qui les accompagnent.
Quel plaisir de revenir aujourd'hui à mes premières amours grâce à cet ouvrage. Vous verrez, l'effet est saisissant…
Vous commencerez peut-être, comme moi, par le chapitre concernant votre « pays », mais vous vous laisserez vite tenter par des chemins de traverse, au gré des recettes et produits qui vous invitent à la gourmandise…

Bon voyage !

Joël Robuchon

“Et tout d'un coup le souvenir m'est apparu. Ce goût, c'était celui du petit morceau de madeleine que le dimanche matin à Combray (parce que ce jour-là je ne sortais pas avant l'heure de la messe), quand j'allais lui dire bonjour dans sa chambre, ma tante Léonie m'offrait après l'avoir trempé dans son infusion de thé ou de tilleul. La vue de la petite madeleine ne m'avait rien rappelé avant que je n'y eusse goûté ; peut-être parce que, en ayant souvent aperçu depuis, sans en manger, sur les tablettes des pâtissiers, leur image avait quitté ces jours de Combray pour se lier à d'autres plus récents ; peut-être parce que, de ces souvenirs abandonnés si longtemps hors de la mémoire, rien ne survivait, tout s'était désagrégé ; les formes – et celle aussi du petit coquillage de pâtisserie, si grassement sensuel sous son plissage sévère et dévot – s'étaient abolies, ou, ensommeillées, avaient perdu la force d'expansion qui leur eût permis de rejoindre la conscience. Mais, quand d'un passé ancien rien ne subsiste, après la mort des êtres, après la destruction des choses, seules, plus frêles mais plus vivaces, plus immatérielles, plus persistantes, plus fidèles, l'odeur et la saveur restent encore longtemps, comme des âmes, à se rappeler, à attendre, à espérer, sur la ruine de tout le reste, à porter sans fléchir, sur leur gouttelette presque impalpable, l'édifice immense du souvenir.

Marcel Proust,
À la recherche du temps perdu, Du côté de chez Swann, 1913.

Friterie 'MOMO'

Sommaire

GRILLONS
CHARENTAIS

À Céline, sans qui ce travail n'aurait pu aboutir,
À mes parents, que ce voyage gourmand aurait amusés.

Introduction

C'est à une balade à travers la France et ses terroirs que je vous convie. Un périple concentrique qui débute en Bretagne et s'achève en Auvergne. Nous passerons de région en région sans pourtant nous perdre dans nos actuelles divisions administratives : Basse- et Haute-Normandie ont été réunies, Aquitaine et Midi-Pyrénées ont été fondus en un vaste Sud-Ouest. Surtout, nous avons souhaité mettre en avant les « pays » de France. Pour cette raison, nous avons traité à part nombre de territoires qui se retrouvent aujourd'hui partagés entre deux régions ou plus - Perche, Bresse, Dauphiné... Reste à savoir ce que nous entendons par « pays ». On parle d'une cuisine vendéenne alors que cohabitent dans ce département cuisines du bocage, du littoral et du marais. Tel livre consacré aux cuisines régionales regroupe Touraine et Anjou, tel autre rattache l'Anjou au Maine ; tel auteur traite de la gastronomie gasconne comme d'un tout, tel autre distingue en son sein celle des Landes ou du Béarn. Parmi tous les découpages possibles, nous avons donc procédé au nôtre et employons avec une grande liberté le terme de « pays » pour évoquer des espaces aux identités affirmées et les pratiques culinaires qui leur sont propres. Nous avons isolé de vastes entités, comme la Provence ou l'Alsace, ou des territoires plus restreints, Thiérache ou Camargue par exemple.
Quant aux produits retenus, nous avons repris et remanié les notices de l'extraordinaire *Inventaire du patrimoine culinaire de la France*. Ces vingt-quatre volumes publiés depuis 1992 et dirigés par le regretté Jean Froc, les historiens Philip et Mary Hyman ainsi que par les ethnologues Laurence Bérard et Philippe Marchenay. C'est d'ailleurs parce que notre ouvrage repose sur cette source que les DOM-TOM n'y sont pas représentés ; la Réunion n'a en effet pour l'instant pas été comprise dans ce recensement national.
Fidèle aux préceptes de l'*Inventaire*, ce sont des produits traditionnels que vous découvrirez, des produits portés par des savoir-faire transmis sur plusieurs générations et enracinés dans leur terroir. Nous avons cependant été contraints d'opérer une sélection drastique parmi les deux mille cinq cents références comprises dans l'*Inventaire*. Nous avons souvent privilégié des produits moins célèbres.
Que personne ne s'offusque, il nous a semblé plus intéressant de contribuer à la découverte du lard nantais ou de la roulette du Bugey que de nous lancer dans une énième recette de quiche lorraine. Nous avons souvent marché au coup de cœur et longue est la liste des « incontournables » laissés de côté : livarot, munster, rosette de Lyon, nougat de Montélimar, rillettes du Mans, gratin dauphinois, saucisse de Morteau, pruneau d'Agen... Ces merveilles de notre gastronomie sont absentes ou simplement évoquées mais mille autres vous attendent ici...

Loïc Bienassis

1

2

3

4

5

6

CHAPITRE 1

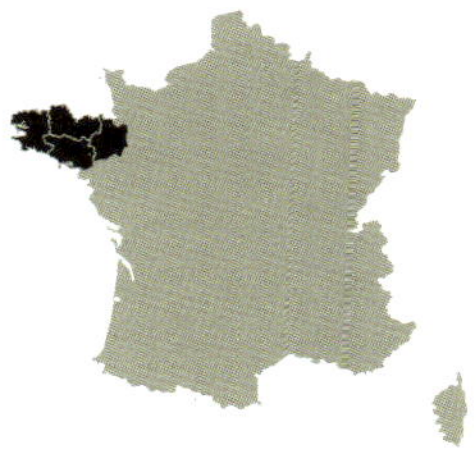

Bretagne

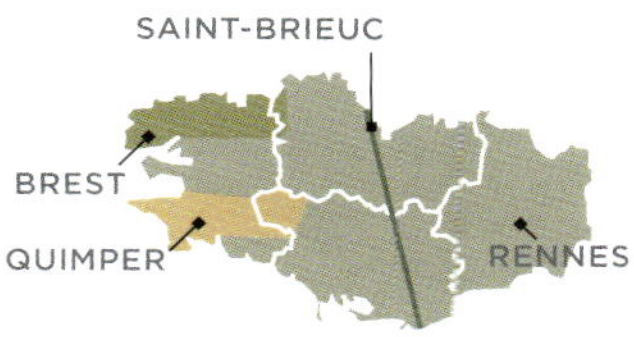

La Bretagne historique incluait Nantes et ses environs. On distingue habituellement la Basse-Bretagne, bretonnante, et la Haute-Bretagne, où se parlait le gallo, une langue d'oïl. Enfin, on divise traditionnellement la province en neuf pays, les neuf anciens évêchés, les neuf bandes blanches et noires du drapeau breton : Cornouaille, Léon, Trégor, Vannetais, Pays nantais, Pays rennais, pays de Saint-Brieuc, pays de Dol, pays de Saint-Malo.

■ *pays de Léon* ■ *Cornouaille* — *Ligne Basse-/Haute-Bretagne*

En 1906, la poétesse Madeleine Desroseaux dépeignait avec fierté les multiples traditions culinaires de sa chère patrie : l'opulente Ille-et-Vilaine, aux belles moissons et aux galettes de blé noir ; le littoral bas-breton, condamné à aller chercher en mer ce que la terre ne lui offrait pas ; le Morbihan, à l'agriculture primitive, qui faisait de la pomme de terre son principal aliment mais où mille sauces agrémentaient le quotidien. D'autres textes s'aventurent à tracer d'autres frontières, la plus fameuse étant celle qui opposerait la Basse-Bretagne, pays de la crêpe (au froment) à la Haute-Bretagne, royaume de la galette (au blé noir) – une délimitation qui n'a en réalité guère de sens. On pourrait aussi distinguer l'intérieur des terres (*argoat*) des côtes (*armor*) ou même, entre ces dernières, celles du nord, fidèles au maquereau, et celles du sud, de tradition sardinière.
S'il est impossible d'ignorer la diversité d'un territoire comptant près de 800 îles et îlots, la Bretagne s'impose pourtant comme un tout : au-delà des variations existe une culture alimentaire partagée qui repose sur quelques piliers, tels que le sarrasin ou les crêpes. Sur le beurre également ; au Moyen Âge, un dicton attestait déjà de la dilection des Bretons pour celui-ci : « Comme la pie la poire, le Breton mange le beurre. » La province l'exportait alors hors de ses frontières et n'a jamais cessé de le faire depuis – elle produit un quart du beurre français. Les ressources océanes nourrissent aussi cette terre. Bien sûr, la Bretagne n'est pas tout entière maritime mais puisque ici la France avance son nez dans les flots – avec plus de 2 700 kilomètres de côte –, on ne s'étonnera pas que plusieurs de ses recettes emblématiques soient tirées de la mer, ainsi la cotriade ou le homard dont le plus célèbre accommodement est « à l'armoricaine ». Au fond, c'est le cidre qui s'avère être le meilleur reflet de cette Bretagne une et multiple. Breuvage emblématique de la contrée, aujourd'hui présent partout, on ne doit pourtant pas parler d'*un* cidre breton mais *des* cidres. Variété des fruits, des sols, du climat et des hommes – une foule de producteurs fermiers et artisanaux –, tout cela se combine et confère mille personnalités à une même (et délicieuse) boisson.

1/ Île de Batz, vestige d'une agriculture à l'ancienne. 2/ Côte de granit rose, Perros-Guirec. 3/ À Lannilis, Finistère, une huître sauvage dite « pied-de-cheval ». 4/ Le Guilvinec, débarquement des langoustines au retour de pêche. 5/ Golfe du Morbihan, parcs à huîtres. 6/ Les « gâteaux bretons » peuventfaire entre 12 et 25 centimètres de diamètre et peser 1,5 kilogramme.

Sur terre...

Produits

CRÊPES, GALETTES

Quelle différence faire entre crêpes et galettes ? Nous reprendrons le constat d'une étude menée en 1993 : en Basse-Bretagne, la distinction entre galette et crêpe correspond à une différence d'épaisseur du produit et de consistance de la pâte tandis qu'en Haute-Bretagne, elle renvoie au type de farine utilisée (sarrasin et froment). Historiquement, on consommait des galettes un peu partout en Europe et elles pouvaient se faire avec de nombreuses céréales, une galette n'était donc autre chose que de la bouillie « desséchée ». Nous trouvons une première recette de crêpes en France vers 1390, dans le *Menagier de Paris*. L'auteur de ce traité nous explique comment faire des « crespes » avec de la farine de froment, des œufs, de l'eau, du sel et du vin. Ces crêpes sont cuites dans un mélange de saindoux et de beurre et saupoudrées de sucre avant d'être servies. On ne pouvait pas faire de crêpes (ou galettes) de sarrasin à la même époque car cette plante n'est arrivée en Europe que vers le XVe siècle. Aucun lien particulier n'existait entre les crêpes et la Bretagne durant l'Ancien Régime. À la fin du XVIIIe siècle le *Dictionnaire universel françois et latin*, dit de Trévoux, décrit les crêpes comme « une espèce de pâtisserie, fort connue dans quelques provinces ». C'est au cours du XIXe siècle que les crêpes sont de plus en plus remarquées par les observateurs en Bretagne tandis que, dans le même temps, leur importance semble diminuer à l'échelle nationale. Sur les marchés, des paysannes vendaient leur production puis, au début du XXe siècle, sous la forme d'un artisanat familial, des restaurants spécialisés, les crêperies, se sont mis en place. Ils ont vu leur nombre croître de décennie en décennie. À la fin des années 1980 était ainsi publié un *Premier Guide gastronomique des crêperies* recensant 427 établissements « de qualité » sur les quelque 2 000 en activité dans les quatre départements de la Bretagne actuelle.

HYDROMEL/CHOUCHEN

L'hydromel était une boisson très appréciée des peuples de l'Antiquité. Contrairement aux idées reçues, les documents manquent sur sa présence parmi les Gaulois ou les Celtes en général. Néanmoins, l'hydromel dut être apprécié là où le miel abondait et c'était effectivement le cas en Bretagne. Au début du XVIIe siècle, le *Thresor de santé* explique que l'on peut préparer l'hydromel faible, à raison d'une livre de miel pour huit d'eau, ou fort, grâce à une proportion de miel double, à une forte réduction lors de la cuisson et une fermentation au soleil d'été de deux mois. Tous les hydromels ne montaient donc pas à la tête comme l'actuel chouchen. Différents termes désignent l'hydromel à travers la Bretagne : chufère, bochad, dourvel, mezegelen... Autant d'indices de l'importance de cette boisson dans cette région. Aujourd'hui, celui de Rosporden, en Cornouaille, est le plus fameux. Une fois encore, les recettes peuvent varier mais l'hydromel reste une boisson fermentée à base de miel dilué dans de l'eau. Toute dilution du miel dans un jus de fruits ou avec une boisson fermentée (cidre ou vin) n'a pas droit à cette appellation ni à celle de « chouchen » qui lui est exactement synonyme.

ANDOUILLE DE GUÉMENÉ

Les andouilles bretonnes jouissaient d'une certaine réputation au XVIIIe siècle. Le *Gazetin du comestible* de 1767 signale à ses lecteurs celles de Saint-Malo, qui sont « très belles », ainsi que les « andouilles, appelées d'Auray ». Encore au début du XIXe siècle, ces dernières semblent avoir été les plus connues. Par la suite, d'autres andouilles accèdent à une certaine renommée ; celles de Châteaugiron, de Cahard puis de Carhaix, de Guémené…
Pour autant, assez tôt au cours du XXe siècle, il semble que ces appellations ne recouvrent plus un lieu de production unique, la « guémené » pouvait se savourer aussi bien à Lorient qu'à Guémené même. Mais si les andouilles fumées se retrouvent dans toute la Bretagne, elles ne sont pas toutes fabriquées comme celles de Guémené.
L'andouille de Guémené apparaît donc comme l'héritière d'une ancienne et riche tradition charcutière. Pour sa part, elle se compose de chaudins (gros intestins) de porc embossés, sa peau est brune puis noire après le séchage et le fumage. À la coupe, des cercles concentriques sont visibles, dus à la disposition des chaudins.

PÂTÉ RENNAIS

Au Moyen Âge, le terme de pâté s'appliquait à toute préparation cuite en pâte... Toutefois, à partir du XVe siècle, on voit apparaître des pâtés sans croûte, dits « en pots ». Le pâté rennais, comme toutes nos terrines actuelles, s'apparente à ces pâtés en pots. Il se confectionnait dans une casse, c'est-à-dire, à l'origine, une poêle en terre, théoriquement réservée à la cuisson des braises mais que l'on pouvait employer au four. Elle se rapproche certainement de la terrinée, notamment celle fabriquée à Matignon dans les Côtes-d'Armor. La terrinée réunissait tout ce qui restait après le dépeçage et la préparation du porc (couennes, os sur lesquels un peu de chair demeurait...). Le pâté rennais actuel se compose pour sa part d'un tiers d'abats et de deux tiers de gorge. Des variantes existent cependant.

GOCHTIAL

Si de nombreuses régions revendiquent brioches et pains briochés, ce genre de pâtisseries occupe une place à part en Bretagne. Plusieurs spécialités illustrent particulièrement bien la survivance de cette tradition : la fouesse du pays gallo, le bourgueu de la presqu'île de Crozon, le pain doux bigouden, le pastéchou (Finistère) et, donc, le gochtial fabriqué autour du golfe de Morbihan (presqu'île de Rhuys). Dans tous les cas, il s'agit à l'origine de productions festives, ces pains étant trop « riches » pour le quotidien. Le gochtial se vendait surtout le 22 janvier lors de la Saint Vincent mais il est désormais commercialisé « hors des fêtes » dans certaines boulangeries.

La véritable recette de ce pain brioché est tenue secrète ! Rappelons simplement que pour transformer un pain enrichi en pain brioché il suffit d'ajouter des œufs et rendre ainsi la pâte plus légère. Le gochtial est rond et galbé. Sa croûte brillante de teinte marron clair à marron foncé est assez épaisse. La mie est crème presque jaune, sa texture est extrêmement fine malgré quelques irrégularités.

POMMÉ RENNAIS *Pour 4 personnes*

Niveau de difficulté : *

Temps de réalisation : 1 h 15

1 kg de pâte feuilletée (maison ou prête à l'emploi)
1,6 kg de pommes acides
300 g de sucre en poudre
1 œuf
1 zeste de citron et de la cannelle en poudre (facultatif, comme à Yffiniac)

Préchauffer le four à 210 °C (th. 7).
Peler, épépiner et émincer ou couper en dés les pommes. Les sucrer (à Yffiniac, on laisse macérer pendant 1 à 2 h les pommes en dés avec le sucre, le zeste de citron et la cannelle).
Découper la pâte feuilletée en rectangles ou en petits ronds festonnés selon les cas.
Déposer la moitié des abaisses sur une plaque de cuisson, puis répartir dessus les morceaux de pommes (on peut aussi utiliser un plat à tarte comme sur la photo ci-contre). Recouvrir avec une seconde abaisse de pâte, souder les bordures et dorer la surface à l'œuf entier (à Yffiniac, on ajoute à l'œuf le liquide rendu par les pommes lors de leur macération).
Faire quelques fentes avec la pointe d'un couteau pour permettre l'évacuation de la vapeur.
Enfourner et laisser cuire 25 à 35 min environ.

POTAGE AUX MARRONS DE REDON *Pour 4 personnes*

Niveau de difficulté : **

Temps de réalisation : 2 h

500 g de gros marrons (de préférence de Redon)
50 cl de lait
20 cl de crème fraîche liquide
20 g de beurre
4 branches de cerfeuil
sel, poivre du moulin

Les marrons étaient autrefois couramment consommés en Haute-Bretagne, notamment dans la région de Redon, où la foire Teillouse réunissait les marchands au mois d'octobre.
Ils sont toujours très prisés, même simplement bouillis et arrosés de lait ribot (babeurre).

Préparation préalable

Inciser l'écorce des marrons avec un petit couteau pointu (c'est plus facile du côté du hile, partie plate et grise). Les plonger par fournées dans une casserole d'eau bouillante (pas plus de 7 ou 8 à la fois, pour qu'ils n'aient pas le temps de refroidir, ce qui aurait pour effet de refaire adhérer la membrane au fruit) pendant 2 à 3 min, puis les retirer à l'aide d'une écumoire et les éplucher en ôtant non seulement l'écorce, mais également la membrane beige interne. Procéder ainsi jusqu'à ce que tous les marrons soient épluchés.

Préparation et cuisson

Porter de l'eau à ébullition dans un faitout. Y jeter les marrons épluchés. Au besoin, retirer un peu d'eau (elle doit couvrir les marrons à hauteur, mais pas plus). Laisser cuire 1 h (vérifier la cuisson : si nécessaire, la prolonger un peu).
Porter le lait à ébullition dans une casserole. Pendant ce temps, égoutter les marrons en conservant leur bouillon de cuisson et les passer au moulin à légumes. Reverser la purée de marrons dans une grande casserole, la diluer peu à peu avec le bouillon de cuisson, puis avec le lait bouillant. Saler, poivrer. Faire cuire 30 min à feu très, très doux, en mélangeant de temps en temps.

Présentation

Hors du feu, lier la soupe avec la crème fraîche et rectifier l'assaisonnement. Servir chaud après avoir incorporé le beurre et quelques pluches de cerfeuil finement ciselées.

… et sur mer

Avons-nous commis un crime de lèse-majesté en ne retenant pas le homard dans ce chapitre ? Avons-nous commis l'irréparable en ne nous arrêtant pas sur l'infinité de coquillages qui peuplent les côtes bretonnes ? Il nous a hélas fallu trancher. Un livre entier aurait sinon été nécessaire. Une telle sélection ne rend évidemment compte ni de la diversité des espèces ni de la diversité des techniques et des métiers qu'elles impliquent. De la grande pêche qui emmène les marins au loin durant des mois, vers les côtes africaines par exemple, à la petite pêche, qui voit rentrer les bateaux dans la journée, ce sont des milliers d'hommes qui travaillent à ramener vers la Bretagne une infinité de produits - charge aux plus habiles cuisiniers et cuisinières de savoir ensuite les transcender à travers mille recettes et accommodements. Poissons (bar de ligne, congre, lotte, maquereau, thon…) ou crustacés (araignée, bigorneau, crevette, langouste, palourde, moule de bouchot…) offrent à la cuisine bretonne ses mets les plus exquis.

Produits

HUÎTRES DE BRETAGNE

Le poète latin Ausone, écrit, au IVe siècle, que « certains vantent les huîtres de la mer armoricaine ». Des siècles plus tard, en 1558, Guillaume Rondelet, dans son *Histoire entière des poissons* souligne qu'« on loue [les huîtres] de Bretagne sur toutes les autres ». Une hiérarchie existe toutefois. Au XVIIe siècle, les plus réputées sont celles de Cancale, que l'on collecte ou que l'on drague. Une renommée qui va aller croissant grâce à l'affinage en parcs qui se met en place au XVIIIe siècle. Mais au siècle suivant le banc naturel s'épuise en raison de l'exploitation intensive pratiquée durant des décennies. L'élevage du naissain et de jeunes huîtres ne change rien ; Cancale perd progressivement son rang.
Cependant, dès l'Ancien Régime, d'autres huîtres bretonnes jouissaient d'une certaine réputation : celles de Paimpol, Saint-Brieuc, du golfe du Morbihan… Quant aux belons, si elles commencent à être célèbres au début du XIXe siècle, ce n'est qu'en 1864 que les premiers parcs d'élevage sont créés. Élevées, engraissées et affinées dans la rivière du Belon, elles triomphent à Paris à la Belle Époque. Contrairement aux autres parcs, qui voient l'huître creuse s'imposer après la Première Guerre mondiale, les rives du Belon sont restées fidèles à la plate traditionnelle. Celle-ci ne représente aujourd'hui que 2 % d'une production française qui s'élève à 130 000 tonnes annuelles. L'huître creuse « japonaise », qui a remplacé la creuse « portugaise » au début des années 1970, constitue les 98 % restants.
Une huître élevée dans des rias, où se mélangent au rythme des marées eau douce et eau de mer, sera plus douce. Mais c'est l'affinage qui donnera à l'huître sa touche finale. Si la plate et la creuse, étant des espèces distinctes, présentent des caractéristiques très différentes, il en va de même entre des huîtres affinées dans des sites, des eaux, des courants et des climats différents. C'est ainsi que se distinguent les grands crus d'huîtres de Bretagne : la cancale, la paimpol (de grand large, élevée en pleine mer), la morlaix penzé (élevée face à la baie de Morlaix, entre la rivière de Penzé et celle de Morlaix), la nacre des abers (l'huître la plus occidentale de France, élevée dans un mélange de courants marins et de ruisseaux d'eau douce), la rade de brest, la quiberon, la Pénerf…

COQUILLE SAINT-JACQUES

L'anonyme auteur du *Thresor de santé*, publié en 1607, tenait en haute estime la coquille saint-jacques, à « la chair & plus douce & plus tendre que tous autres poissons ayans coquille ». Pourtant, comme d'autres coquillages, elle n'était guère goûtée par les populations côtières et, au XVIIIe siècle encore, c'est seulement en temps de disette que le petit peuple de Saint-Brieuc s'en nourrissait. Le statut gastronomique de ces crustacés n'évolua radicalement qu'au cours du XIXe siècle : on commença alors à les commercialiser.
Sur le littoral breton, les ports de la baie de Saint-Brieuc, avec près de 7 000 tonnes pêchées par an, représentent aujourd'hui presque la moitié de la production française. La pêche n'est autorisée que du 1er octobre au 15 mai et est extrêmement réglementée (jours et horaires, taille des coquilles, matériel utilisé, licences...). Le coquillage se pêche à la drague, engin muni de dents raclant le fond de la mer.
Les coquilles fraîches, ouvertes, lavées puis cuisinées, font partie des menus festifs de fin d'année. Certains conservent la membrane appelée « manteau » pour leur garder toute leur saveur. On les trouve aussi dans le commerce, sous le nom de « coquilles saint-jacques préparées à la bretonne », confites dans le beurre et conservées avec leurs coquilles dans des pots en grès, au frais, durant 2 à 3 mois.

SARDINE À L'HUILE

C'est au XVIIe siècle que la pêche à la sardine prit son essor sur toute la côte sud de la Bretagne, de la baie de Douarnenez à Belle-Île. Pour permettre le transport des prises, une véritable industrie vit le jour : celle du salage et de la presse. Les sardines étaient placées en couches successives dans des barriques puis pressées afin d'en extraire l'huile et permettre une meilleure conservation. Puis, avec l'appertisation, les premières boîtes de sardines, préparées « au beurre, au vinaigre et à l'huile », firent leur apparition à Nantes en 1810.
À partir du second tiers du XIXe siècle, les conserveries de sardines commencèrent ainsi à s'implanter dans le sud de la Bretagne. De Douarnenez à Concarneau, la sardine devint le pilier de l'économie locale : les hommes en mer pour la pêcher, les femmes dans les usines pour la mettre en boîtes. L'arrivée du chemin de fer stimula encore davantage cette activité. La production battait son plein à la fin du XIXe siècle – à Douarnenez étaient apportées annuellement près de 5 millions de sardines. Elle a ensuite progressivement perdu de son importance. Depuis les années 1980, afin de faire face à une concurrence mondiale qui les a sévèrement malmenés, les conserveurs bretons s'attachent à mettre en avant la qualité de leur produit.
Quant à la bonne façon de déguster la sardine à l'huile ? Elle se mange tout simplement avec une tartine de beurre (salé !) et un verre de vin blanc, à la pause du matin, en entrée, ou comme repas pique-nique.

Recettes

COTRIADE *Pour 8 personnes*

Niveau de difficulté : **

Temps de réalisation : 1 h

1 tronçon de congre de 500 g (de préférence choisi près de la tête)
1,5 à 2 kg de poissons variés (rougets, maquereaux, merlans, dorades, lieu noir, merlu, soles, sardines, etc.)
1,5 kg de pommes de terre
2 oignons émincés
30 g de saindoux
1 bouquet garni (1 brin de thym, 1 feuille de laurier, 2 branches de persil plat)
1 petit bouquet d'herbes aromatiques (au choix : marjolaine, pimprenelle, cerfeuil, 2 feuilles de menthe poivrée, etc.) ou seulement l'une ou l'autre de ces herbes
3 gousses d'ail écrasées
8 tranches de pain de campagne rassis
gros sel
poivre en grains

Pour la vinaigrette
3 cuil. à soupe de vinaigre de vin rouge
9 cuil. à soupe d'huile d'arachide
quelques branches de persil plat
quelques branches de cerfeuil
quelques tiges de ciboulette
sel, poivre du moulin

La cotriade est la soupe de poissons bretonne par excellence. Étant donné la longueur exceptionnelle du littoral breton, la basse Bretagne s'enorgueillit de nombreuses recettes, surtout sur la côte sud. Plus qu'une soupe familiale, c'était à l'origine la soupe que les pêcheurs se préparaient à bord des bateaux de pêche. Elle était donc essentiellement fonction des lieux de pêche, des saisons, des conditions météorologiques… et du cuisinier de bord ! Elle doit son nom au « chaudron » ou *kaoter* dans lequel cette *kaoteriad* était préparée. Chaque membre d'équipage venait puiser du bouillon dans ce chaudron et le verser dans son bol, sur de fines tranches de pain. Après avoir terminé la soupe, on mangeait les pommes de terre et le poisson, arrosés d'un filet de vinaigre (sauf en Cornouaille, où l'on faisait tout le contraire). Cet usage d'accompagner la cotriade d'un filet de vinaigre, souvent fortement poivré, ou d'un condiment vinaigré, vient de ce qu'à bord des chalutiers la soupe était préparée à l'eau de mer. Pour la même raison, on parfumait volontiers le bouillon de cuisson avec toutes sortes d'herbes : sarriette, marjolaine, pimprenelle, estragon, cerfeuil, menthe poivrée, voire poignée d'oseille ciselée. Tout cela pour estomper la vigueur du sel… et juguler la soif. Aujourd'hui, la cotriade a gagné ses lettres de noblesse et certaines recettes sont devenues classiques, comme la cotriade de Brigneau, petit port de Cornouaille. À Belle-Île, on remplace le saindoux par du beurre, on ajoute beaucoup de légumes (carottes, navets, tomates), et surtout des coquillages (moules, palourdes) et des petits crustacés (crevettes, étrilles, langoustines, et même petits homards ou langoustes). Quelquefois, au contraire, la cotriade n'est préparée qu'avec une seule sorte de poisson : merlan par exemple, ou maquereau comme à Douarnenez.

Préparation et cuisson

Écailler, vider, laver et tronçonner les poissons (mais conserver les têtes qui donnent beaucoup de goût). Séparer espèces fermes et espèces plus molles. Peler, laver et couper les pommes de terre en huit.

Faire revenir les oignons émincés dans un grand faitout avec le saindoux, jusqu'à ce qu'ils blondissent légèrement. Ajouter les pommes de terre et mélanger pour les imprégner de graisse. Mouiller avec 4 l d'eau (1/2 l par personne). Saler, poivrer, ajouter le bouquet garni, les herbes choisies et les gousses d'ail écrasées. Laisser mijoter jusqu'à ce que les pommes de terre soient cuites aux trois quarts. Ajouter alors les espèces de poissons à chair ferme et toutes les têtes de poisson. Faire cuire 5 à 10 min selon les variétés de poissons et la grosseur des tronçons, puis incorporer les autres poissons et terminer la cuisson 5 min. Pendant ce temps, préparer la vinaigrette : dans un bol, mettre dans l'ordre : le sel, le vinaigre, le poivre et l'huile. Fouetter pour émulsionner. Ajouter les herbes finement ciselées.

Présentation

Retirer les poissons et les pommes de terre à l'aide d'une écumoire. Les disposer dans un grand plat de service (sauf les têtes). Verser le bouillon dans une soupière. Présenter d'abord le bouillon que l'on « trempe » avec de très fines tranches de pain de campagne rassis, puis le plat de poissons et de pommes de terre, accompagné de sa vinaigrette aux herbes.
Remarque : pour bien réussir la cotriade, il est important que le poisson ne se défasse pas. Il faut donc commencer par faire cuire les poissons à chair ferme, puis ceux à chair plus molle. Traditionnellement, on boit du vin rouge sur la cotriade (et même du gros rouge sur les bateaux), mais rien n'interdit de déroger à la tradition !

KOUIGN-AMANN *Pour 8 personnes*

Niveau de difficulté : ** Temps de réalisation : 1 h Temps de repos : 1 h

500 g de farine
20 g de levure de boulanger
300 g de beurre demi-sel ramolli (+ 20 g pour le moule)
250 g de sucre en poudre

Autrement dit gâteau (*kouign*) au beurre (*amann*).

Préparation et cuisson

Verser la farine dans une terrine, creuser en puits. Délayer la levure dans 10 cl d'eau tiède, incorporer à la farine. Rouler en boule. Laisser reposer 20 min. Étirer largement la pâte à la main, poser le beurre par-dessus, l'étaler grossièrement, saupoudrer avec 150 g de sucre. Ramener les bords de la pâte pour enfermer le tout, abaisser en donnant une forme rectangulaire, en appuyant simplement avec le bout des doigts. Plier en trois. Laisser reposer 20 min. Faire pivoter la préparation d'un quart de tour, abaisser à nouveau avec les doigts (ou le poing), plier en trois, laisser à nouveau reposer 20 min. Recommencer une nouvelle fois cette dernière opération et laisser encore reposer 20 min. Préchauffer le four à 200 °C (th. 6-7).
Beurrer un moule à manqué, puis le fariner et faire tomber l'excédent de farine. Retourner la pâte à l'intérieur du moule et l'écraser à la main pour l'en garnir.
Passer le gâteau sous l'eau froide le plus rapidement possible, bien égoutter et saupoudrer du reste de sucre. Enfourner et laisser cuire 30 min.

Présentation

Démouler sur une grille juste au sortir du four et laisser refroidir complètement.
Remarque : on peut poser le gâteau directement sur la tôle du four légèrement humidifiée, sans moule, mais cela demande une certaine dextérité.

1

2

4

3

5

CHAPITRE 2

Pays nantais

Nous entendons « Pays nantais » au sens large, en incluant des espaces distincts parmi lesquels on peut citer le pays de Redon, le pays de Retz, la Brière ou le pays de Nantes stricto sensu. Des « pays » directement soumis à l'influence de la métropole nantaise et qui contribuent, chacun à leur manière, à l'identité culinaire de cet espace.

Pays de Redon
Pays de Nantes
Brière
Pays de Retz
Marais salants de Guérande

En plaçant le pays nantais à part, nous ne le retirons ni à la Bretagne historique ni aux Pays de la Loire, nous signalons simplement son originalité, au croisement d'influences multiples. Car il y a bien Nantes la Bretonne. Le pays nantais, consommateur de galettes, cultivait le sarrasin jusque dans la seconde moitié du XIXe siècle et la passion tout armoricaine de ses habitants pour le beurre était bien connue. Enfin, toujours comme l'ancien duché, cette terre a largement négligé les fromages.

Et il y a Nantes l'atlantique. Les huîtres de Bourgneuf étaient déjà fameuses au XVIIIe siècle et la baie continue aujourd'hui d'être un haut lieu de l'ostréiculture française tout en ayant développé l'élevage des moules de bouchot. Dans un autre registre, c'est à Nantes, en 1824, que Pierre-Joseph Colin fit construire la première conserverie de sardines au monde. Ses méthodes allaient se répandre au sud et au nord de la Loire au cours des décennies suivantes et faire la fortune de nombre de cités côtières. Mais nous touchons là à un autre visage de Nantes : le port commerçant, avec tout ce que cela implique d'activités industrielles. Au XVIIIe siècle, la ville, grande bénéficiaire de la traite des Noirs, importait des Antilles de considérables quantités de sucre. Les raffineries se sont multipliées dans la première moitié du XIXe siècle et ont alors été créées quantité de confiseries, à l'image des berlingots ou de la rigolette qui sont parvenus jusqu'à nous. Depuis l'Ancien Régime, Nantes était également spécialisée dans la fabrication de biscuits de mer. Plus tard, en Loire-Atlantique, une véritable industrie vit le jour ; Lefèvre-Utile (LU) lance le Petit-Beurre en 1886 et les Pailles d'Or en 1905, la Biscuiterie nantaise est fondée en 1896... Nous sommes loin des produits du terroir mais ces biscuits constituent sans conteste un monument dans le paysage alimentaire local.

Enfin, il y a Nantes la ligérienne, pays de vin, muscadet et gros-plant, et non de cidre. Ville de fond d'estuaire, les poissons de Loire font partie intégrante de la gastronomie des lieux. On les honore en particulier d'un beurre blanc, fleuron de la cuisine nantaise – même s'il lui est disputé par l'Anjou.

1/ Près de Saint-Nazaire, cabane de pêche et son carrelet (filet) dans l'estuaire de la Loire. 2/ Marais salants de la presqu'île de Guérande. 3/ Nantes, la galerie marchande du passage Pommeraye (1841-1843). 4/ Une partie des usines LU (Lefèvre-Utile) est devenue un centre culturel, le Lieu Unique. 5/ Le saunier utilise un « las » pour collecter le sel dans l'« œillet » (le bassin).

Produits

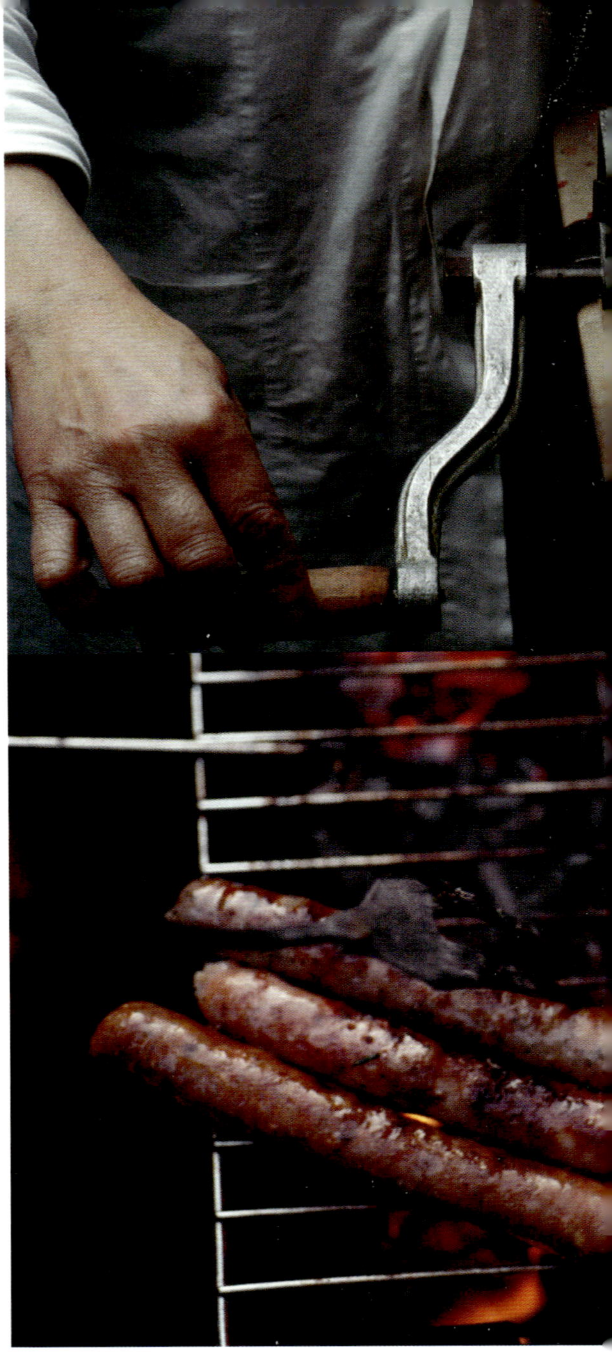

BERLINGOT NANTAIS

Sous l'Ancien Régime, Nantes importait des Antilles de grandes quantités de sucre. C'est cependant au XIXe siècle que les raffineries prennent leur essor dans la ville, une croissance que la liaison ferroviaire vers Paris va encore accélérer durant la seconde partie du siècle. L'activité des confiseurs locaux est logiquement favorisée.

Les berlingots nantais dérivent peut-être d'une friandise italienne, le *berlingozzo*, mais leur origine reste assez floue. On trouve parfois mentionné 1780 comme date de leur apparition, une certaine Mme Dupont (ou Doucet) aurait alors commencé à vendre des berlingots dans une petite guérite située place Royale. D'autres retiennent les années 1830. Une chose est sûre : ces bonbons acquièrent rapidement une grande renommée. Aromatisés à divers parfums, les piquants à la menthe étaient néanmoins les plus appréciés. Les fabricants se multiplièrent et la production tendit même à s'industrialiser à la fin du XIXe siècle.

Le berlingot de Nantes se distingue de celui de Carpentras par l'absence de filets, ces motifs dessinés sur la friandise. Constitué principalement de sucre et d'arômes naturels, il arbore des parfums et des couleurs variés (blanc, vert, rose, rouge, orange, violet, marron clair).

SAUCISSE AU MUSCADET

Au XIXe siècle, Nantes était renommée pour ses charcutiers, dont certains fabriquaient la saucisse dite de Vertou (commune de la banlieue nantaise). On ne sait si cette spécialité ressemblait à la saucisse au muscadet. Cette dernière est une variante de la saucisse au vin blanc connue dans l'ouest de la France, notamment dans les Charentes. Elle compte depuis de nombreuses années parmi les spécialités revendiquées par les charcutiers du département. Depuis 1990 une confrérie s'est d'ailleurs fixé pour but de la « défendre et [de la] glorifier ».

Cette saucisse est à base de maigre de porc (deux tiers), de gras ferme (un tiers), le tout assaisonné de poivre au moulin, de sel marin et de vin muscadet. L'idéal est de la faire cuire sur un feu de sarments !

LARD NANTAIS

Les charcutiers vendent encore aujourd'hui, sous le nom de « côte nantaise », un plat à base de côtes de porc (photo) cuites au fouravec des couennes, du cœur, du foie et des poumons. C'est cet accompagnement que l'on appelle plus spécifiquement le lard nantais.

Cette préparation semble attestée au moins depuis le milieu du XIXe siècle. On peut penser que la combinaison entre le lard du dimanche et la fressure (c'est-à-dire l'ensemble des gros viscères), plat rustique venu de Vendée, lui a donné naissance. Roboratif et peu coûteux, le lard nantais était à l'origine réservé aux plus humbles. Devenu une spécialité de charcuterie, il se consomme chaud ou froid.

Recette

SAINT-JACQUES À LA NANTAISE *Pour 4 personnes*

Niveau de difficulté : ** Temps de réalisation : 1 h 10

8 coquilles saint-jacques
50 g d'oignon haché
85 g de beurre
1 gousse d'ail écrasé
20 cl de muscadet
1 petit bouquet garni (1 brin de thym,
2 branches de persil plat)
mie de pain très légèrement rassise
4 autres branches de persil plat haché
vinaigre
sel, poivre du moulin

C'est une recette de coquilles gratinées. Elle se distingue par la présence dans la farce des barbes qu'aujourd'hui, en général, on jette ou on garde pour corser une nage ou un court-bouillon.

Préparation et cuisson

Ouvrir les saint-jacques, détacher les noix en passant dessous la lame d'un couteau ; prélever les barbes, les coraux et les noix. Laver à part les barbes qui demandent d'abord à être rincées dans de l'eau vinaigrée, puis de nouveau rincées abondamment. Si les coraux présentent une partie noire, la retirer, les passer sous l'eau rapidement en même temps que les noix. Laisser égoutter les barbes à part, puis les hacher très finement ; enlever le muscle qui cerne les noix. Laver soigneusement les valves creuses des coquilles.
Faire fondre l'oignon haché sur feu très doux, dans 20 g de beurre ; lorsqu'il commence à s'affaisser, lui ajouter les barbes et l'ail écrasé, bien mélanger, mouiller avec le muscadet. Ajouter le bouquet, laisser mijoter à couvert en maintenant le feu doux pendant 30 min.
Lorsque la sauce à l'oignon est prête, hors du feu lui mêler les noix de saint-jacques coupées transversalement en deux ou en trois selon leur grosseur, et les coraux escalopés, puis de la mie de pain émiettée peu à peu, jusqu'à ce que soit absorbé l'excès de liquide, sans pourtant trop épaissir la préparation. Incorporer le persil haché et 50 g de beurre en noisettes. Saler et poivrer.
Beurrer l'intérieur des coquilles creuses, y répartir la préparation, parsemer en surface un peu de pain émietté et passer sous le gril du four pour gratiner.

1

2

3

4

5

6

CHAPITRE 3

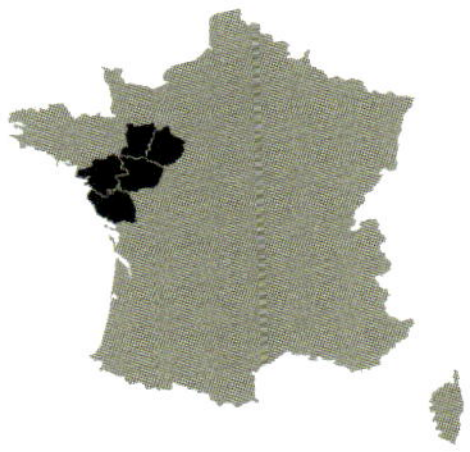

Pays de la Loire

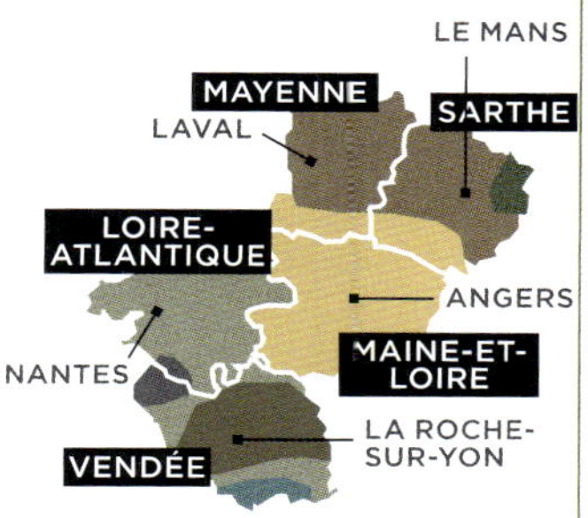

Des provinces historiques jusqu'alors sans destin commun se sont trouvées réunies dans la région des Pays de la Loire. Outre le Pays nantais, la région comprend une partie du Perche, le Maine (la Mayenne et la Sarthe, Bas- et Haut-Maine), l'Anjou et la Vendée (qui se divise en marais breton, bocage vendéen et marais poitevin). Cette dernière, jusqu'à la Révolution, n'était autre chose que le Bas-Poitou.

Maine *Anjou* *Perche* *Marais breton* *Bocage vendéen* *Marais poitevin*

Sans surprise, le peu d'unité de cette région se reflète dans les profils culinaires des pays qui la composent. Nous avons parcouru le Pays nantais où se croisent les influences de la Bretagne, de l'océan et de la Loire. L'Anjou, terre viticole où prospèrent les vergers semble, au premier coup d'œil en tout cas, tout ligérien. Le « prince des gastronomes », Curnonsky, estimait qu'il fallait « rattacher à la cuisine angevine l'honnête et loyale cuisine du Maine et du Perche, ces deux charmantes provinces satellites de l'Anjou ». La formule est plaisante mais l'Angevin qu'il était annexait un peu facilement quelques terres frontalières. On rapprocherait plutôt l'Anjou de la Touraine. Le Maine, lui, est d'abord terrien, et ce n'est pas un hasard s'il tire sa réputation de ses volailles et de sa charcuterie. Quant à la Vendée, on la réduit trop rapidement à sa façade océanique alors que ses marais et son arrière-pays recèlent de succulents atouts.

Bien sûr, rien n'empêche le gourmet de se régaler d'un poulet de Loué accompagné de mogettes et arrosé d'un saumur-champigny. S'il fallait néanmoins débusquer un dénominateur commun à cet ensemble, le beurre ferait sans doute un bon candidat. Car le beurre salé (au sel marin) règne ici sans partage ; même en Anjou, ancien fief de l'huile de noix, il occupe une place essentielle.

Si l'on pousse l'enquête plus avant, dans ces espaces où les fromages restent discrets, la caillebotte ferait figure de second produit universel. Ce fromage frais était déjà mentionné par Rabelais. Antoine Furetière, à la fin du XVIIe siècle, le décrivait comme « du laict caillé, mais qui est un peu ferme & espaissi ». Sa présence en Vendée ou en Anjou ne surprend pas, on sait moins qu'elle se prépare (ou se préparait) dans les campagnes de Sarthe et de Mayenne – on parlait de « kay » dans les anciens patois du Bas-Maine. Délaissé aujourd'hui, ce laitage forme toutefois un bien modeste trait d'union entre les Pays de la Loire.

Au final, plutôt que dresser des passerelles qui n'existent pas, je vous convie à découvrir la richesse que constitue la pluralité de ces terroirs.

1/ Vendanges à la main dans la zone d'appellation de Saumur-Champigny. 2/ Le château de Saumur surplombant la vallée de la Loire. 3/ Intérieur de café à Port-Joinville (île d'Yeu). 4/ Vue aérienne de la côte nord de l'île d'Yeu. 5/ Fabrication traditionnelle d'une brioche vendéenne à La Roche-sur-Yon. 6/ Cave de la Bertholthière à Villiers-sur-Loir.

En passant par... la Vendée

L'écrivain Jean Yole le revendiquait avec une pointe de fierté : « alors que toutes les provinces sont devenues des départements, la Vendée est le seul département qui soit devenu une province ». La force de l'identité vendéenne nous interdit de traiter sa cuisine comme une simple facette de celle du Poitou. La personnalité d'une cuisine ne se résume pas à la combinaison de savoir-faire et de produits, il faut que des hommes et des femmes se reconnaissent en elle.
Et dans quoi se reconnaissent les Vendéens ? Plats du bocage, du marais, de la côte... Dans un espace restreint cohabitent des milieux fort différents. Le bocage avec ses mogettes et sa brioche (qu'entourait tout un folklore) ; la côte avec ses huîtres et ses sardines ; le marais avec son flan ou ses bouillitures d'anguilles... Ces contrastes se sont maintenant estompés et certains produits sont très largement diffusés, bien au-delà de ce petit coin de France - ajoutons d'ailleurs le jambon de Vendée au nombre de ceux-ci. Ces richesses se mêlent désormais pour constituer le patrimoine culinaire vendéen.

Produits

MOGETTE

Certainement l'aliment le plus emblématique du terroir vendéen. Originaire d'Amérique, notre haricot ne fut pas cultivé en France avant le milieu du XVIe siècle. Appelé « haricot » en Île-de-France, le nouveau produit prit dans d'autres régions le nom des légumineuses que l'on y connaissait auparavant : ainsi « mogette » en Bas-Poitou. Ce terme désignait à l'origine le dolique, une légumineuse très ancienne, connue au moins depuis l'Antiquité.

Le haricot d'Amérique progressa lentement dans les campagnes vendéennes, d'abord dans le sud du département au cours du XVIIIe siècle. En 1804, un observateur le décrit comme le « patrimoine du pauvre métayer ». Au XIXe siècle, la mogette continua de gagner d'autres régions du bocage plus au nord et, actuellement, c'est principalement dans le nord-ouest de la Vendée que les mogettes – haricots blancs de type « lingot » – sont cultivées. Après des années d'effort, l'IGP « mogette de Vendée » a été obtenue en 2010.
La préparation à l'ancienne réclame de faire tremper la mogette la veille, pour la cuire pendant trois longues heures dans un pot de terre au coin du feu. On laisse mijoter en rajoutant de l'eau par intermittence. Avec cette préparation on peut se régaler de « grillées de mogettes ». Il suffit d'ajouter, devant l'âtre, quelques tartines de pain, puis de les frotter avec une gousse d'ail, les beurrer et étaler le haricot bien chaud.

BRIOCHE ET GÂCHE VENDÉENNES

Dès la fin du XVe siècle, les « gaisches » sont offertes par les autorités municipales bretonnes aux hôtes de prestige. En 1611, un ouvrage mentionne la « gasche » comme une spécialité normande, tout comme la brioche (certes définie comme un pain aromatisé aux épices).
En somme, depuis bientôt quatre siècles, « gâche » et « brioche » sont des spécialités de l'ouest de la France. Elles s'apparentent toutes les deux à la vaste famille des pains enrichis que l'on fabriquait dans les campagnes vendéennes, surtout à l'époque de Pâques. L'originalité de ce type de préparation tenait au fait qu'on interrompait la fermentation de la pâte en vue de la production de gâteaux d'une consistance serrée.
La brioche actuelle se révèle cependant plus onctueuse et légère que ses devancières. Née dans le bocage vendéen, elle a perdu tout rapport avec la fête de Pâques et est appréciée dans toute la France. Elle se caractérise par son goût sucré, parfumé à l'eau-de-vie, à l'eau de fleur d'oranger ou par l'association des deux. Quant à la gâche, à la mie plus dense, on y incorpore davantage de sucre avec, en outre, un fréquent apport de crème fraîche, qui donne de la fraîcheur en bouche.

Recettes

SOUPE DE POISSONS DE L'ÎLE D'YEU *Pour 6 personnes*

Niveau de difficulté : **

Temps de réalisation : 2 h

1 tête de congre (+ morceau de chair, 800 g au total)
2 kg de petits poissons divers écaillés
1 bouquet garni (1 brin de thym, 1/2 feuille de laurier, 3 branches de persil plat)
1 gousse d'ail pelée
1 gros oignon pelé, coupé en quatre
2 clous de girofle
600 g de pommes de terre
1 grosse tomate ferme
6 à 8 grains de poivre noir (ou poivre gris)
petits croûtons frits à volonté
20 cl de crème fraîche liquide
1 pincée de gros sel
sel fin
1 pincée de poivre de Cayenne

Cette soupe comporte toujours une tête de congre tranchée large sur le poisson afin d'avoir un bon morceau de chair attenant. L'assortiment des autres poissons entrant dans la soupe comporte ce que le pêcheur n'a pas vendu (petites dorades, prêtres, tacauds, petites plies, etc.). Elle ne contient par contre jamais de maquereau ni de sardine.

Préparation et cuisson

Nettoyer tous les poissons. Les mettre dans un grand faitout, les couvrir d'eau à hauteur. Ajouter le gros sel, le bouquet garni, l'ail et les quartiers d'oignon piqués des clous de girofle. Porter à ébullition, puis régler le feu pour conserver un léger frémissement pendant 45 min (au besoin, remettre un peu d'eau chaude en cours de cuisson pour couvrir le poisson).
Peler et couper en morceaux les pommes de terre et la tomate, et les mettre dans le faitout. Ajouter les grains de poivre. Poursuivre la cuisson à frémissement pendant encore 45 min (les pommes de terre doivent rester couvertes). Augmenter alors le feu à vif et, pendant 5 min, remuer avec une cuillère en bois. Retirer du feu.

Présentation

Retirer le bouquet, l'ail et l'oignon du faitout, passer le reste du contenu au chinois, dans la soupière, en écrasant légèrement au pilon pour récupérer tous les jus.
Remuer le contenu de la soupière avec la louche. Rectifier l'assaisonnement, ajouter le poivre de Cayenne. Servir avec les croûtons et la crème fraîche.
Remarque : il est de tradition que la soupe reste peu salée, par contre elle doit incendier la gorge… Pour y remédier, vous pouvez donc l'accompagner de gros-plant frais.

GRENOUILLES DES MARAIS À LA CRÈME *Pour 4 personnes*

Niveau de difficulté : * Temps de réalisation : 40 min Temps de marinade : 1 h

36 à 48 cuisses de grenouilles
1 l de lait
80 g d'échalotes hachées
2 gousses d'ail dégermées et hachées
50 g de beurre
100 g de farine
20 cl de gros-plant
10 cl de bouillon de volaille dégraissé (ou de l'eau)
1 petit bouquet garni (1 brin de thym, 3 branches de persil plat)
2 jaunes d'œufs
20 cl de crème fraîche liquide
4 brins de ciboulette
sel, poivre du moulin

Naguère les grenouilles se pêchaient autant dans le pays de Retz que dans la région nantaise et dans les marais vendéens. Aujourd'hui, bien que moins abondantes, elles sont toujours présentes au printemps sur les tables.
Lorsque les cuisses de grenouilles s'achètent en brochettes, il faut veiller à ce qu'elles aient des reflets légèrement nacrés et qu'elles n'aient pas d'odeur fétide.

Préparation et cuisson

Avant de cuisiner les cuisses de grenouilles, leur couper l'extrémité des pattes (les doigts) avec des ciseaux pour qu'elles soient plus présentables dans l'assiette. Puis les rincer à l'eau légèrement vinaigrée ou citronnée. Les laisser mariner pendant 1 h dans du lait pour les rendre moelleuses.
Faire fondre ensemble les échalotes et l'ail pendant 5 min dans 25 g de beurre, sur feu très doux, en remuant souvent (les aromates ne doivent pas colorer).
Saupoudrer avec 1 grosse pincée de farine, en remuant encore. Mouiller avec le vin et le bouillon. Assaisonner, ajouter le bouquet garni, porter à petite ébullition pendant 5 min.
Sortir les cuisses de grenouilles de leur bain de lait, les éponger soigneusement, les frotter de farine pour les sécher. Les incorporer à la sauce. Les laisser cuire à frémissement pendant 8 à 12 min selon leur grosseur.
Retirer les cuisses de grenouilles, les maintenir au chaud. Dans un bol, délayer les jaunes d'œufs avec la crème fraîche, verser en très mince filet dans la sauce de cuisson, en remuant sans cesse jusqu'à épaississement, sans laisser bouillir.

Présentation

Hors du feu, battre en incorporant le reste de beurre, et rectifier l'assaisonnement. Ajouter la ciboulette ciselée et verser sur les cuisses de grenouilles.

STAUB

En passant par… l'Anjou

La cuisine d'Anjou est d'abord marquée par la Loire, c'est-à-dire, notamment, par les vignobles qui la longent. Des vins qui, non contents d'accompagner les plats du pays, les intègrent et les ennoblissent. Ce fleuve, ce sont également, bien sûr, des poissons que des mains habiles savent mettre en valeur - parfois, précisément, en les mariant avec les crus locaux : pâtés d'anguilles, matelote angevine, alose ou brochet au beurre blanc… Le beurre blanc, voilà l'un des marqueurs de l'identité culinaire angevine. Nous ne nous aventurerons pas à trancher le débat qui oppose l'Anjou au pays nantais quant à la paternité de cette recette, débat au fond sans grande importance.

L'Anjou excelle aussi dans les savoir-faire arboricoles - et la Loire, toujours elle, avec ses coteaux bien exposés n'est pas totalement étrangère à cette vocation. Depuis le XVIIIe siècle, la province aime à faire pousser des fruits et à créer de nouvelles variétés, de pommes et de poires en premier lieu (poire belle angevine, beurré d'Anjou). Le Maine-et-Loire n'a jamais rompu avec cette tradition.

Dans ce petit survol, il ne faut pas omettre les charcuteries (gogues et rillauds), les légumes, largement mis à profit par les cuisiniers du pays (champignons, asperges) ou les liqueurs. Le recensement serait fort long… Curnonsky louait la « cuisine angevine, où prédomine le délicieux beurre du pays, […] bourgeoise et simple ». Il semble délicat de résumer une cuisine en quelques mots mais la formule fait mouche et donne à sentir tout le plaisir que l'on prend à la savourer.

Produits

GUIGNOLET

C'est au XVIIe siècle que se répand en France la consommation des ratafias, ces liqueurs composées de fruits macérés dans l'eau-de-vie et additionnées de sucre. Au XVIIIe siècle, la recette la plus répandue est celle du ratafia rouge, à base de cerises rouges, de cerises noires et sucrées ainsi que de guignes, petites cerises noires et aigres. C'est là, en gros, la recette du guignolet dont on attribue l'invention aux sœurs bénédictines de la Fidélité Notre-Dame du Bon Conseil à Angers au début du XVIIe siècle. Après la dissolution des ordres religieux en 1791, la fabrication passa aux nombreux liquoristes locaux. Les deux fabricants qui, de nos jours, assurent la totalité de la production, commencèrent à confectionner cette liqueur : Cointreau au milieu du XIXe siècle et Giffard en 1885.

De nos jours, le guignolet continue de n'être fabriqué que dans la région d'Angers même si les cerises viennent principalement des vallées de la Garonne et du Rhône. Cet alcool, héritier d'une longue histoire, mérite de voir son image dépoussiérée et qu'une seconde jeunesse lui soit offerte.

FOUÉE D'ANJOU

« Fouée » est le nom angevin de la fouace (nantaise, entre autres). C'est du latin *panis focacius* (pain cuit sous la cendre) que dérivent ces deux termes, tout comme celui de fougasse. À partir du Moyen Âge, alors que le pain se cuit systématiquement au four, les boulangers prirent l'habitude, jusqu'à la diffusion des pyromètres dans les années 1950, de faire cuire au préalable un morceau très plat de pâte à pain afin de vérifier la température du four.

Dans le Saumurois, les fouées étaient notamment consommées pour les casse-croûte dans les milieux populaires. Après la dernière guerre, la tradition s'est un peu perdue mais on assiste à une renaissance des fouées depuis quelques années. Dans la région de Saumur, en plein habitat troglodyte, plusieurs caves dotées de fours proposent des repas à base de cette spécialité. Les clients retrouvent ainsi à la fois les odeurs et les saveurs d'antan. Cette galette généralement ronde, peu épaisse, à la croûte moelleuse, contient très peu de mie. Elle a la particularité d'être creuse à l'intérieur, ce qui facilite son fourrage (beurre salé, haricots, rillettes, fromage de chèvre).

Recette

CRÉMET D'ANJOU *Pour 4 personnes*

Niveau de difficulté : * Temps de réalisation : 30 min Temps d'égouttage : 12 h

500 g de fromage blanc
20 cl de crème fraîche liquide
2 blancs d'œufs

C'est une spécialité réputée de la région d'Angers.

Préparation
Mettre le fromage blanc dans une mousseline à beurre, en lier les quatre coins pour former une sorte de baluchon à suspendre au-dessus de l'évier pendant environ 12 h.
Le mettre ensuite dans une terrine, lui incorporer peu à peu la crème fraîche, à la spatule, en soulevant la masse et, surtout, sans battre.

Fouetter en neige les blancs d'œufs, les incorporer délicatement à la préparation (envelopper les blancs en neige avec le fromage à la crème). Travailler ainsi, toujours sans battre, jusqu'à ce que la préparation soit homogène.

Répartir dans des faisselles placées côte à côte dans un plat creux à fond plat. Entreposer au réfrigérateur.

Présentation
Au moment de servir, démouler chaque faisselle dans une coupelle individuelle froide.
Proposer à part du sucre, des fruits, voire du sel et du poivre, ou encore des herbes fraîches aromatiques ciselées ou hachées (en principe le crémet se déguste telle, nature).

En passant par... le Maine

Il n'est pas simple de définir la cuisine du Maine. On préférera mettre en avant quelques produits phares qui ont conféré à cette province ses lettres de noblesse gastronomiques. On songe à ses volailles en premier lieu. Le chapon du Mans était réputé dès le XVIe siècle et la poularde au siècle suivant. Une race locale, la poule de La Flèche, était engraissée à... La Flèche (et ses environs) avant d'être expédiée vers Paris. Et si la poule de La Flèche a été délaissée, la ville de Loué a su tirer son épingle du jeu au cours du demi-siècle écoulé en maintenant une production artisanale.
Deuxième fleuron du Maine : les rillettes. Bien que, dès les années 1860, celles de Tours aient été les premières à se forger une réputation, les Sarthois surent rapidement les éclipser. C'est en particulier un certain Albert Lhuissier, charcutier de son état, qui, à partir des années 1910, profita des arrêts du train reliant Paris à la Bretagne dans sa ville de Connerré (à 25 kilomètres à l'est du Mans) pour proposer ses rillettes aux voyageurs. Les palais étaient séduits, la capitale vite conquise ; la Sarthe et les rillettes devinrent irrémédiablement associées.
Enfin, troisième célébrité des lieux, en Mayenne cette fois : le Port-Salut. On oublie parfois le nombre d'imitations que ce fromage, lancé par les moines du Port-du-Salut (à Entrammes) dans la première moitié du XIXe siècle, a suscité à travers la France. Une ribambelle de fromages d'abbayes - et pas seulement - ont fait leur apparition, espérant rencontrer le même triomphe que leur illustre devancier.
Voilà donc des mets qu'on ne présente plus, tournons-nous maintenant vers des gourmandises plus discrètes.

Produits

SABLÉ DE SABLÉ

Ce petit biscuit d'environ 5 centimètres de diamètre est l'emblème de la ville de Sablé-sur-Sarthe. Il séduit tout gourmand par sa texture craquante puis fondante en bouche. Comme de coutume, les origines de cette douceur sont entourées de belles histoires. Beaucoup évoquent, citation à l'appui, une lettre de la marquise de Sévigné à sa fille mentionnant pour la première fois le sablé. Le célèbre Vatel aurait fait servir « une multitude de petits gâteaux secs et ronds » à l'hôtel des princes de Condé. On ne trouve hélas nulle trace d'une telle missive. Quant au rôle de la marquise de Sablé ou du frère de Louis XIV, Philippe d'Orléans, qui, entichés de cette gourmandise, en auraient assuré le succès, on se doit de conclure qu'il s'agit également d'une charmante légende. La véritable naissance du gâteau que l'on déguste de nos jours remonte à 1924 quand Yvon Étienne, pâtissier de son état, déposa la marque « Petit sablé de Sablé ». Les autres boulangers-pâtissiers de la ville l'imitèrent rapidement.

POIRÉ

Le poiré est une boisson fermentée à base de moût de poires – des variétés locales telles que la champagne, la plant-de-blanc, la fausset, etc. À la fin du XVIIIe siècle, le poiré le plus réputé se fabriquait dans le nord du Maine, aux abords du Domfrontais. Il restait cependant avant tout une boisson de consommation locale. Cet espace, qui constitue aujourd'hui le nord de la Mayenne, a conservé cette tradition.

Les poires sont récoltées entre fin septembre et début novembre. Après différentes opérations destinées à clarifier le liquide et à en limiter l'astringence, la phase de fermentation peut débuter. Elle dure plusieurs semaines.

Si le poiré est typique de la France de l'Ouest, son faible développement en tant que boisson de consommation résulte de son instabilité : la formation de précipités s'avère peu séduisante pour le consommateur !

1

2

3

4

5

6

CHAPITRE 4

Centre

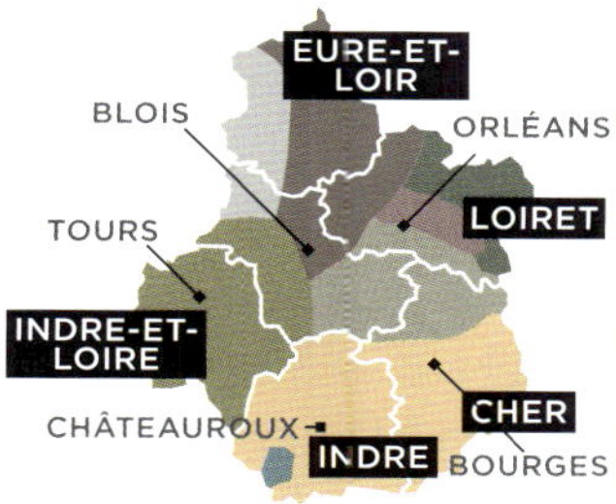

La région Centre correspond à trois anciennes provinces. L'Indre-et-Loire reprend à peu près les limites de la Touraine. Le Berry est divisé entre les départements du Cher et de l'Indre, avec certains espaces naturels clairement individualisés, comme la zone humide de la Brenne. L'Orléanais est quant à lui scindé en différentes régions, naturelles ou historiques : la Sologne, le Gâtinais et la Beauce. Ces deux dernières empiètent sur l'Île-de-France. À cela s'ajoute la partie orientale du Perche.

Perche
Beauce
Gâtinais
Forêt d'Orléans
Sologne
Touraine
Berry
Brenne

Si l'on questionnait les Français sur l'actuelle région Centre, on peut douter qu'ils la situeraient aisément. C'est généralement l'Auvergne que nos concitoyens se représentent comme le véritable cœur géographique du pays. L'espace ainsi baptisé il y a près de soixante ans rassemble en fait plusieurs anciennes provinces aux traditions culinaires bien distinctes, où les paysages donnent un avant-goût de ce que l'on découvre dans les assiettes : une Touraine marquée par la Loire, une Beauce aux impressionnantes étendues céréalières, un Berry terrien, une Sologne forestière et humide…

La géographie fromagère du Centre résume à elle seule cet éclatement. Au nord d'une ligne passant par Blois et Orléans, règne le fromage de vache, qu'il soit roulé dans la cendre ou entouré de feuilles de châtaignier. Au sud de cette ligne, en Touraine, en Sologne et dans le Berry, là où domine la polyculture, l'importance de l'élevage caprin a logiquement donné naissance à quantité de fromages de chèvre. Leurs plus illustres représentants sont aujourd'hui les cinq AOP régionales : sainte-maure-de-touraine, pouligny-saint-pierre, selles-sur-cher, valençay et chavignol.

Comme dans chaque région en mal d'unité, on pourrait certainement isoler des pratiques culinaires communes. L'importance des charcuteries cuites par exemple : andouilles, andouillettes, pâtés, rillettes, rillons, charbonnée… Mais, au fond, ce qui réunit véritablement les cuisines de cette région Centre réside dans la difficulté que l'on a à les identifier, hors de leurs frontières et même, très souvent, aux yeux de leurs propres habitants. Il manque des grands plats dont la simple mention ferait venir à l'esprit des images de Loire ou nous transporterait au milieu de la belle campagne berrichonne. La beuchelle tourangelle demeure des plus confidentielles, le pâté de Chartres n'a pas su se faire connaître, le pâté de pommes de terre n'est pas sorti du Berry. Et qui se rappelle par exemple que la mondialement célébrée tarte Tatin nous vient de Sologne ? Nous tenterons donc dans ce chapitre de réparer toutes ces petites injustices.

1/ Un vignoble du Sancerrois après les vendanges (Bué, dans le Cher). 2/ Le plus fastueux des châteaux de la Loire, celui de Chambord. 3/ La Sologne, ses bois et son gibier. 4/ Candes-Saint-Martin, à la confluence de la Loire et de la Vienne. 5/ La Brenne, « pays des mille étangs » en compte… plus de 2200 ! 6/ La Halle au blé de Bourges, marché couvert du samedi.

En passant par... la Touraine

La douceur angevine de du Bellay se prolonge dans le « jardin de la France » de Rabelais. Deux territoires d'abord unis par la Loire, autrement dit, du point de vue du gourmet, par les poissons qui la peuplent et par la vigne qui orne ses coteaux. La lamproie, l'anguille et l'alose figurent sur les tables d'Anjou et de Touraine. Certes, des nuances sont perceptibles dans la manière de les apprêter, le beurre blanc est par exemple étranger à la Touraine. On déplorera en tout cas que l'ensemble de ces savoir-faire vacille aujourd'hui en raison, entre autres, de la raréfaction de certaines espèces - depuis 1994, il est ainsi interdit de pêcher le saumon de Loire.

La parenté entre gastronomie angevine et tourangelle va cependant plus loin et s'exprime à travers de multiples mets : poires et pommes tapées, fouées, champignons de couche, rillauds d'Anjou dont le nom change pour devenir rillons en Touraine... Longtemps, une ample utilisation de l'huile de noix a également constitué un trait commun à ces deux gastronomies. Un patrimoine partagé mais aussi de véritables différences. La Touraine, davantage que sa voisine, accorde une place de choix aux fromages de chèvres. Quantité de spécialités sont propres à Tours et à ses environs - on citera, dans le domaine des plaisirs sucrés, les muscadins, les nougats de Tours, les langues de femme...

Petite hardiesse de notre part, nous avons réuni Touraine et Blésois. Il nous a semblé naturel d'associer ici ces deux contrées ligériennes.

Produits

RILLETTES DE TOURS

Ces rillettes, préparation de viande de coche ou de cochon, sont obtenues par cuisson lente dans la graisse. Leur spécificité vient du rissolage des viandes au départ, de la cuisson lente en marmite ouverte (qui les rend plus sèches que les rillettes du Mans) et d'une fin de cuisson à feu vif, qui leur confère une couleur et un goût caractéristiques.

Le terme « rillette », tout comme le produit, est incontestablement de l'Ouest. Il provient de « rille » qui, dans les sources anciennes, semble s'appliquer à un morceau de porc, peut-être de forme plate et allongée. C'est seulement à partir des années 1860 que les charcutiers tourangeaux commencent à commercialiser les rillettes qui n'étaient jusque-là qu'une préparation domestique. Le produit séduit bien au-delà de la Touraine à la Belle Époque. Mais cette gloire fut de courte durée, les Tourangeaux furent rapidement supplantés par les rillettes du Mans qui s'imposèrent alors comme la référence dans tout le pays. Depuis une vingtaine d'années un travail important est mené pour permettre le renouveau de la rillette de Tours, l'obtention d'une IGP devant prochainement couronner ces efforts.

RILLETTES DE
RILLETTES

MACARON DE CORMERY

L'une des légendes qui entourent la naissance de ces macarons en forme d'anneau fait l'objet d'un livret accompagnant les « Véritables macarons de l'abbaye de Cormery ». Ce texte en vers, daté de décembre 1872, explique qu'il existait à partir du VIIIe siècle, à Cormery, une abbaye dont le supérieur, soucieux de distinguer ses macarons de ceux confectionnés ailleurs, passa la nuit en prière aux portes de la cuisine, jurant que « Le premier objet vu, je le promets à Dieu, / De tous les macarons ornera le milieu... ». Alors qu'un frère fabriquait ses gâteaux, un morceau de charbon jaillit du four et tomba sur son ventre : « Et du maudit charbon la fortuite adhérence / Ne laissa bientôt (soit dit sans indécence), / Qu'un trou bordé de noir, aussi rond qu'un anneau, / Pas bien large, c'est vrai, mais on voyait... la peau. » L'abbé colla son œil au trou de la serrure et aperçut le nombril du frère ! Fidèle à son vœu, il en prit l'empreinte. Et notre auteur de conclure : « Quand vous voudrez goûter un des vrais Cormery, / Croyez ma parole, exigez le nombril !!! »
On ne sait en réalité quand ces macarons furent créés. En 1892, un pâtissier dépose la marque des « Véritables macarons de Cormery », sans que nous sachions s'il en fut le créateur dès 1872. La recette se transmet depuis entre ses successeurs. Un tel succès suscita l'émulation et, en 1971, naît l'enseigne des « Vrais macarons de Cormery » ! Ceux-ci sont également livrés avec une « légende » selon laquelle l'aspect des macarons serait dû à l'anneau de l'abbé tombé dans la pâte. Les « Véritables » comprennent des amandes, du sucre glace et cristal, des blancs d'œufs, des écorces d'oranges et des extraits d'amandes amères. La proportion d'amandes amères est moindre dans les « Vrais ». Les deux se caractérisent par une texture à la fois croquante à l'extérieur et moelleuse à l'intérieur.

PAVÉ DE BLOIS OU PAVÉ FRANÇOIS Ier

Les pavés de Blois, au-delà de toutes leurs variantes, sont composés de deux couches extérieures de nougatine craquante (à l'image de la photo ci-jointe) et d'un cœur épais de chocolat praliné tendre, parfois additionné de gianduja. Ils sont de forme carrée.
Le pavé de Blois est l'héritier direct d'un bonbon de grande renommée inventé par Octave Aréna et appelé le candidi. Nous ignorons quand ce premier bonbon a vu le jour mais il est très apprécié dès les années 1930. La recette évolue après-guerre afin de permettre une meilleure conservation. Les successeurs d'Aréna en assurent le succès dans le monde entier. En 1983 toutefois, la boutique ferme sans que les secrets de fabrication aient été transmis. Les tentatives de faire revivre cette friandise se déclinent depuis en autant de « pavés » : de Blois, du Roi, royal ou François Ier. Le pavé du Roi, trempé dans un sirop au café, passe pour être le plus proche du bonbon originel.

Recette

SOUPE DE POISSONS DE LOIRE *Pour 6 à 8 personnes*

Niveau de difficulté : ***

Temps de réalisation : 1 h 30

1 petite anguille
1 petit brochet
1 petite carpe
4 gardons
50 cl de vin blanc cour-cheverny (Loir-et-Cher)
1 bouquet garni (vert de poireau, thym, laurier, branches de persil)
2 blancs de poireaux
4 pommes de terre moyennes
1 gros oignon
1 filet d'huile de tournesol
sel, poivre du moulin

Une soupe de poissons sauvages de Loire pour redécouvrir les saveurs subtiles et oubliées du poisson d'eau douce. Les poissons sont nombreux dans la Loire. Profitons-en !

Préparation et cuisson

Écailler, vider, étêter, laver et dépecer l'anguille. Tronçonner tous les poissons. Les mettre à frémir 25 min avec le vin et de l'eau à hauteur. Ajouter le bouquet garni. Saler, poivrer.
Laver, peler et émincer les poireaux. Peler et émincer les pommes de terre et l'oignon.
Les faire revenir dans un faitout avec l'huile (sans les laisser roussir).
Égoutter les poissons à l'aide d'une écumoire et les poser sur les poireaux et l'oignon.
Les couvrir de pommes de terre. Passer le bouillon de poissons à travers une passoire fine et le verser sur les pommes de terre. Saler, poivrer. Ajouter de l'eau si nécessaire. Laisser cuire à ébullition jusqu'à ce que les pommes de terre soient cuites.

Présentation

Servir cette soupe accompagnée de croûtons frits.

En passant par… le Berry

Il ne fait pas de doute que la cuisine continue d'unir un Berry scindé en deux depuis la Révolution - divisé qu'il est entre les départements du Cher et de l'Indre. Pourtant la patrie de George Sand peine à établir la réputation de sa table, sans doute parce qu'on y retrouve les ingrédients communs à nombre de cuisines rustiques. Le Berry a ainsi différentes recettes en partage avec la Creuse et le Bourbonnais voisins ; et si le clafoutis appartient autant au Bas-Berry qu'au Limousin, c'est ce dernier qui a su se l'approprier dans l'esprit de tous. La cuisine berrichonne est une cuisine simple, paysanne, où la pomme de terre occupe par exemple une place éminente. Mais cette simplicité ressemblerait plutôt à un avantage en ces temps où règne la quête de l'authentique. Reste que le seul produit clairement associé à cette province est la lentille verte. Il faut donc que ce coin de France apprenne à se faire connaître et que l'on rende à César ce qui lui appartient. Qui sait que le célèbre crottin de Chavignol est originaire du Berry ? Qu'il cohabite avec deux autres AOC de chèvre, la pyramide de Valençay et le pouligny-saint-pierre ? Et que ces terroirs nous donnent les vins de Sancerre et de Reuilly ? Quant à la magnifique Brenne aux mille étangs, pour déguster ses carpes il convient de la visiter.

Produits

GALETTE AUX POMMES DE TERRE

Vendue dans maintes boulangeries, la galette aux pommes de terre est restée très longtemps une préparation ménagère. Si personne n'est capable de dire depuis quand on la prépare dans le Berry, c'est à partir du début du XIXe siècle que ce type de plat apparaît dans les livres de cuisine. La plupart des recettes berrichonnes utilisent une purée emprisonnée dans une pâte à tarte, l'ensemble étant étalé voire plié (« touré ») comme une pâte feuilletée en utilisant la purée de pommes de terre à la place du beurre ! Ce procédé semble propre à cette région. Cela dit, on a pu écrire qu'il y a « autant de galettes que de cuisinières ». Pourtant, à cause de sa préparation assez longue, la galette est en régression en cuisine familiale tandis que certains professionnels remplacent la purée « maison » par une purée à base de flocons de pommes de terre ! Elle reste n'en reste pas moins l'une des spécialités emblématiques de la cuisine berrichonne.

VALENÇAY

C'est un fromage de chèvre en forme de pyramide tronquée. Il est originaire de deux petites régions de l'Indre : la Champagne berrichonne, dont la capitale est Valençay, et le Boischaut, dont la principale ville est Levroux. C'est sous ce nom qu'il apparaît le plus souvent dans les traités de laiterie du XIXe siècle. Cependant, ce fromage de Levroux correspond plutôt à ce qu'on appelle aujourd'hui un « fromage fort ». Le valençay proprement dit se préparait-il de la même manière ? Mystère mais sa réputation était déjà acquise à la fin du siècle bien au-delà de la région. À partir des années 1950, l'élevage des chèvres a progressivement diminué dans le Boischaut alors qu'il se maintenait dans la Champagne berrichonne.
Le nom de valençay s'est donc imposé, et c'est sous cette dénomination qu'il obtient un label régional en 1979 puis son appellation d'origine contrôlée (AOC) en 1998.
Demi-affiné, sa pâte sera onctueuse, la texture plus fondante. Plus affiné, son goût sera plus soutenu et sa pâte ferme, voire légèrement cassante.

ÉCHAUDÉ DE BRENNE

Ce biscuit sec est fabriqué à partir d'une pâte ébouillantée (« échaudée ») avant d'être cuite au four. De nos jours, les échaudés sont dégustés en apéritif ou encore au petit-déjeuner trempés dans du café. De texture dure et croquante, de couleur naturelle dorée, de saveur légèrement salée, ils sont parmi les pâtisseries les plus anciennes attestées en France. On en trouve dès le Moyen Âge, en Berry comme ailleurs.
À Mézières-en-Brenne, les échaudés étaient consommés avec du vin gris lors de la « loué », assemblée du lundi de Pentecôte où les domestiques venaient se louer pour l'année dans les fermes. Cette tradition a perduré jusque dans les années 1960 mais, même après la disparition de cet usage, les artisans de la ville continuèrent à fabriquer les échaudés. En 1983, a été inaugurée l'annuelle Foire aux poissons et aux échaudés suivie deux ans plus tard par la création de la Confrérie des croqueux d'échaudés.

Recette

ŒUFS À LA COUILLE D'ÂNE *Pour 4 personnes*

Niveau de difficulté : *

Temps de réalisation : 15 min

4 œufs
4 tranches de pain de campagne
4 oignons émincés
50 cl de vin rouge
2 échalotes hachées
10 cl de vinaigre de vin blanc
1 cuil. à café de sucre en poudre
120 g de beurre bien froid
1 petit bouquet de ciboulette
sel, poivre du moulin

En réalité, l'anatomie intime de ce charmant animal n'apparaît pas dans cette recette. Quoi qu'il en soit, c'est bien le terme que les Berrichons emploient pour désigner leurs œufs en meurette.

Préparation et cuisson

Sortir les œufs du réfrigérateur plusieurs heures avant de les pocher.
Faire rôtir les tranches de pain dans une noix de beurre et les tailler au diamètre du fond de l'assiette creuse.
Dans une casserole, faire fondre les oignons émincés dans une noix de beurre et les laisser compoter sur feu doux en les remuant de temps en temps. Réserver dans un plat.
Verser le vin dans la casserole et laisser réduire de moitié. Ajouter les échalotes hachées.
Faire réduire jusqu'à obtenir une sauce sirupeuse. Saler légèrement et réserver.
Dans une casserole, mettre 1,5 l d'eau et le vinaigre. Porter à ébullition puis baisser le feu pour que l'eau ne soit plus que frémissante. Casser les œufs en les mettant chacun dans une tasse. Les verser doucement dans l'eau frémissante et les laisser pocher 3 à 4 min. Les sortir délicatement à l'aide d'une écumoire et stopper la cuisson dans de l'eau froide, parer les blancs aux ciseaux et les débarrasser sur un papier absorbant.
Porter à nouveau l'eau de cuisson des œufs à ébullition. Couper le feu, remettre les œufs pour qu'ils se réchauffent sans cuire. Poser 1 cuil. à soupe d'oignons sur les tranches de pain.
Faire chauffer le vin réduit sur le feu et incorporer le beurre restant en noisettes, sans cesser de mélanger afin d'obtenir une sauce bien onctueuse.

Présentation

Poser chaque œuf sur un lit d'oignons et les arroser de sauce au vin. Donner un tour de moulin à poivre et parsemer de ciboulette ciselée ou entière. Selon les goûts, ajouter quelques lardons grillés dans la sauce.

En passant... de la Sologne à la Beauce

Dans le royaume de France, la province de l'Orléanais incluait la Sologne, la Beauce, la région d'Orléans et le Gâtinais orléanais - plus au nord, le Gâtinais devient « français ». Mais, depuis fort longtemps, cette histoire commune ne nourrit aucun sentiment d'appartenance et les traditions culinaires de ces contrées diffèrent largement. Soyons honnêtes, si nous avons choisi de les réunir c'est avant tout par commodité.
Blottie entre les vallées de la Loire et du Cher, la Sologne s'est imposée dans notre imaginaire comme l'un des territoires de chasse les plus renommés de France. La forêt, omniprésente, et les étangs, au nombre de 3 000, forment un milieu bien particulier. Sans surprise, les recettes à base de gibier - les terrines en premier lieu - et de produits de la forêt - girolle, cèpe, coulemelle, morille... - abondent. Beaucoup serait cependant à faire pour que les fruits de la chasse solognote soient pleinement (et judicieusement) mis à profit.
En remontant vers le nord, nous passons à l'Orléanais - au sens étroit du terme. Des vergers (poires de l'Orléanais), des charcuteries (l'andouille de Jargeau), la présence du vignoble ; le décor semble familier - aurait-il fallu rapprocher cet espace de la Touraine au nom d'une parenté ligérienne ? Le Gâtinais, lui, tourne le dos à la Loire. Région un peu oubliée, ce sont peut-être ses produits qui portent le plus haut son nom : que ce soit son safran, son miel ou ses praslines (de Montargis)... Enfin, à cheval sur l'Île-de-France, vient la dernière pièce de ce puzzle, la Beauce, grenier à blé par excellence, qui forme l'une des plus vastes plaines de notre pays.
Mais quiconque prend le temps de se pencher sur les trésors gastronomiques de l'ancien Orléanais sera enchanté des surprises qu'il y découvrira. La cuisine solognote n'a pas seulement trouvé l'inspiration dans la chasse et les forêts, la Beauce ne se borne pas à faire croître les céréales.

Produits

MIEL DE SOLOGNE

Historiquement, le miel de Sologne ne jouissait pas d'une grande réputation, principalement en raison de sa couleur foncée. Au XVIIIe siècle on recherchait en effet les miels les plus blancs. Quoi qu'il en soit, on faisait du miel en Sologne et au début du XXe siècle, l'élevage des abeilles y était florissant. Quelques apiculteurs s'équipèrent de ruches à cadres mobiles bien avant la Première Guerre mondiale mais la plupart continuèrent encore longtemps à récolter le miel dans des paniers en vannerie qu'il fallait « châtrer » chaque année en coupant les rayons de miel. Pressés, les rayons renfermaient du miel, mais aussi du pollen et des larves. On devine que le miel devait avoir un goût bien différent. Telle une gourmandise, il se dégustait aussi en « coupiaux », morceaux de rayons découpés, dont on recrachait la cire mâchée. Aujourd'hui, le miel de Sologne est issu d'un mélange des nectars de nombreuses espèces mellifères : châtaignier, acacia, bruyères, prunellier, aubépine, ronce, germandrée et miellat, principalement de chêne (miel élaboré par les abeilles à partir d'excrétions sucrées d'insectes suceurs de sève, notamment les pucerons). Malheureusement, le miel de bruyère callune - très apprécié des connaisseurs - est aujourd'hui une rareté en Sologne, tandis que l'on peut encore trouver du miel d'érica - la petite bruyère - bien qu'en faible quantité.

PRASLINE DE MONTARGIS

Ces amandes grillées recouvertes d'un caramel parfumé à la vanille sont célèbres dans toute la France. Les premières recettes de « praslines » paraissent dans les traités dits « de confiture » à partir des années 1660. Selon la maison Mazet, Clément Jaluzot, officier de bouche du duc César de Choiseul-Praslin (1598-1675), inventa le fameux bonbon à la fin des années 1630. Il se serait ensuite installé à Montargis comme confiseur après avoir quitté le service du duc. Pourtant, alors que les pralines de Nîmes, Verdun ou Bourges sont signalées pour leur excellence durant l'Ancien Régime, on ne trouve nulle mention de celles de Montargis avant le début du XXe siècle.

L'histoire nous est en fait clairement connue. En 1903, Léon Mazet reprend la confiserie d'un certain M. Huet. Ce dernier, raconte Mazet, « me parla avec enthousiasme de la praline inventée par le cuisinier du duc de Praslin qui aurait, selon lui, fondé au XVIIe siècle la maison qu'il me vendait ». Mazet sut tirer partie de ce conte. En 1920, il inaugure un nouveau magasin baptisé « Au duc de Praslin », quant à la confiserie, il décide d'utiliser l'orthographe ancienne de *prasline* et dépose la marque « Prasline de Montargis » en 1926.

COTIGNAC D'ORLÉANS

Entre la gelée et la pâte de fruit, le cotignac est composé en poids égaux de sucre et de jus de coing, additionné de rouge de cochenille. La gelée encore chaude est versée dans des petites boîtes de 5 centimètres de diamètre en bois d'épicéa appelées « friponnes ». Les cotignacs refroidissent lentement à température ambiante durant une journée. Jusqu'aux dernières décennies du XXe siècle, différents confiseurs d'Orléans confectionnaient le cotignac. De nos jours, il n'existe plus qu'un seul fabricant.

Mentionnée dès l'Antiquité, la pâte de coing prend dès le Haut Moyen Âge le nom de *cotinatum* (du latin *cotoneum*, « coing ») qui a donné, peut-être par l'intermédiaire du provençal, notre cotignac. On a trouvé mention d'un commerce considérable de boîtes de cotignac dans les archives orléanaises dès le XVe siècle. Richelet, dans son *Dictionnaire* de 1680, l'affirme : « le meilleur cotignac est celui d'Orléans ». Un ouvrage de 1713 donne une recette de « cotignac d'Orléans » qui ressemble fortement aux techniques utilisées encore aujourd'hui – y compris l'ajout d'un colorant à base de cochenille, pour lui donner « une belle couleur ».

EAU-DE-VIE DE POIRE D'OLIVET

Si des eaux-de-vie de fruits (autres que le raisin) sont fabriquées depuis des siècles dans l'Orléanais, elles n'ont commencé à être commercialisées que très récemment. Olivet (qui fait actuellement partie de l'agglomération d'Orléans) était autrefois connu pour ses cerises, et c'est pour faire face à une surabondance de ce fruit que des producteurs commencèrent à en distiller une partie dans les années 1930. Une vingtaine d'années plus tard, suite à plusieurs saisons de surproduction de williams, a démarré la distillation de l'eau-de-vie de poire. La Coopérative vinicole et fruitière d'Olivet (Covifruit) est la seule à la commercialiser. Les poires utilisées viennent toujours des vergers de l'Orléanais.

Un tiers des bouteilles sont commercialisées avec fruit prisonnier. Ce procédé nécessite un savoir-faire particulier de la part des arboriculteurs. Les flacons, badigeonnés de chaux pour éviter les attaques du soleil, sont mis en place sur les branches au printemps, lorsque les fruits commencent à se former. Les bouteilles sont collectées un mois environ avant la maturité du fruit, ceci afin de limiter toute altération future au contact de l'alcool. Les bouteilles avec fruit prisonnier sont remplies avec l'eau-de-vie de trempage. Cette phase dure environ trois ans, le fruit rejette alors l'eau et absorbe l'alcool. Ce n'est qu'après ce laps de temps que l'alcool de trempage, troublé par la présence du fruit, sera remplacé par l'eau-de-vie de poire williams « finale ».

LIMONADE LA BEAUCERONNE

La très populaire « limonade » vendue à Paris à partir du XVIIe siècle se composait d'eau plate, de jus de citron et de sucre. Rien à voir, donc, avec ce que nous connaissons. Ce n'est qu'à partir de la deuxième moitié du XIXe siècle que la limonade « gazeuse » fait son apparition et devient à la mode. Dans son *Dictionnaire encyclopédique de l'épicerie* de 1898 Albert Seigneurie écrit : « La préparation de la limonade est des plus simples, puisqu'il suffit d'exprimer du jus de citron dans de l'eau, ou d'y faire dissoudre de l'acide citrique ou tartrique. Elle est généralement adoucie à l'aide de sucre. Pour rendre la limonade gazeuse, il suffit, si elle est suffisamment acide, d'y ajouter un peu de bicarbonate de soude. » À partir des années 1880 des fabriques de cette limonade pétillante commencent à faire leur apparition dans diverses régions de France et c'est en 1888, quand Fernand Savouré s'installe à Tourny, que la limonade La Beauceronne fut créée. De retour de la Première Guerre mondiale, son fils prend la tête de l'entreprise et l'installe à Janville où elle existe encore.

COTIGNAC

MENTCHIKOFF

Le mentchikoff est un bonbon de chocolat artisanal en forme d'amande aplatie. Le cœur chocolat praliné est enrobé d'une coque de meringue suisse croustillante. Colorée en vert pâle à l'origine, cette coque est aujourd'hui laissée blanche.
Cette friandise aurait été créée en 1893 par un confiseur chartrain, Daumesnil. En cette fin de siècle, son nom se voulait une évocation d'une Russie alors servie à toutes les sauces et peut-être plus précisément une référence à Alexandre Danilovitch Mentchikov, compagnon de Pierre Ier, souvent présenté comme fils de pâtissier.

Recette

PITHIVIERS FEUILLETÉ *Pour 4 à 6 personnes*

Niveau de difficulté : **

Temps de réalisation : 1 h

500 g de pâte feuilletée (maison ou prête à l'emploi)
300 g de beurre mou
4 œufs (+ 1 pour la dorure)
300 g de sucre cristal
4 cl de rhum
300 g de poudre d'amande
125 g de crème pâtissière (facultatif)
1 goutte d'essence d'amande amère

Il n'existe pas un, mais deux pithiviers. Le plus connu est le pithiviers feuilleté ; le pithiviers fondant est quant à lui composé d'une pâte sablée au fond, de crème d'amande et d'un glaçage au fruit, régulier et lisse. Mais il y a débat concernant la crème pâtissière : c'est avec ou sans !

Préparation et cuisson

Préchauffer le four à 200 °C (th. 6-7).
À l'aide d'une spatule en bois, incorporer le beurre mou aux œufs et au sucre afin d'obtenir une consistance lisse et crémeuse. Ajouter le rhum, mélanger. Ajouter la poudre d'amande, mélanger. Lorsque la préparation est bien homogène, y incorporer éventuellement la crème pâtissière.
Abaisser la pâte en deux disques. Étaler la préparation sur un des disques de pâte en laissant 1 cm de bordure tout autour. Poser le second disque de pâte sur la crème d'amande et bien souder les bords. Badigeonner le dessus au pinceau avec l'œuf battu. À l'aide d'un couteau bien tranchant, décorer la pâte en dessinant un soleil. Enfourner et laisser cuire environ 25 min.

Présentation

Servir tiède ou à température ambiante.

1

2

3

4

5

6

CHAPITRE 5

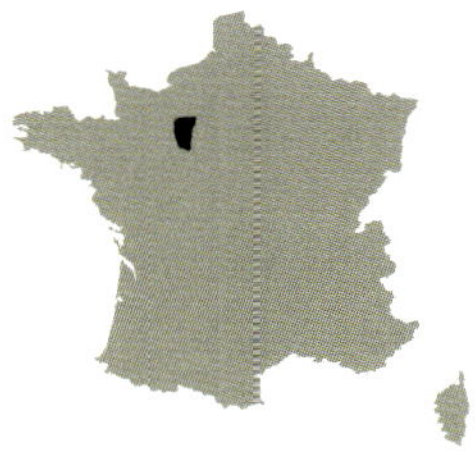

Perche

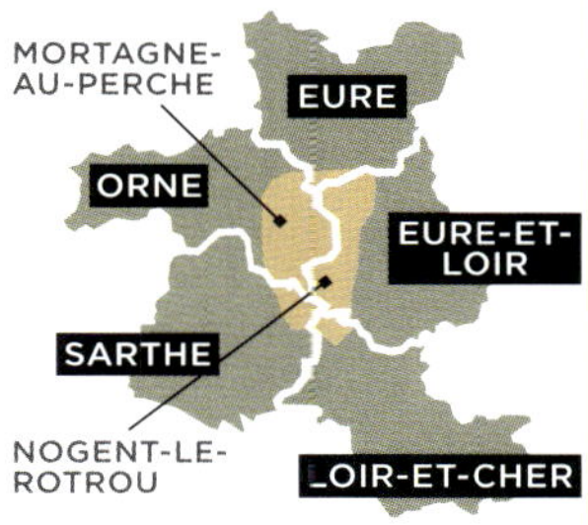

Ancien comté, le Perche tirait notamment son identité de son droit coutumier particulier, les « coutumes du Perche ». Principalement partagé entre l'Eure-et-Loir et l'Orne, le Perche déborde également sur la Sarthe et le Loir-et-Cher au sud ainsi que sur l'Eure au nord.

Perche

S'il fallait choisir un symbole de cette contrée, ce serait certainement le célèbre cheval, ce percheron qui pour beaucoup traîne avec lui un parfum nostalgique. La cuisine du coin n'a pas su, elle, trouver son emblème. On a pu dire qu'elle s'apparentait à celle du Maine voisin, ce qui est vrai, mais aucune de ses spécialités n'a conquis la France. Que l'on ne se méprenne pas: cet espace verdoyant – qui aime à se qualifier de « poumon vert » de l'ouest parisien – regorge de produits de qualité. La nature y est généreuse : des rivières où abondent truites, achigan à grande bouche, carpe de jour et de nuit, des sous-bois prolifiques en champignons (1 100 espèces seraient représentées !) et en gibier. Et les savoir-faire des hommes ne sont pas en reste, le Perche abonde en produits fermiers.

Nous aurions composé ces lignes il y a cinquante ans, la millée se serait imposée à nous comme le grand plat local. Ce dessert à base de millet cuit dans du lait sucré se dégustait, généralement froid, lors des jours de fête. Il y a un demi-siècle, nous aurions aussi consacré de nombreuses lignes à la fromagée, cette préparation élaborée à partir de divers fromages locaux, auxquels on ajoutait du lait ou de la crème, des herbes, du sel et du poivre, du cidre ou de l'eau-de-vie puis qu'on laissait affiner. Mais ces usages sont passés de mode.

En 1913, lorsque l'épouse de l'écrivain Léon Daudet compose, sous le sobriquet de Pampille, *Les Bons Plats de France*, elle accorde une petite place au Perche. Une simple page certes où elle livre au lecteur la recette des tripes à la mode d'Authon : une préparation où alternent des couches de tripes, de lard et d'un mélange carotte-oignon. Cette légèreté passe ensuite au four où, précise-t-elle « on peut laisser toute une nuit ». La cuisine prenait alors le temps. La ville de Longny-au-Perche organise chaque année le concours national du meilleur plat de tripes. Mais ce qui marque véritablement la transition vers la Normandie, ce ne sont pas tant ces tripes que l'importance du pommier. C'est dans cet arbre, dans ces fruits et dans ce que l'on en tire que réside peut-être le marqueur essentiel de l'identité gourmande du Perche.

1/ Un attelage de percherons à La Mesnière, dans l'Orne. 2/ Le marché bio sur la place Saint-Paul à Nogent-le-Rotrou. 3/ Mortagne-au-Perche, maison d'Henri IV: le monarque y aurait séjourné en 1599. 4/ Nogent-le-Rotrou, quelques productions locales... 5/ Lever de soleil dans la campagne de Feings (Orne). 6/ La succulente potée du Perche.

Produits

CIDRE DU PERCHE

Les témoignages concernant la production de cidre dans cette contrée sont peu fréquents avant le XVIIe siècle et le grand essor semble se situer au XIXe siècle, le cidre est alors destiné à l'autoconsommation dans les fermes, en particulier durant les périodes des grands travaux. Une partie de cette production était néanmoins exportée. L'importance de cette boisson incita la création d'une véritable industrie locale à partir des années 1880 mais celle-ci périclita durant l'entre-deux-guerres. La fabrication de cidre est aujourd'hui le fait de petits producteurs.
Les vergers du Perche d'Eure-et-Loir abritent encore des variétés traditionnelles de pommes, principalement douces et douces-amères, notamment la bedan.
Les douces, riches en sucre, augmentent la puissance aromatique mais aussi le taux d'alcool.
Les douces-amères, équilibrées en sucre, acidité et amertume, apportent aussi du parfum.

BOUDIN DE MORTAGNE-AU-PERCHE

Ce boudin est composé d'un tiers de sang, d'un tiers de gras et d'un tiers d'oignon, de sel et de poivre. Certains charcutiers ajoutent de la crème fraîche.
Au XIXe siècle, la charcuterie de Mortagne paraît déjà bénéficier d'une certaine réputation mais il ne sera précisément question du boudin qu'en 1931, lorsqu'il sera remarqué à l'Exposition coloniale. Et c'est sans doute à partir de 1963 que les liens entre Mortagne et le boudin noir seront irrévocablement noués, avec la création de la confrérie des Chevaliers du goûte-boudin et l'instauration d'une foire au boudin. Celle-ci se tient chaque année le troisième dimanche de mars à Mortagne-au-Perche ; à cette occasion, 3 à 4 tonnes de boudins noirs sont vendues.

1

2

3

4

5

6

CHAPITRE 6

Normandie

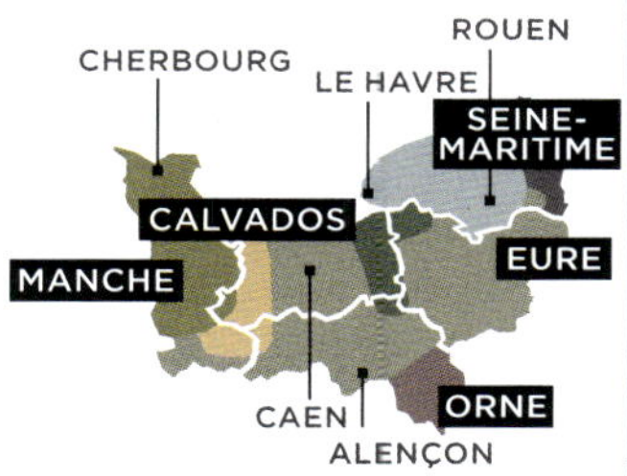

Nous avons choisi de traiter comme un tout cette Normandie à l'identité affirmée mais partagée en deux régions administratives depuis des décennies. Au demeurant, l'unité de cette vieille province ne l'empêche évidemment pas d'être divisée en de nombreux « pays » aux identités elles-mêmes très marquées : Perche, Cotentin, bocage normand, pays d'Auge, pays de Caux, pays de Bray...

Cotentin
Bocage normand
Perche
Pays d'Auge
Pays de Bray
Pays de Caux

S'il est bien une chose dont la Normandie ne manque pas, c'est de produits emblématiques, des produits que l'on associe spontanément à cette contrée et qui ont acquis une renommée au moins nationale. Il y a d'une part la pomme et ses dérivés (cidre, calvados) et, d'autre part, toute la gamme des produits laitiers – existe-t-il d'ailleurs un mets plus célèbre que le camembert en France ? Nous leur réserverons une place importante dans les pages à venir et nous ne les évoquerons pas d'emblée car d'autres productions méritent de demeurer bien visibles au sein du paysage gourmand de cette province.
Il y a en particulier deux domaines où l'on se doit de rappeler l'excellence normande.
La charcuterie tout d'abord, avec une tradition de valorisation des abats. Deux préparations sont d'ailleurs tout aussi fameuses que le calvados : l'andouille de Vire et les tripes à la mode de Caen. La première est connue depuis le XVIIIe siècle et la réputation des secondes remonte quant à elle au milieu du XIXe siècle. Mais l'intérêt de nombreux autres chefs-d'œuvre artisanaux mériterait d'être souligné : le boudin coutançais, le pied de mouton à la rouennaise, le pâté de canard de Rouen ou le boudin blanc havrais...
Deuxième grande richesse normande : les produits de la mer. La province compte 600 kilomètres de côtes et une activité halieutique se maintient dans de nombreux ports, à Port-en-Bessin, Cherbourg, Grandcamp-Maisy, Granville en particulier. Ce dernier est d'ailleurs le premier port coquillier français. Surtout, la Normandie s'affirme depuis des années comme la première région ostréicole du pays, la production se concentrant d'abord dans le Cotentin. C'est également sur les côtes de cette presqu'île que l'on élève les moules de bouchot. Enfin, pour continuer de rendre hommage à cette péninsule, rappelons que le Cotentin est aussi la principale zone de pêche des étrilles, araignées, homards et tourteaux...
Mais venons-en maintenant aux grandes gloires locales, celles qui sont présentes sur tout le territoire normand ou dont le rayonnement fait qu'on les associe à la Normandie dans son ensemble.

1/Vaches normandes et pommiers en fleur. 2/ Deauville, la plage et ses parasols. 3/ Les petites moules sont maintenues dans un filet de « catinage » pour les empêcher de se décrocher du bouchot (le pieu). 4/ Tri des homards et des araignées de mer au retour de la pêche. 5/ Le quartier ancien de Vaucelles, à Pont-l'Évêque. 6/ Marché aux pommes à Saint-Opportune-la-Mare.

Produits

CALVADOS

Eau-de-vie de cidre offrant une grande diversité de goût grâce aux variétés de pommes à cidre, le calvados est un liquide ambré, limpide et brillant, plus ou moins coloré selon son degré de vieillissement, lequel influe sur ses qualités aromatiques.
Si l'art de la distillation est connu en France depuis le Moyen Âge, rien n'atteste la fabrication d'eau-de-vie en Normandie à cette époque. Ce n'est qu'au cours du XVIIIe siècle que les documents commencent à témoigner de l'importance de la distillerie dans la région et d'un commerce florissant d'eau-de-vie à la fin du siècle. La croissance de la cidriculture régionale, ajoutée au développement de la consommation des alcools, poussa les paysans normands à fabriquer une boisson qui leur permettait d'écouler leurs surplus, tout en échappant aux impôts indirects. En 1800, une bonne partie de la production de cidre et d'eau-de-vie était ainsi destinée à la marine et aux navires qui partaient pour la pêche à la morue en Terre-Neuve.
Au XIXe siècle, la quantité de cidre et de poiré brûlés en Normandie augmente considérablement, ce qui transforme les modes de consommation. En 1921, un auteur note que les « larges réserves » d'eau-de-vie stockées chez de nombreux fermiers sont « une véritable calamité pour la belle race normande, avec l'habitude d'avoir du café tous les jours, au repas du midi. Et ce café est largement arrosé d'eau-de-vie de cidre ». Dès cette époque, des hiérarchies existent cependant entre les différentes eaux-de-vie : celle de Lisieux coûtait légèrement plus cher que celle d'Alençon, elle-même un peu plus estimée que celle de Caen. À mesure que ce « calvados » avant la lettre se répandit, ces hiérarchies se creusèrent et celui du pays d'Auge est encore aujourd'hui le plus réputé.

CIDRES

Ces cidres offrent une grande diversité de goût grâce aux sols originaux et aux variétés de pommiers implantées dans ces régions, principalement de saveurs amères et douces-amères. Si le cidre est fabriqué dès l'époque carolingienne, c'est seulement à partir du XIIe siècle qu'il semble devenir une boisson assez importante dans certaines régions de Normandie pour faire l'objet de fructueuses redevances seigneuriales. Mais l'amélioration de la technique de fabrication du cidre s'est faite très lentement au cours des XIIIe et XIVe siècles, grâce à la production des pommes en vergers clos et, croit-on, à l'amélioration des plants par des greffes importées du Pays basque et de la Galice. Ainsi le cidre put-il rivaliser avec le vin, que lui préféraient les élites et qu'on produisait alors en Normandie, et surtout avec la cervoise, sorte de bière légère à laquelle les Cauchois restèrent pendant longtemps fidèles. À Évreux, c'est durant le règne de Louis XI (1461-1483) que le cidre devint la boisson

favorite des habitants. La diffusion du cidre s'accéléra durant le XVIe siècle. Les cidres du Cotentin n'étaient pas les seuls à être appréciés sous l'Ancien Régime, en 1793, on fabriquait désormais du cidre dans toute la province, du Cotentin au pays de Bray. Les qualités étaient variables, mais les meilleurs s'expédiaient à l'extérieur. Notamment le cidre d'Isigny qui, loin d'être une boisson de paysan, était recommandé, en 1767, par le *Gazetin du comestible* à ses lecteurs parisiens désireux de faire venir chez eux les meilleurs produits. Ceux du pays d'Auge étaient « plus recherchés pour la marine que les doux et délicats du Cotentin ». Se conservant « sur l'eau deux ou trois ans », ces cidres plus amers et plus capiteux constituaient un élément essentiel de la production normande. Celle-ci atteignit son apogée au XIXe quand l'amélioration des communications permit d'approvisionner le marché parisien. Aujourd'hui, c'est l'obtention des AOC qui valorise les efforts des cidriculteurs de qualité et le cidre obtient ainsi définitivement ses lettres de noblesse.

CAMEMBERT DE NORMANDIE

Ce camembert est impérativement moulé à la louche ! Affiné à cœur, sa pâte est souple et onctueuse, de couleur jaune clair. Demi-affiné, il reste un « noyau » blanc au centre de la pâte. Son odeur est relevée, son goût est d'abord lactique puis fruité. Il est fait de lait cru de vache.

Selon la légende, historiquement peu crédible, le camembert de Normandie a été mis au point par une fermière du village de Camembert, Marie Harel, sur les conseils avisés d'un prêtre originaire de la Brie, réfugié chez elle durant la période révolutionnaire. En réalité, la plus ancienne mention des « excellents fromages du pays de Camembert » remonte à 1702. Ces derniers ne sont alors qu'un des fromages de la région, les noms de localités n'indiquant d'autre spécificité que le lieu. Dans ce contexte, rien d'étonnant à ce que la famille Harel fasse des fromages au milieu du XVIIIe siècle. Au siècle suivant, le chemin de fer permit une distribution dans des villes plus lointaines. Les débouchés augmentant, il fallut accroître les quantités produites pour satisfaire une demande plus forte. Dans ce contexte la collecte du lait dans des fermes plus éloignées est mise en place par les plus gros producteurs. Après de nombreux tâtonnements, le camembert « moderne » voit le jour vers la fin du XIXe siècle, lorsque sont utilisées des flores blanches présélectionnées. Les gros propriétaires, à l'origine de ce changement deviendront pour une partie d'entre eux de vrais industriels dans les années 1880-1890, leurs descendants étant de nos jours encore parmi les plus gros producteurs de camembert. En 1983, l'AOC « camembert de Normandie » apparaît.

CRÈME D'ISIGNY

Plus que le beurre, le cidre ou les pommes, c'est la crème qui caractérisait la cuisine normande pour les observateurs qui visitaient la région jadis. Au XVIIe siècle, par exemple, l'auteur d'un livre de cuisine renommé, *L'École des ragoûts*, affirme déjà : « Les Normands meslent de la crème en la pluspart de leurs sauces ; par exemple dans la morue & dans des pruneaux. » Depuis le XVIIIe siècle au moins, la crème normande est très demandée, en particulier celle de Sotteville près de Rouen. En 1855 un observateur affirmait : « La crème de ce charmant pays est supérieure et jouit d'une réputation européenne. Les Rouennais en jouissent de première main. » La crème d'Isigny prend alors place sur la table des gourmands et on la trouve, vendue en pots, dans les épiceries de luxe parisiennes à partir de 1905. La crème, comme le beurre d'Isigny, obtient sa propre AOC en 1986.

En passant par... le Cotentin

Sans surprise, nous sommes là dans une Normandie dont la gastronomie s'avère largement marquée par la présence de la mer (marmite d'Omonville, praires farcies de Granville...). Mais les habitants de cette vaste péninsule ont su également faire des merveilles dans un registre beaucoup plus terrien.

Produits

CREVETTES GRISES ET ROSES

La crevette vit dans les milieux sablo-vaseux, affectionnant en particulier les estuaires, et se reproduit en eaux saumâtres. Depuis des siècles, la pêche aux « chevrettes » en référence aux petits sauts qu'elle effectue a occupé une place importante sur toute la côte normande, à l'entrée des cours d'eau ou sur le littoral à marée descendante.

Aujourd'hui, la pêche est faite sur un chalutier crevettier mais la grise est aussi pêchée à pied avec un pousseu. Le bouquet, qui prospère dans les milieux rocheux ou dans des champs d'algues, est pêché avec des casiers spéciaux. Ces différentes pratiques ne concernent d'ailleurs pas simplement le Cotentin, où la plus fameuse crevette est le bouquet de Cosqueville, au nord de la péninsule. L'estuaire de la Seine et la baie du Mont-Saint-Michel constituent, entre autres, d'autres espaces privilégiés en Normandie.
Le bouquet, de couleur bronze clair à rouge brun, prend un ton rose vif à la cuisson ; la crevette grise, plus petite, grisâtre, légèrement translucide devient quant à elle rosée une fois cuite.

BOUDIN COUTANÇAIS

D'un diamètre qui peut varier de 4 à 15 centimètres, il est composé de sang, d'oignons, de gras de panne, de sel, de poivre, de sucre et d'épices. On peut également ajouter de la langue, des abats et de la gorge de porc pour que le boudin soit moins gras. Autrefois, les charcutiers ajoutaient également du ratis (le mésentère).
Le boudin noir fabriqué de nos jours dans les environs de Coutances est apparenté à une spécialité charcutière qui se trouve déjà sur la table du sieur de Gouberville en 1553. Peu d'explications nous sont données sur ces boudins noirs locaux mais de nombreux documents publiés par la suite font état d'un boudin noir, propre au Cotentin, qui se distingue des autres fabriqués dans la région. Plus connus sous le nom de « courraye » ou « courée », ces boudins contenaient en plus du sang, des abats, et notamment des poumons.
La présence de ratis (le mésentère) et de langue de porc dans les boudins coutançais actuels nous renvoie directement à cette pratique ancienne.

En passant par… le Bocage normand

L'andouille de Vire est la plus éminente représentante d'une cuisine paysanne où les produits normands « typiques » cohabitent tous avec bonheur (tripes au calvados, cidre bouché, galette de pommes de terre de Vire…).

Produit

VÉRITABLE ANDOUILLE DE VIRE

Andouille fumée fabriquée avec des lanières d'intestin de porc tirées à la ficelle, elle est de forme cylindrique et pèse environ 500 à 600 grammes. La couleur noirâtre de l'enveloppe est due au fumage. Elle est constituée de 40 % de gros intestin (chaudin), de 40 % d'intestin grêle (menus), de 20 % d'estomac, de sel, de poivre et d'un peu d'épices.
Dès la fin du XVIIIe siècle, l'andouille de Vire est réputée auprès des gastronomes parisiens. En 1807, un Virois, nommé René Le Normand, en avait envoyé une à Grimod de La Reynière, en déclarant Vire « beau pays pour la chicane, la galette et les andouilles ». Grimod, qui l'a dépeinte comme « longue de 2 pieds 8 pouces, noir comme un charbonnier, et pesant 6 livres », a dû être particulièrement impressionné par sa longueur : en 1810 il déclare un menu être « presque aussi long qu'une andouille de Vire ». À la fin du siècle, on trouve seulement trois andouilles parmi les produits de charcuterie vendus à la célèbre foire aux jambons de Paris : celles de Lorraine, de Paris et de Vire. Cette dernière était suffisamment recherchée pour figurer aux catalogues des meilleurs charcutiers pendant tout le XIXe siècle, où elle était vendue systématiquement plus chère que ses deux concurrentes.

En passant par... le Pays d'Auge

Nous sommes là dans un des grands pays laitiers normands : camembert, livarot, mignot, pont-l'évêque, trouville... La liste est longue ! La cuisine du pays d'Auge comprend autant des produits de la mer (moules à la crème aux crevettes, morue à la mode de Honfleur) que de plats tout ce qu'il y a de plus terriens (poulet et escalope flambés au calvados). Une terre normande « comme on l'imagine » où toutes les grandes productions de cette province se retrouvent combinées.

Produit

PAVÉ D'AUGE

Apparenté au pont-l'évêque, ce fromage fut longtemps de qualité variable et vendu à des prix différenciés selon la teneur en matière grasse et le degré d'affinage. Son origine pourrait être liée à la volonté de quelques éleveurs fromagers de stocker du lait pendant la période de pointe en été. Comme le pont-l'évêque, il a connu des évolutions considérables : ce fromage, à croûte lavée, est ainsi devenu un fromage à croûte brossée dans les années 1980. Étant au départ une sorte de pont-l'évêque de double taille, il n'est pas surprenant que les références précises à ce fromage soient assez récentes. Il n'empêche qu'en 1933, le « pavé de Pont-l'Évêque » est cité dans le *Trésor gastronomique de France* de Curnonsky et Croze. Vingt ans plus tard, les auteurs de *Fromages de France* le décrivent comme un « type local » de pont-l'évêque, citant en particulier les « pavés » de Moyaux et de Trouville dans le Calvados.

En passant par... le Pays de Caux

De nouveau, la gastronomie locale se révèle riche de recettes maritimes (moules dieppoises, civet de bigorneau au cidre, lotte dieppoise) et terrestres (poulet au cidre, lapin à la havraise, œufs à la fécampoise). Cette contrée propose sans doute la cuisine la plus originale de Normandie.

Produits

SAUCISSON DE MARIN

Le saucisson de marin (ou « du » marin) est une pièce entière d'échine de porc embossée et séchée plusieurs mois. Il est fortement ficelé, ce qui lui donne un aspect ondulé.

La texture de la chair est très ferme mais moelleuse sous la dent.

Pendant des siècles, la viande de porc salée fabriquée localement faisait partie de l'ordinaire des marins normands, et le porc fumé, surtout le jambon, figure depuis longtemps sur les tables de la région. Ainsi, les *Tableaux du maximum*, qui établissaient les tarifs pour les denrées de première nécessité pendant la Révolution, révèlent une activité de fumaison de la viande de porc à Évreux, Alençon, Cherbourg, Saint-Lô ou Mortain. Néanmoins, c'est seulement au début du XXe siècle qu'apparaît un premier atelier de fumage et de séchage de viande de porc destinée spécifiquement à l'approvisionnement de la marine. Avec le déclin de la pêche au loin – en particulier des morutiers –, cette fabrication fut progressivement abandonnée avant d'être relancée dans les années 1950. La production était désormais destinée au grand public plutôt qu'aux seuls marins. Le saucisson de marin reste un des rares témoins des industries de salage et de fumage autrefois si importantes sur les côtes normandes.

MIRLITON DE ROUEN

Le mirliton de Rouen est une tartelette de 6 centimètres de diamètre garnie d'un appareil mousseux. C'est une pâtisserie légère composée de pâte feuilletée, d'œufs, de crème fraîche, de sucre en poudre, de crème d'amande, de sucre vanillé.
Que signifie au juste « mirliton » ? Rien n'est moins clair. Au XVIIIe siècle, ce terme pouvait désigner des choses aussi diverses qu'une flûte en roseau, une coiffure ou un louis d'or. En 1735, ce mot est utilisé pour la première fois en cuisine lorsque Vincent la Chapelle propose des pigeons ou des poulardes « en mirliton », où il insère dans une fente sur la poitrine du volatile des crêtes de coq et des lanières de jambon ! Les mirlitons pâtissiers ne sont mentionnés dans aucun traité culinaire de l'Ancien Régime mais en 1812, le célèbre gastronome Grimod de La Reynière vante les « mirlitons de Rouen, qui doivent leur supériorité à [la] délicieuse crème de Sotteville, qui n'a point son égale dans les quatre parties du monde ». Au cours du XIXe siècle, nombreux sont les auteurs qui proposent des mirlitons, ceux de Rouen et de Paris étant les plus cités.

En passant par... le Pays de Bray

C'est l'un des grands pays fromagers de Normandie : outre le neufchâtel, on y goûtera avec plaisir le brillat-savarin ou le petit-suisse... On s'éloigne peut-être, il est vrai, de produits du terroir à proprement parler. La pomme est ici mise en valeur sous de nombreuses formes (gelée, pruneaux au calvados, pommeau...).

Produit

NEUFCHÂTEL

En plus de ses différentes formes, ce fromage « légèrement salé » est issu d'une technologie qui le différencie des autres pâtes molles normandes ; elle est à l'origine de nombreuses déclinaisons fromagères pour la plupart disparues de nos jours : gournay, malakoff, impériaux... La croûte est fleurie d'un duvet blanc, sa pâte est à texture lisse, homogène et onctueuse. Son goût est crémeux, lactique et salé.
Le neufchâtel est parmi les plus anciens fromages normands. Il s'apparente à ceux fabriqués dans le pays de Bray et que l'on trouve mentionnés dans une charte de 1037. Consommé par les élites durant des siècles, il triomphe plus encore au XIXe siècle. Les quantités vendues aux marchés de Paris sont alors très importantes. À la fin du siècle, deux maisons se distinguent, la maison Gervais à Ferrières et son concurrent direct, M. Pommel à Gournay. Aujourd'hui c'est le « cœur », rare au début du XXe siècle, qui est devenu la forme la plus répandue de ce fromage emblématique du pays de Bray.

Recette

MARMITE DIEPPOISE *Pour 8 personnes*

Niveau de difficulté : **

Temps de réalisation : 1 h 10

4 tranches de lotte de 100 g chacune
4 morceaux de turbot de 100 à 125 g chacun
1 barbue ou 1 sole de 500 g levée en filets
4 belles langoustines
4 belles noix de coquilles saint-jacques avec leur corail (suivant saison)
1/2 l de moules
24 crevettes roses cuites décortiquées
4 cuil. à soupe d'huile d'olive
1 gros oignon émincé
1 blanc de poireau émincé
2 tomates pelées, épépinées, concassées
1 bouquet garni (1 petite branche de céleri, 1 brin de thym, 1 feuille de laurier, 4 branches de persil plat)
8 branches de persil plat (+ 3 ou 4 pour la marinière)
10 cl de vin blanc sec
1 petit oignon haché
1 gousse d'ail
40 g de beurre
30 g de farine
10 cl de crème fraîche liquide
1 pincée de piment de Cayenne
gros sel, poivre en grains

Contrairement à beaucoup de soupes dites de pêcheurs, généralement réalisées avec les invendus de la pêche côtière, cette soupe plat unique est plutôt une soupe de poissons « nobles ». L'explication en est simple : Dieppe est le port le plus proche de Paris, raison pour laquelle les espèces ciblées par les pêcheurs sont plutôt des poissons haut de gamme, poissons de ligne ou de canot pêchés la nuit pour être écoulés au petit matin vers la capitale d'une part, mais aussi pour être vendus sur place sous forme de spécialités locales et à meilleur prix aux Parisiens qui viennent voir la mer (là où elle est la plus proche) les week-ends. C'est ainsi que la lotte, le turbot et la barbue composent traditionnellement la marmite dieppoise (mais une belle sole peut remplacer l'une des trois espèces). Enfin, terroir oblige, cette soupe a la particularité d'être liée à la crème fraîche.

Préparation et cuisson

Parer et laver tous les poissons et les coquillages pour qu'ils soient prêts à l'emploi.
Faire chauffer l'huile d'olive dans une marmite et y faire fondre le gros oignon et le blanc de poireau émincés pour préparer le fond de cuisson.
Quand ils sont bien revenus (mais pas colorés), mouiller avec 1,5 l d'eau, ajouter les tomates ainsi que le bouquet garni, le persil, du gros sel et du poivre en grains. Porter à ébullition 5 min.
Jeter les tranches de lotte, les morceaux de turbot et les langoustines dans la marmite, faire reprendre l'ébullition 5 min.
Simultanément, faire cuire les moules à la marinière avec un peu de vin blanc, le petit oignon haché, la gousse d'ail et quelques branches de persil.
Ajouter les coquilles saint-jacques et les filets de barbue ou de sole dans la marmite, poursuivre la cuisson 2 à 3 min, puis retirer aussitôt du feu.
Par ailleurs, préparer la liaison en délayant le beurre et la farine dans une casserole, jusqu'à ce que le mélange mousse, puis mouiller avec le jus de cuisson des moules et une louche du

bouillon de cuisson. Bien délayer au fouet, ajouter la crème fraîche et le piment de Cayenne, laisser cuire à feu doux jusqu'à obtenir une consistance nappante, sans cesser de délayer au fouet. Rectifier l'assaisonnement.

Présentation

Retirer tous les poissons et les coquillages de la soupe à l'aide d'une écumoire et les disposer au fond d'une soupière chaude. Éliminer le bouquet garni et le persil. Verser la liaison en mince filet dans le court-bouillon de cuisson, bien délayer puis verser le contenu de la marmite sur les poissons. Mélanger délicatement, puis garnir avec les moules marinières et les crevettes décortiquées. Servir aussitôt.

Remarque : pour corser le fond de cuisson, on peut préalablement préparer un fumet avec toutes les parures (arêtes, peaux) des poissons. Certaines cuisinières préparent le court-bouillon au cidre. Enfin, la composition des aromates et des épices peut varier, le fenouil et le curry constituant des ajouts fréquents.

1

2

BLANCS
MONTLOUIS
2008 CHABLIS DE MOOR
AUXEY-DURESSES COSSARD
ROUGES
BOURGOGNE RATEAU
CHINON
CHEVERNY
2008 ROUSSILLON
2008 MORGON A.O.C. J. FOILLARD
COTES CATALANES
4

3

5

6

CHAPITRE 7

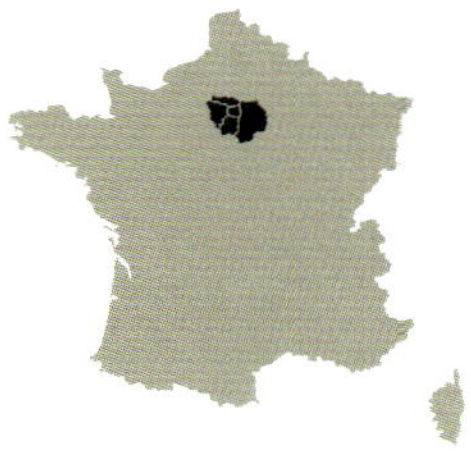

Paris et l'Île-de-France

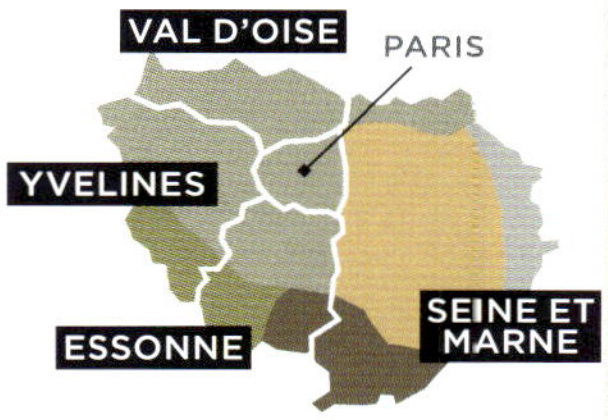

Durant l'Ancien Régime, l'Île-de-France relevait directement de l'autorité royale. Elle englobait des pays situés aujourd'hui dans la région Picardie (Beauvaisis, Soissonnais...). À l'est, elle n'incluait qu'une petite partie de la région naturelle de la Brie, cette dernière étant principalement comprise dans la province de Champagne.

Beauce — *Gâtinais* — *Brie* — *Champagne*

« Quelle est la caractéristique de la cuisine parisienne ? Y en a-t-il une ? Quoique je sois Parisienne, et que j'adore Paris, je répondrai sans hésiter : c'est le plus souvent la cuisine de gens pressés, c'est de la cuisine qui n'est pas faite avec assez d'amour, ce n'est pas de la très bonne cuisine. » Ce cri du cœur n'est pas celui d'une femme traumatisée par le moderne « métro-boulot-dodo », il a été poussé il y a un siècle par Marthe Allard, alias Pampille, dans son livre *Les Bons Plats de France*. Et Pampille ne voit de typique que le « déjeuner de Paris » : deux œufs sur le plat, une côtelette avec des pommes de terre frites et un légume vert. Certes, à propos de ces frites, elle estime qu'« il n'y a vraiment qu'à Paris qu'on sache les faire si croquantes, si légères, si appétissantes ».
Le Paris actuel appelle les mêmes remarques. Alors que chaque ville dispose de sa ou de ses spécialités (Bordeaux ses cannelés, Aix ses calissons, Strasbourg sa choucroute...), rien de proprement parisien ne s'impose à l'esprit. La grandeur gastronomique de la ville s'est bâtie en attirant à elle ce que les campagnes de France avaient de mieux à offrir, Eugène Briffault, auteur de *Paris à table* en 1846, le relevait joliment : « Paris prélève la dîme et la meilleure part de ce que la Providence croyait avoir distribué avec égalité. Le meilleur coup de filet est pour Paris ; à Paris sont réservés les miracles de la culture ; la Bresse et le Maine n'ont poussé si loin la perfection de leurs poulardes et de leurs chapons que pour se faire bien voir des marchés de Paris. »
Certes... Mais en retour Paris a su se montrer généreuse. Ses créations se sont partout si bien acclimatées que l'on en a oublié leur lieu de naissance. Les amandines, le saint-honoré, l'opéra, les croissants... Les macarons lisses, objet d'un incroyable engouement depuis plus d'une décennie, qui les associe encore à Paris ? Parce que Paris donne le « la » et parce que Paris regorge de talents, ces douceurs, comme d'autres inventions gastronomiques, ont été adoptées par le reste du pays et du monde. Elles ne sont plus parisiennes mais françaises.

1/ Totalement disparus, deux mille pieds de vigne ont été replantés en 1933 à Montmartre. 2/ Le saucisson de Paris se mange coupé en rondelles, froid en entrée ou chaud en accompagnement. 3/ Marché de la rue Mouffetard et église Saint-Médard. 4/ Un bistrot parisien comme on l'imagine... 5/ La première recette de choux correspondant à nos « chouquettes » remonte à la fin du XVIIe siècle. 6/ On oublie souvent que les macarons « doubles » sont nés à Paris.

Produits

CROISSANT

Durant le siège de Vienne par les Ottomans en 1683, des boulangers, qui travaillaient de nuit, entendirent le bruit d'assaillants en train de creuser des galeries souterraines. La ruse fut ainsi déjouée et la ville sauvée. En récompense, les boulangers de la ville se virent octroyer le privilège de réaliser une pâtisserie spéciale qui, en souvenir de l'emblème qui décorait le drapeau ennemi, prit la forme d'un croissant.

Qui ne connaît cette anecdote ? L'ennui est qu'on ne repère aucune trace de cette histoire avant que l'érudit Alfred Gottshalk ne la popularise dans les années 1930-1940. D'autres auteurs se sont ensuite chargés d'ajouter que Marie-Antoinette, au XVIIIe siècle, aurait introduit cette invention autrichienne en France. En réalité, en dehors d'une unique occurrence en 1549 (« quarante gasteaulx en croissans »), nous ne trouvons aucune trace de croissants dans les écrits culinaires avant le milieu du XIXe siècle. En 1807, Grimod de La Reynière se lamente sur les « petits pains à café, si délicieux autrefois » et qui « ne renferment plus de lait ni de levure, n'ont ni goût, ni saveur... » Or il y a fort à parier que ces petits pains sont les vrais ancêtres de nos croissants ! Littré, dans son *Dictionnaire*, est le premier, en 1863, à parler, sans ambiguïté, de croissants. La dernière acception qu'il donne du mot est « petit pain ou petit gâteau qui a la forme d'un croissant ». En 1875, un ouvrage cite les « croissants pour café » parmi les produits vendus par les boulangers. Comment ne pas songer aux « petits pains, dits à café » de Grimod ? Les Parisiens, à cette date, consommaient donc bien des petits pains en forme de croissant avec leur café ! Néanmoins la première recette qui corresponde à nos « croissants au beurre » ne paraît qu'en 1906 dans la *Nouvelle Encyclopédie culinaire* du grand chef Auguste Colombié sous le titre « Croissants de Boulanger ». Six ans plus tard, un traité de pâtisserie explique que la pâte peut être enrichie « de beurre ou de margarine ou de beurre végétal malaxé » – les croissants « ordinaires » sont nés.

En somme, le croissant semble bien trouver ses origines dans les « petits pains dits à café » que les boulangers vendaient à la fin du XVIIIe siècle mais dont nous ne connaissons pas la forme. Le croissant feuilleté est donc français d'origine et ce sont ces croissants-là qui ont fait le tour du monde, non pas en tant que spécialité parisienne mais comme représentants de la pâtisserie française.

TARTE BOURDALOUE

Cette tarte (ou tartelette individuelle) en pâte brisée ou sucrée est garnie de demi-poires pochées au sirop, posées sur une préparation à base d'amandes (crème d'amandes ou frangipane). Selon *Le Dictionnaire universel de cuisine* de Joseph Favre paru à la fin du XIXe siècle, c'est vers 1850 que s'installe rue Bourdaloue un pâtissier nommé Fasquelle qui, ayant créé un nouveau gâteau, choisit de l'appeler « la Bourdaloue » d'après le nom de sa rue. Il existe d'autres versions de cette histoire mais une chose est sûre, rapidement, tout entremets employant une crème à base de poudre d'amandes ou de noisettes, ou bien de macarons écrasés, est dit « à la Bourdaloue ». En 1929 *Le Grand Livre de la cuisine* de Prosper Montagné et Prosper Salles présente un flan d'abricots « à la Bourdaloue » qui est l'ancêtre de la préparation actuelle.

Ce « flan » pouvait se préparer avec de nombreux fruits pochés, et nos deux auteurs en proposent à l'ananas, aux figues, aux marrons et aux poires. Au cours des années

qui suivent, les poires deviennent le fruit de prédilection des pâtissiers, à tel point que, de nos jours, on ne parle plus de « flan » mais simplement de poires à la Bourdaloue.

SAINT-HONORÉ

Le décrire fait déjà rêver : gâteau fait d'une abaisse ronde de pâte brisée ou feuilletée couverte d'une couronne de pâte à choux, elle-même garnie de petits choux caramélisés. L'intérieur de la couronne est rempli d'une crème pâtissière allégée aux blancs d'œufs battus en neige (crème Chiboust) ou simplement d'une crème chantilly.
En 1873, dans son *Livre de pâtisserie*, Jules Gouffé présente les premières recettes écrites de saint-honoré : des saint-honoré garnis d'une « crème cuite » parfumée à la vanille, au café, au chocolat ou d'un bavarois à l'orange, aux fraises, aux abricots, à l'ananas... Le saint-honoré que nous connaissons se fait presque exactement comme le saint-honoré à la vanille de Gouffé. Une tradition fait remonter sa création à 1846 quand un pâtissier du nom de Chiboust, installé rue Saint-Honoré à Paris, aurait inventé la crème saint-honoré, ou crème Chiboust, servant à garnir cette pâtisserie. Il n'est cependant pas exclu que Chiboust ait simplement « amélioré » un gâteau déjà existant en remplaçant la chantilly habituelle par la crème de son invention. Selon une autre version de l'histoire, le nom de ce gâteau ne doit rien à la rue Saint-Honoré. Elle a la préférence des auteurs du *Dictionnaire de l'Académie des gastronomes* (1962) : « [Saint Honoré] est le patron des boulangers et pâtissiers. Le saint-honoré mérite ce patronage illustre, car c'est un des plus délicieux gâteaux qui soient. » Nous ne saurions les contredire. Cependant la véritable origine de la dénomination « saint-honoré » reste un mystère.

En passant par... les environs de Paris

Historiquement, l'une des premières fonctions des espaces entourant Paris consistait à nourrir l'auguste cité. Le maraîchage s'était développé à la périphérie de la capitale. Aux portes de Paris, avaient émergé des cultures de primeurs, produits hors saison grâce à une grande maîtrise des techniques de forçage. L'inventaire de ces productions anciennes - en péril désormais et très souvent disparues - serait interminable : haricots d'Arpajon, haricots verts de Massy, carottes de Croissy, choux-fleurs de Chambourcy, petits pois de Clamart, poireaux de Mézières, potirons de Montlhéry...
Certes, sauf exception, sur ses franges peut-être, l'Île-de-France ne compte plus de territoires porteurs de traditions culinaires originales. L'écrasante présence de Paris, l'urbanisation, les brassages de populations, les modes de vie actuels ont gommé les particularismes.
Malgré tout, les villes franciliennes ont su inventer leurs spécialités et les conserver jusqu'à aujourd'hui. Une brève balade va nous permettre d'entrevoir ces liqueurs, confiseries et autres charcuteries.

Produits

GRAND MARNIER

Lapostolle est le nom de la distillerie installée en 1827 à Neauphle-le-Château (au sud des Yvelines). Pendant la guerre de 1870, fuyant l'invasion allemande, la famille se retire à Cognac où Eugène Lapostolle acquiert un stock de cognac. De retour à Neauphle, le gendre d'Eugène, Louis-Alexandre Marnier, en quête de nouveauté, expérimente à partir des outils et produits de la famille. Il manipule oranges exotiques, cognacs de Grance et Petite Champagne. Il met au point la liqueur qui sera dégustée et testée par toute la famille réunie. Le Grand Marnier est né et recevra de nombreuses distinctions dont celles de l'Exposition universelle de Paris de 1889 (sous le nom de Curaçao-Marnier). Il s'impose comme liqueur digestive à l'usage des couches aisées et des « dames allant au café ». Près d'un siècle et demi plus tard, il est toujours exclusivement produit à Neauphle-le-Château.

PÂTÉ DE HOUDAN

Charcutier installé à Houdan vers 1850, Victor Tasserie crée son célèbre pâté à la fin du XIXe siècle. Sa réussite tient plus à la qualité des ingrédients utilisés qu'à son imagination. Sa trouvaille avait été d'employer la chair de la célèbre volaille de Houdan, alors reconnue comme l'une des meilleures de France. La tradition de ce pâté en croûte de foies et de chair de volaille (avec un cordon de foie gras et de truffes en son centre) sera maintenue par ses successeurs. En 1980, un groupe de charcutiers-traiteurs de Houdan met au point une nouvelle version du pâté. Celle-ci est composée de couches alternées d'une farce composée de blanc de volaille, crème et œufs et d'une mousse faite de foies de volaille, graisse d'oie ou de canard, œufs et crème fraîche. Aujourd'hui donc, deux pâtés de volaille sont proposés à Houdan mais sans que soit employée la volaille de Houdan – devenue fort rare – qui avait contribué si fortement à la réussite et au prestige du pâté d'origine.

En passant par... la Brie

Deux images viennent à l'esprit lorsqu'on évoque la Brie : les plaines céréalières et les fromages. La Seine-et-Marne, département le plus rural de l'Île-de-France, consacre 60 % de sa surface à l'agriculture et 20 % aux forêts. La Brie est le seul territoire d'Île-de-France à compter des appellations d'origine protégées, les bries de Meaux et de Melun. D'autres bries, moins connus, existent. En outre, depuis les années 1950, une production de fromages double ou triple crème (à plus de 60 % de matière grasse sur extrait sec) s'est développée. En tenant compte des différentes variantes, on arrive à une liste imposante de ces pourvoyeurs de plaisirs coupables : Boursault, Délice de Saint-Cyr, Explorateur, Gratte-Paille, Jean-Grogne... Des fromages industriels parfaitement délicieux. On oublie par contre souvent que la Brie fabrique du cidre depuis le XVe siècle et on ignore tout aussi souvent que cette région produit du champagne (autre AOP) - sur une minuscule portion nord-est de Seine-et-Marne. Ajoutez à cela, comme ailleurs en Île-de-France, quelques spécialités propres à plusieurs villes briardes - moutarde de Meaux ou sucre d'orge de Moret-sur-Loing - et vous obtenez un tableau bien plus riche et varié que ce que l'on imagine en général.

Produits

BRIE

Si l'on fait abstraction des légendes et des belles histoires, nous n'avons aucune preuve que la renommée du brie remonte au-delà du XIIIe siècle. À compter de cette époque cependant, les témoignages ne manquent pas sur le goût des Parisiens pour ce fromage.
Deux grandes sortes de brie coexistaient ; à la fin du XVIIIe siècle les sources distinguent clairement « les fromages en table » et ceux, liquides, qui « arrivent en pot ». Jusqu'au début du XXe siècle, les bries n'avaient rien de commun avec ceux que l'on savoure actuellement. Il n'existait pas un type de brie, on en trouvait de toutes les tailles et aucun moule spécifique n'était employé. Les fromages de la Brie pouvaient être au lait écrémé ou au lait entier, gras ou maigres, frais ou très affinés. Certains semblent avoir eu une croûte rouge, d'autres bleutée. Il existait en somme autant de bries que de producteurs.
Ces fromages étaient à la fois destinés aux pauvres et aux plus fortunés. Fromage préféré des ouvriers parisiens, ces derniers les consommaient peu gras, au lait écrémé, « passés » et très salés. Par contre les grands moules, au lait entier voire enrichis à la crème, étaient prisés par une clientèle aisée. Un « bon » brie n'est plus liquide ni coulant – les bries en pot disparaissent vers la fin du XIXe siècle –, il est « crémeux » et « demi-ferme ». On s'achemine vers le produit que nous connaissons. En 1980, les bries de Meaux et de Melun obtiennent leur AOC. À côté de ces deux célébrités, d'autres bries, souvent très proches, se maintiennent plus ou moins timidement : brie de Montereau, de Nangis et le Coulommiers – ce dernier étant donc une variété de brie désormais produite partout en France.

NIFLETTE

La niflette est une pâtisserie traditionnelle consommée à Provins et en Seine-et-Marne pendant une courte période de l'année autour de la Toussaint. Elle est composée d'un rond de pâte feuilletée (de 5 à 9 cm de diamètre) garnie de crème pâtissière plus ou moins aro-

matisée à la fleur d'oranger. On prétend que son nom vient d'une déformation du latin *ne flete*, c'est-à-dire « ne pleure pas » car, suivant la tradition, cette pâtisserie était offerte aux orphelins pleurant devant la tombe de leurs parents.
Même si certains les font remonter au Moyen Âge, nos niflettes actuelles n'existaient sans doute pas avant le XVIIe siècle, époque à laquelle la crème pâtissière semble avoir été créée. Comme bien d'autres spécialités, les niflettes sont sans doute passées par de multiples formes avant de revêtir celle que nous leur connaissons. Ainsi, les niflettes grosses et « toutes chaudes » vendues à la pièce dans la rue ont de nos jours cédé le pas aux petites niflettes vendues froides « à la douzaine ».

CONFIT DE PÉTALES DE ROSES

La tradition veut que ce soit Thibaut IV, comte de Champagne, qui rapporta les roses rouges à Provins à son retour des croisades au milieu du XIIIe siècle. Il existait de nombreux produits à base de pétales de roses dont l'importance commerciale nous surprend aujourd'hui : vinaigre « rosat » ou eau de rose destinée à être employée dans la pâtisserie. Or les produits à base de roses de Provins étaient particulièrement recherchés.
Dans les sources, selon qu'il est question de « conserves liquides » ou de « conserves sèches », il s'agit soit d'un sirop épais parfumé avec des pétales de roses fraîches « pilées » soit de tablettes de sucre parfumées avec des roses sèches pulvérisées. Dans le *Thrésor de Santé* de 1607 on trouve une recette pour des « Roses confites ou en conserve » qui semble être l'ancêtre du confit de roses actuel. En 1914, un Alsacien, M. Pfister, s'installa à Provins et reprit la fabrication du « confit » alors abandonnée. En 1991, M. Dominique Gaufillier est devenu propriétaire du fonds de commerce et du « secret de fabrication ». Ainsi, on trouve toujours un fabricant de « confit de roses » à Provins.

Recette

GRATINÉE DES HALLES *Pour 4 personnes*

Niveau de difficulté : *

Temps de réalisation : 1 h

Pour la soupe
800 g d'oignons finement émincés
80 g de beurre
40 g de farine
sel

Pour la gratinée
4 tranches de pain de campagne relativement fines
80 g de gruyère fraîchement râpé
poivre du moulin

La soupe du petit matin des noctambules parisiens, après le spectacle, la boîte de nuit ou un dîner assorti de fortes libations. En fait, un revigorant avant que n'arrive la « gueule de bois ».

Préparation et cuisson

Mettre les oignons dans une casserole à fond épais avec le beurre et 10 cl d'eau, sur feu doux. Couvrir et laisser fondre pendant 30 à 40 min, en remuant trois à quatre fois.

Au bout de ce temps, continuer à remuer, saupoudrer de farine et faire blondir les oignons sans trop les brunir (ce qui donnerait de l'amertume à la soupe). Mouiller avec 1,5 l d'eau bouillante, laisser cuire encore 15 min à petits bouillons, saler.
Allumer le gril du four.

On peut ensuite :
- soit laisser la soupe telle avec les oignons et la poivrer ;
- soit passer la soupe au moulin à légumes et la poivrer.

Présentation

Dans les deux cas, la répartir dans des petits récipients individuels (petites soupières en grès à feu). Poser dans chacune, à la surface du bouillon, une tranche de pain, la recouvrir de fromage râpé. Enfourner, sous le gril allumé, le temps que le fromage fonde et commence à gratiner.

Remarque : si le four ne peut accueillir toutes les soupières à la fois, donc s'il faut procéder en plusieurs fournées, ne posez les tranches de pain qu'au moment de mettre au four, car il est important qu'elles restent en surface, sans s'enfoncer dans le bouillon.

1

2

3

4

5

6

CHAPITRE 8

Picardie

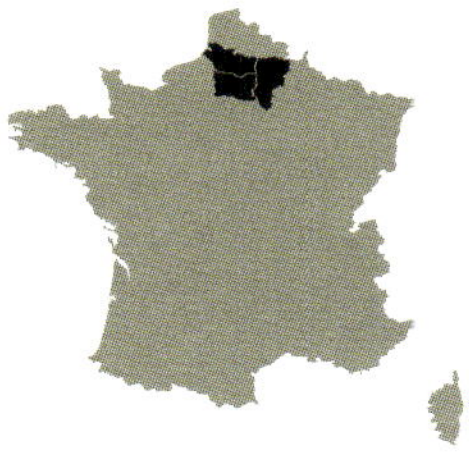

Au sein de la Picardie au sens strict s'individualisent différents pays pour des raisons historiques et/ou naturelles (Baie de Somme...). À ce noyau proprement picard s'agrègent, dans la Picardie actuelle, d'anciennes portions d'Île-de-France au sud (Beauvaisis par exemple) tandis qu'à l'est ont été annexées des terres champenoises.

Picardie historique
Baie de Somme

Avec la Picardie, nous sommes bel et bien dans l'un des « greniers à blé » de la France – les céréales y occupent plus de la moitié des surfaces agricoles. Certes, ce blé, tout comme les betteraves, autre culture emblématique, ne présente guère de spécificité. Quant aux pommes de terre, bien que Parmentier fût Picard, il n'a sans doute pas joué un rôle décisif dans leur adoption par sa patrie d'origine. Elles se sont en tout cas imposées depuis le XIXe siècle comme la troisième grande production régionale. À côté de pommes de terre communes, certaines variétés revêtent un caractère plus original, parfois anciennes, comme la ratte du Touquet ou la vitelotte, parfois plus récentes, comme la pompadour, créée en 1992.

La configuration de la Picardie contemporaine ne fait qu'accroître un trait essentiel de la Picardie historique : elle reste un carrefour. Sa cuisine le reflète. Selon les lieux, les influences franciliennes, normandes ou champenoises affleurent. Traditionnellement, les auteurs gastronomiques rapprochent aussi la Picardie de l'Artois et de la Flandre : un goût partagé pour les flamiches atteste de cette proximité. Cette Picardie sait en tout cas régaler ses invités. Pour celui qui se rend à Amiens, Laon, Beauvais ou Noyon, il n'y a pas que de fabuleuses cathédrales à admirer, il y a aussi des saveurs à découvrir. Des raffinements sucrés (tartes et confiseries) ou salés (flamiches ou pâtés).

Depuis des siècles ce territoire s'attache aussi à faire pousser des légumes. Cette science potagère a produit des merveilles : cresson de fontaine de Bresles, haricots de Soissons, lentillon de Noyon... Les hortillonnages amiénois constituent la relique la plus charmante de cette tradition. Ces îlots cultivés séparés par des canaux (les rieux) remontent peut-être à l'époque romaine, plus certainement au Moyen Âge. Seule une petite trentaine d'hectares reste consacrée au maraîchage en ce début de XXIe siècle.

En 1926, le *Larousse ménager* indiquait à ses lecteurs que la Picardie – l'historique – manquait de spécialités culinaires. Que l'on me permette de lui donner tort.

1/ Amiens, les hortillonnages. 2/ Un champ de blé près de Laon. 3/Bateau de pêche à la crevette grise (ou « sauterellier ») en baie de Somme. 4/ Ramassage des coques de la baie de Somme, à la pointe du Hourdel. 5/ Un vendredi matin au marché du Crotoy. 6/ Élevage des moutons de pré-salé de la baie de Somme.

Produits

GÂTEAU BATTU

Le gâteau battu est une spécialité de la Picardie maritime. Une spécialité très riche, car des jaunes sont utilisés à la place d'œufs entiers et une même proportion de beurre que de farine est employée. Il est cuit dans un moule cannelé, très haut, qui lui donne l'aspect d'une toque de cuisinier. Pour 250 grammes de beurre, il est composé de 250 grammes de farine, de douze jaunes d'œufs, de 100 à 150 grammes de sucre, de sel, de levure et d'alcool (rhum ou cognac). Certains ajoutent de la crème double.

Peu de documents anciens nous parlent de cette spécialité éminemment picarde. Cependant, des gâteaux très similaires sont documentés dans les régions alentour, ce qui nous fait penser que le gâteau battu devait exister en Picardie aux mêmes époques. Ainsi, en 1653, *Le Pâtissier françois* nous renseigne sur un « Gasteau mollet sans fromage lequel gasteau les Flamands nomment du pain aux œufs ». En 1912, le *Traité de pâtisserie moderne* de Darenne et Duval comporte une recette de « Gâteau battu ou gâteau mollet » proche de la préparation actuelle mais... il est qualifié de champenois ! Par la suite, les sources s'accordent sur l'identité picarde de ce gâteau. Tout au long du XXe siècle il accompagne chaque grande occasion : fêtes de village, baptêmes, communions, mariages...

PÂTÉ D'ABBEVILLE

Ce pâté était anciennement réalisé à base de bécassines alors qu'actuellement on emploie d'autres gibiers d'eau (colvert, pilet, siffleur et bécassine) dans des proportions variables et le plus souvent complétés, pour la farce, par du canard mulard, de la gorge de porc, des aromates et des épices, de l'eau-de-vie, du lait et des œufs...

Si, en 1808, Grimod de La Reynière ne loue Abbeville que pour ses pâtés d'esturgeon et d'anguille, c'est en revanche bien pour ses « pâtés de bécasseaux », ancêtres de la spécialité charcutière actuelle, que cette ville retient l'attention de plusieurs commentateurs quelques décennies plus tard. On ignore quand le pâté d'Abbeville prit sa forme actuelle mais la première édition du *Larousse gastronomique* (1938) ne parle plus de bécassine mais de « pâté de canard d'Abbeville ». Depuis, le canard ayant à son tour perdu sa place prépondérante, l'appellation du pâté ne comporte le plus souvent que le nom de la ville.

MACARON D'AMIENS

Ce macaron, petit cylindre trapu, comporte des fruits et du miel en plus des ingrédients habituels. C'est Rabelais qui, le premier, en 1552 dans son *Quart Livre*, parle de macarons en France. Ce terme désigne alors aussi bien des petits gâteaux sucrés que des pâtes alimentaires. Au XVIIe siècle le mot « macaron » sera réservé aux petits gâteaux (les pâtes étant devenues des « macaroni »). De nombreuses villes vantent aujourd'hui la qualité de leurs macarons mais ceux d'Amiens sont parmi les plus anciennement célèbres. Toutefois, si certains affirment qu'ils se vendaient déjà aux XVIIe-XVIIIe siècles, les textes n'associent pas particulièrement cette cité aux macarons avant le milieu du XIXe siècle.

TUILE D'AMIENS

Presque tous les pâtissiers de la région réalisent cette spécialité. Dans cette petite tuile aux amandes ronde, le chocolat remplace la pâte habituelle. L'implantation d'un nombre considérable de fabriques de chocolat à Amiens au XIXᵉ siècle a fait croire que les célèbres tuiles en chocolat de cette ville dataient du siècle dernier. Il faut pourtant attendre les années 1930 pour voir mentionner les tuiles « picardes », qui jouissent alors d'une certaine notoriété (à Amiens, Abbeville et Roye notamment). Quant à Curnonsky et Croze, ils ne citent que les tuiles d'Amiens et les font figurer en bonne place dans leur *Trésor gastronomique de France* en 1933.

En passant par... la baie de Somme

C'est un milieu naturel à part qui retient ici notre attention. Nous voici dans l'une des plus grandes zones humides de France, un site d'une étonnante richesse écologique (on y recense plus de 300 espèces d'oiseaux). Un environnement spécifique, constitué de mollières (prés-salés) et de vasières, qui offre aux cordons bleus locaux un réservoir de ressources dans lequel puiser - avec parcimonie.
La chasse aux oiseaux migrateurs y est strictement contrôlée et s'avère beaucoup moins meurtrière qu'il y a une soixantaine d'années - elle fournit le gibier d'eau à la base des nombreux pâtés que l'on trouve dans la région (pâté picard, de Saint-Valery, d'Abbeville, d'Amiens...). La baie de Somme est également un lieu idéal pour la pêche de poissons plats tels que la plie, le flet ou la sole. Enfin, les Picards s'y adonnent au ramassage des plantes (salicorne, « oreille de cochon ») et des coquillages. Nous évoquerons plus loin les coques (les hénons) et les moules mais nous aurions pu tout aussi bien nous arrêter sur la crevette grise, pêchée près des côtes ou à pied, sur la plage.

Produits

SALICORNE DE LA BAIE DE SOMME

La cueillette de la salicorne en baie de Somme est une activité pratiquée depuis des siècles. En 1607, le *Thresor de santé* cite la passe-pierre « confite en vinaigre et en sel, étant par ce moyen très savoureuse ». L'auteur anonyme de cet ouvrage ne distinguait sans doute pas très bien cette plante de notre salicorne qui poussait dans les terrains d'une autre nature. Du reste, dans la région côtière de Picardie et du Nord-Pas-de-Calais, la salicorne porte justement le nom de passe-pierre.
La salicorne est principalement appréciée comme condiment. Cependant, certains la mangent crue, en salade, ou cuite comme légume d'accompagnement. La récolte la plus importante s'effectue en début de végétation, lorsque la plante est verte et tendre (de fin mai à fin juillet). Lorsqu'elle devient brunâtre, seules les jeunes pousses sont récoltées. Soit elle est commercialisée telle quelle, soit les rameaux sont mis à mariner dans du vinaigre de vin additionné de divers aromates et de poivre. Après égouttage, ils sont conditionnés dans des bocaux de verre remplis de vinaigre aromatisé.

COQUE

La coque est récoltée sur les bancs de sable de la baie de Somme, entre octobre et fin mars. La baie de Somme est la première zone productrice de coques de France. Le hénon, appellation locale des coques, est consommé cru avec un filet de citron, ou cuit avec un beurre d'escargot ou en sauce.
Il semblerait qu'au Moyen Âge les hénons aient constitué un mets avant tout populaire du fait de leur abondance et, donc, de leur faible coût. Ce statut expliquerait-il pourquoi les coques n'apparaissent jamais dans la littérature gastronomique de la région jusqu'à très récemment ? Quoi qu'il en soit, le ramassage des coques a toujours été pratiqué en baie de Somme et ses adeptes sont significativement appelés localement « hénonniers ».

MOULE

En 1769, le scientif que Duhamel du Monceau notait à propos de la côte picarde que « les sables mouvants ce cette côte font qu'il y a peu de coquillages », tout en admettant qu'il connaissait « une moulière dans le port même de Crotoy ». On sait que, dans la région, la pêche à la moule était alors soumise à un règlement établi en 1728 et destiné à protéger les moulières.

Si l'élevage de moules de bouchot était déjà bien établi dès le XVIIIe siècle sur la façade atlantique, les Picards sont restés fidèles à la moule sauvage jusqu'en 1981, date à laquelle l'élevage sur bouchots a débuté dans la baie. Lors du captage, le naissain (jeunes moules) se fixe au printemps sur des cordes installées entre les pieux. Ces cordes, couvertes de jeunes moules, sont découpées et enroulées autour des pieux afin que la croissance se poursuive. Au fur et à mesure de leur croissance, l'éleveur prélève celles qui risquent de se détacher du bouchot, pour les mettre sur un autre pieu, à l'aide d'un grillage. Après 6 mois environ, elles sont récoltées et stockées en réservoirs dans la zone de balancement des marées, afin qu'elles apprennent à se refermer à l'air – cette technique permet une meilleure conservation.

Recette

TARTE À L'BADRÉ (OU À L'BADRÉE) *Pour 4 personnes*

Niveau de difficulté : ** Temps de réalisation : 1 h 30 Temps de repos : 2 h

Pour la pâte
250 g de farine
1 pincée de sel
15 cl de crème fraîche à la louche (sans ferments)
50 g de beurre ramolli
50 g de saindoux

Pour la garniture
50 cl de lait
1 gousse de vanille (+ 1 pour la finition)
2 œufs extra-frais
100 g de sucre en poudre
25 g de farine
20 g de beurre (pour la tourtière)
1 pincée de sel

Facultatif
12 pruneaux pas trop secs
6 cl de rhum ambré

C'est la plus courante des tartes sucrées : une sorte de flan riche (« badré » désigne la crème aux œufs qui la garnit) se servant les dimanches et les jours de fête. Il n'est pas rare qu'on y associe des pruneaux. Sa pâte est une tradition ménagère qui ne répond pas aux formules des pâtes classiques, si bien que des variantes sont enregistrées selon les lieux. L'une d'entre elles est un flan très épais, baptisé alors tarte au papin – papin désignant à l'origine une bouillie très épaisse et, par la suite, dans le langage populaire, colle à papier peint !

Préparation et cuisson

La pâte

Dans une terrine, mélanger la farine et le sel, creuser en fontaine, incorporer peu à peu la crème fraîche de façon à obtenir une sorte de pâton que l'on façonne en boule. L'envelopper d'un film étirable et le laisser reposer au moins 1 h au réfrigérateur, dans le bac à légumes pour qu'il ne durcisse pas trop.

Sortir le pâton du réfrigérateur, l'abaisser à 3 mm d'épaisseur. Dans un bol, malaxer le beurre et le saindoux. Parsemer régulièrement sur l'abaisse le mélange beurre-saindoux divisé en noisettes. Replier la pâte, l'envelopper à nouveau de film étirable et l'entreposer dans le bac à légumes pour encore 1 h au moins.

(Pendant ce temps, si l'on prévoit des pruneaux, les dénoyauter et les mettre dans une jatte, les arroser avec le rhum, les laisser s'imbiber en les retournant de temps à autre.)

La garniture

Dans une casserole, porter à ébullition le lait avec la gousse de vanille, laisser tiédir et retirer celle-ci. Dans une terrine, battre les œufs entiers avec le sucre jusqu'à ce que la préparation soit homogène. Une fois le sucre dissous et la préparation crémeuse, lui incorporer la farine, puis peu à peu le lait. Reverser dans la casserole, mettre sur feu doux et faire cuire 7 à 8 min, sans cesser de remuer, en raclant le fond du récipient.

Préchauffer le four à 180 °C (th. 6).

Sortir la pâte du réfrigérateur, l'abaisser à 3 mm d'épaisseur en lui donnant une forme ronde. En garnir une tourtière beurrée de 30 cm de diamètre, en prévoyant un rebord assez haut (au besoin, l'épaissir en repliant la pâte du pourtour sur elle-même). Badigeonner la surface de pâte avec l'œuf battu avec le sel. Enfourner pour 10 min (elle doit durcir légèrement).

Hors du four, garnir la pâte avec la préparation de flan (éventuellement y répartir les pruneaux). Enfourner à 210 °C (th. 7) et laisser cuire environ 30 min.

1

2

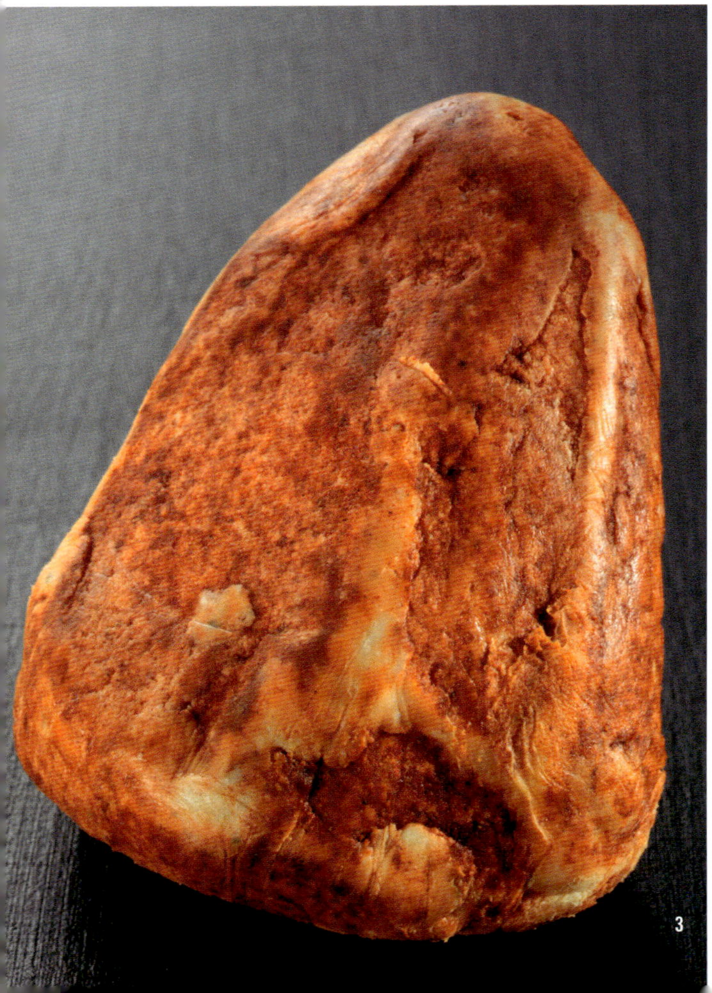
3

4

5

6

CHAPITRE 9

Thiérache

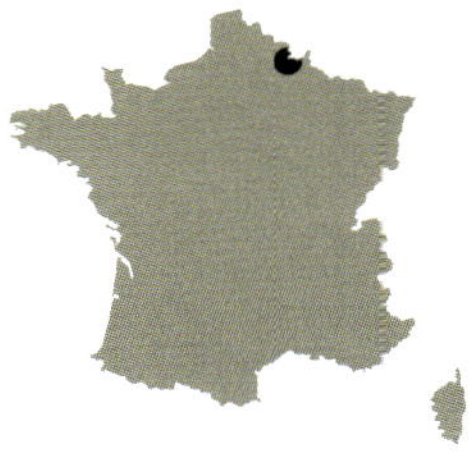

Cette région naturelle se répartit entre l'Aisne, le Nord et les Ardennes et déborde au-delà en Belgique. La partie française couvre environ 3000 kilomètres² - de nos jours, on tend cependant à dénommer « Avesnois » la portion relevant du département du Nord.

Thiérache

Il semble impossible de parler de ce qui garnit nos assiettes sans parler des paysages qui permettent à ces produits de prendre forme. La Thiérache c'est d'abord le bocage – au milieu des régions à champs ouverts que sont la Champagne, la Picardie et le Cambrésis. Un bocage relativement récent puisqu'il s'est étendu au XIXe siècle quand l'élevage s'est développé au détriment des céréales. Ces terroirs, humides, où les eaux courantes abondent, se sont tapissés de magnifiques herbages. Certes, depuis les années 1970, les pâturages reculent mais cet environnement a façonné la cuisine thiérachienne, une tradition laitière s'est enracinée et les pommiers se sont multipliés dans les prairies. Le lait est transformé en crème ainsi qu'en beurre, et ceux-ci ne se gênent pas pour enrichir plats et desserts. Mais ce lait a surtout donné des fromages et, plus encore, un fromage : le maroilles – qui remonte il est vrai au Moyen Âge. La Thiérache aime à se présenter comme le pays du maroilles. À sa suite, les préparations fromagères se sont multipliées. La boulette d'Avesne se compose de pâte à maroilles jeune, de fromage blanc de lait de vache, d'estragon, parfois de persil ou de cerfeuil... Le dauphin en est une autre, à base de maroilles frais et d'herbes diverses, d'estragon notamment. Le roi de ces contrées sert bien sûr de base à quelques recettes, à l'incontournable tarte au maroilles en particulier – dénommée « goyère » dans le Valenciennois –, déjà citée dans des textes du début du XVIIe siècle. Quant à la pomme, deuxième attribut gourmand de la Thiérache, des variétés spécifiques ont longtemps prospéré : la baguette, la lanscailler, la sang-de-bœuf et la reinette de France... Comme souvent, après avoir été délaissées, elles font maintenant l'objet de réinstallations. Une initiative d'autant plus judicieuse que, fort logiquement, la spécificité de ces fruits a largement fondé l'originalité du cidre de Thiérache. Ce dernier avait lui-même beaucoup souffert des mutations subies par l'agriculture et le monde rural. Il retrouve un bel élan depuis les années 1990 et, avec lui, l'eau-de-vie de cidre ou le poiré. On l'emploie là encore dans différents plats : lapin, canard ou tripes au cidre.

1/ Le bocage résiste, les paysages d'openfield progressent. 2/ Un pays où la pomme est reine. 3/ Une gloire culinaire locale : la boulette d'Avesnes. 4/ Taisnières-en-Thiérache (Avesnois), moulin à eau typique de la région. 5/ La forêt de Signy en Thiérache ardennaise. 6/ Toujours en Thiérache ardennaise, L'Échelle.

Produits

CIDRE DE THIÉRACHE

De nombreux documents, dès le XVIIe siècle au moins, soulignent l'importance du cidre en Picardie – trois régions sont concernées : pays de Bray picard, Vimeu et Thiérache. Au XIXe siècle, cette importance va croissant, la vigne disparaît totalement et la place est libre pour le pommier. Vers 1900, 12 500 hectares sont plantés en pommiers à cidre, mais les variétés locales cèdent peu à peu la place à des importations normandes et bretonnes. Une notice rédigée en 1906 pour l'Aisne (la Thiérache) tient compte de ce phénomène en expliquant que, si la production reste très importante (pouvant atteindre 300 000 hectolitres par an), il faut néanmoins importer du cidre des régions voisines « en raison de la grande quantité consommée par les ouvriers agricoles pendant les gros travaux des champs ».

La nécessité de produire en quantité ne compromettait pourtant pas la qualité du cidre en Thiérache. Il a d'ailleurs l'honneur de figurer dans *Le Trésor gastronomique de France* établi par Curnonsky et Croze en 1933. Après deux décennies d'après-guerre difficiles, le cidre fermier de Thiérache connaîtra un renouveau progressif.

MAROILLES (AOC)

La zone de production du maroilles s'étend sur la Thiérache, du sud de l'Avesnois (Nord) à l'arrondissement de Vervins (Aisne), la majeure partie des producteurs se trouvant dans ce dernier département. Le nom de ce fromage de vache provient d'une petite commune de l'arrondissement d'Avesnes. Seules les caves de Thiérache, par leurs caractéristiques naturelles, permettent le développement de la flore particulière qui lui donne sa saveur. Le maroilles possède une pâte molle, souple et onctueuse, et il est recouvert d'une croûte rouge orangé, plus ou moins foncée, obtenue par le développement des ferments du rouge.
On attribue généralement le mérite de la création de ce fromage aux moines de l'abbaye de Maroilles, au Xe siècle. En réalité, on ignore l'époque à laquelle les moines de Maroilles ont mis au point les méthodes de fabrication et d'affinage de ce fromage. Il est probable qu'elles ont été améliorées progressivement au cours des siècles. On le consomme à Paris depuis le XVIIe siècle. En tout cas, au début du XIXe siècle, la production du maroilles est déjà sortie de l'abbaye pour s'étendre à toute la région et probablement déjà à la Thiérache. Quelques décennies plus tard, la description d'un contemporain laisse penser que le maroilles s'approche déjà de sa forme actuelle.
Le « véhément Maroilles » aurait été intronisé par Curnonsky « roi des fromages forts ». Après un si vibrant éloge, il ne restait plus au maroilles qu'à accéder à la distinction suprême en entrant dans le cercle très restreint des appellations d'origine contrôlées en 1976.

BL 644106
BL 644106
1

2

3

BERNADETTE
SALADE-VAPEUR-PUREE
1,50 € le Kg
EMERAUDE
CHAIR FERME
RISSOLEES-SALADE
4

5

6

Friterie "MOMO"
7

CHAPITRE 10

Nord-Pas-de-Calais

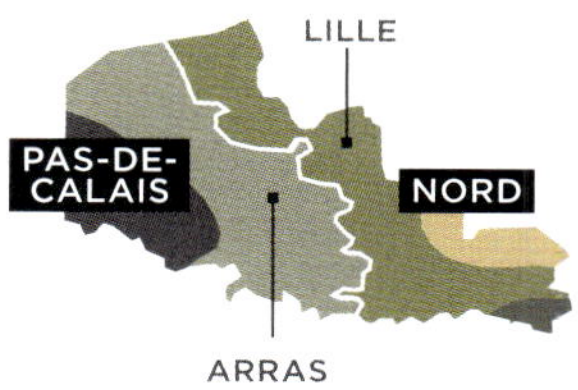

Les deux départements comprennent divers provinces et « pays » hérités de l'histoire : la Flandre qui, traditionnellement, comptait une partie flamingante (Flandre maritime) et une partie francophone, l'Artois, le Hainaut et une petite excroissance picarde, le Boulonnais. Cet éclatement n'a toutefois pas empêché l'émergence d'une véritable identité dans cette région, une identité qui se reflète dans ses produits et ses recettes.

■ *Boulonnais* ■ *Artois* ■ *Flandre* ■ *Hainaut* ■ *Thiérache*

En 2008 triomphait *Bienvenue chez les Cht'is* qui, entre autres choses, a rendu populaire le patrimoine culinaire des habitants de la ville de Bergues, près de Dunkerque. La vedette alimentaire en était incontestablement le maroilles – son odeur et son goût prononcés prêtent à la plaisanterie. On utilise traditionnellement, en ces terres où les herbages abondent, le lait des vaches flamandes et des bleues du Nord pour produire des fromages à pâte molle, forts comme le maroilles et ses proches cousins (gris de Lille), mais aussi des fromages à pâte pressée non cuite (fromage de Bergues, mont-des-cats).
Les Ch'tis du film ne se nourrissent toutefois pas que de fromage : ils mangent de la carbonade et des chicons au gratin. Les chicons, nom local des endives, ont été « inventés » dans la seconde moitié du XIXe siècle en Belgique : le forçage des chicorées à l'abri de la lumière, qui donne les endives, a ensuite progressé dans le nord de la France. La carbonade, elle, consiste en des tranches de bœuf cuites avec des oignons et de la bière. D'aucuns ont souligné l'influence belge sur la cuisine du Nord-Pas-de-Calais, il existe surtout de chaque côté de la frontière une culture culinaire commune. Les hommes ont en partage la carbonade donc, mais aussi le potjevlesch, le waterzooï, le hochepot, la soupe à la bière, le potage flamand... La passion des frites et de la bière !
Typique également, la chicorée. De nombreuses usines de torréfaction de chicorée étaient implantées dans le Nord au début du XXe siècle. La plus célèbre d'entre elles, l'entreprise Leroux, a ouvert ses portes en 1858 à Orchies. On peut accompagner cette chicorée de faluche à la cassonade, un pain gonflé qu'on fourre en outre de beurre ou de confiture.
Enfin, avouons que, sans *Bienvenue chez les Ch'tis*, je n'aurais pas songé à mentionner la fricadelle, cette saucisse panée industrielle à la composition incertaine, ni le piccalilli, sauce à base de petits oignons, de cornichons, de vinaigre, de sucre et de moutarde. Ces « nourritures canailles » des plus courantes font évidemment partie du patrimoine culinaire local.

1/ Pêche en flobart, ce bateau ventru typique de la côte d'Opale. 2/ Lille : beffroi de la Chambre de commerce, opéra et Grand'Place. 3/ La brasserie La Taverne de l'Écu» à Lille. 4/ Le Nord-Pas-de-Calais est la première région productrice de pommes de terre. 5/ Dans le Nord, on dit « chicons » plutôt qu'« endives ». 6/ Audresselles, le «Saint-Tropez du Nord». 7/ Place Jean-Jaurès à Lens, la friterie Momo, lieu de tournage de Bienvenue chez les Ch'tis.

Produit

BIÈRE

Le Nord-Pas-de-Calais est, avec la Lorraine et l'Alsace, l'une des grandes régions de la bière. Au début du XXe siècle, la région possédait quelque 1 500 brasseries produisant chacune en moyenne de 3 000 à 4 000 hectolitres, des bières de qualités très variables. On trouve de la cervoise en Artois et en Flandre depuis le Haut Moyen Âge – on repère par exemple une brasserie à Arras en 1072. Avec l'introduction du houblon dans le processus de fabrication, la bière proprement dite s'impose au XVe siècle.

À la fin du XIXe siècle, la bière des petites brasseries était de densité assez basse (faible teneur en malt et plus légère en alcool), on la disait « de ménage » ou « petite bière ». Celle des ateliers plus importants était plus forte et dite « spéciale ». Très diversifiées de goût et de couleur selon la coloration des moûts, elles étaient blondes, brunes ou blanches, comme celle, réputée, de Cambrai. Dès cette époque puis, surtout, durant l'entre-deux-guerres, la modernisation des équipements et des procédés réduisit de moitié les installations. Cette première concentration permit aux brasseurs du Nord de concurrencer, sur place, les bières blondes venues d'ailleurs. De là naquirent les bières Pils, haut de gamme, et les Bock pour la consommation courante. La Seconde Guerre mondiale accélère le processus. En 1950, la livraison de bière en fût aux particuliers disparaît au profit de la bouteille et, en 1960, la fermentation haute – qui donne des bières plus fruitées, plus alcoolisées mais moins chargées en dioxyde de carbone – s'efface au profit de la fermentation basse. Alors que la consommation française se maintient puis se développe, y compris dans des régions non brassicoles, quelques brasseurs susciteront le redémarrage de la production de bières spéciales de fermentation haute – la Jenlain figure parmi les précurseurs. Grâce à cette relance des bières spéciales, nous disposons, de nos jours, d'une gamme très riche de produits caractéristiques de la culture brassicole du Nord. Parmi les bières à fermentation haute nous citerons: la Ch'ti, la Choulette, Réserve du brasseur... Et parmi les bières à fermentation basse : Jenlain, Pelforth brune, Blanche de Lille...

En passant par… la Flandre

Produits

NIEULLE

Les nieulles sont parmi les plus anciennes pâtisseries fabriquées dans le Nord. Déjà, au XIIIe siècle, les nieulles étaient associées aux provinces du Nord. Naturellement, rien ne nous dit qu'elles ressemblaient à celles confectionnées de nos jours. Elles sont en tout cas désormais plus particulièrement associées à la ville d'Armentières où la fête des Nieulles se tient chaque année mi-septembre. Durant ces réjouissances, les nieulles sont jetées du haut du beffroi de l'hôtel de ville. Selon la légende, cette coutume serait née en 1510 quand le duc Jacques de Luxembourg, au cours d'un banquet, se présenta au balcon du dit hôtel de ville et fit jeter le reste des gâteaux et des biscuits.
Vous voulez préparer ces biscuits ? Mélangez 130 g de beurre mou et 350 g de farine, réalisez un puits dans lequel vous versez 3 cuillères à soupe de lait tiède sucré puis 2 jaunes d'œufs un par un, et 2 pincées de sel. Malaxez jusqu'à obtenir une pâte homogène. Laissez reposer 2 heures. Abaissez la pâte sur 1 cm environ. Découpez à l'emporte-pièce d'un cannelé rond de 5 à 6 cm de diamètre. Cuire au four à 180 °C (th. 6) pendant 6 à 7 minutes.

BÊTISE DE CAMBRAI

Vers 1850, Émile Afchain, apprenti confiseur chez ses parents, ajouta trop de menthe aux bonbons qu'on lui avait demandé de faire mais, à l'étonnement de tous, sa « bêtise » plut aux clients. La fameuse bêtise de Cambrai était née ! Tel est l'historique officiellement validé par la maison Afchain.
On remarquera peut-être surtout que l'on fabrique des bonbons à Cambrai depuis le XIIIe siècle au moins et que les bêtises actuelles pourraient bien trouver leur origine dans ces traditions médiévales. Une autre hypothèse rappelle que, le 24 de chaque mois, se tenait à Cambrai un important marché durant lequel les hommes, une fois leurs affaires faites, s'attardaient pour commettre quelques « bêtises »... Le confiseur Afchain aurait eu l'idée de confectionner, pour cette clientèle, des bonbons raffinés, en les parfumant à la menthe Mitcham, en battant le sucre pour qu'il soit plus aéré et plus agréable, et en introduisant, sous l'aspect d'une rayure, du sucre caramélisé.
Quoi qu'il en soit, la maison Afchain fut officiellement reconnue comme « le seul inventeur » du célèbre bonbon en 1889. Ce qui n'empêcha pas les rivalités entre confiseurs de faire rage tout au long du XXe siècle.

MIMOLETTE VIEILLE (OU ÉTUVÉE)

Ce fromage à pâte pressée non cuite tire son nom de mi-molette, mi-mou, ce fromage n'ayant pas toujours été très affiné et dur, mais au contraire souple. Il se présente sous la forme d'une sphère aplatie de 20 centimètres de diamètre et d'un poids de 2,5 à 4 kilogrammes. La croûte est sèche, de gris à brun, naturelle, et la pâte ocre à rougeâtre. La production de la mimolette fut développée sur les lieux de consommation proches des ports où se concentraient les échanges avec les Pays-Bas (Bordelais, Normandie). Actuellement, le Nord ne produit plus ce fromage, mais il en reste le plus gros consommateur, ce qui explique que l'affinage de la mimolette vieille reste une spécialité de Lille. Il existe plusieurs durées d'affinage bien établies : trois mois (mimolette jeune), six mois (mimolette demi-vieille), un an (vieille) et dix-huit mois (extra-vieille). Plus le temps d'affinage se prolonge, plus le goût devient fort et piquant, la pâte est de moins en moins souple et plus cassante. La belle couleur orange est obtenue grâce à un colorant, le rocou.

En passant par... le Hainaut

Produits

GOYÈRE

La goyère est une tarte en pâte levée, ronde et peu épaisse, farcie d'un appareil à base de maroilles.

Un texte de 1314 mentionne déjà les « goières » et l'on en trouve d'autres occurrences au Moyen Âge – chez Villon par exemple (1462). Il s'agit déjà d'une sorte de pâtisserie. Par contre, la première référence situant la goyère spécifiquement dans le nord de la France ne remonte qu'à 1587. Cette goyère, selon certains indices, se rapprochait sans doute de la goyère actuelle. Il faudra cependant attendre l'extrême fin du XVIIIe siècle ou le début du XIXe pour qu'elle soit associée à une ville précise, un document de 1804 explique en effet que l'« on parle des goyères de Valenciennes ». L'association entre la goyère et le nord de la France devient ensuite de plus en plus étroite. Une pâtisserie jadis très répandue est ainsi devenue une spécialité régionale.

LUCULLUS DE VALENCIENNES

À la fin du XIXe siècle, une encyclopédie culinaire identifie Lucullus comme « richissime général romain dont les festins somptueux sont restés célèbres ». Elle continue : « Son nom est devenu synonyme de grand et généreux amphitryon. [...] On donne quelquefois le nom de Lucullus à des garnitures, des potages ou des mets fantaisistes, pour exprimer l'idée de la richesse suprême du mets. »
Il semble que ce soit en 1930 qu'Edmond Landouar, chef du restaurant Le Verdonck, ait enrichi la traditionnelle langue fumée de Valenciennes d'une mousse de foie gras. Il s'agit d'un bloc où des tranches fines de langue de Valenciennes (langue de bœuf) alternent avec une pâte à base de foie gras d'oie ou de canard.

En passant par... l'Artois

Produits

ANDOUILLE D'AIRE-SUR-LA-LYS

Une tradition locale fait remonter la création de cette andouille au XIXe siècle, mais nous ne trouvons pas de mention écrite précise avant 1926, date à laquelle elle est citée en tant que spécialité artésienne dans le *Larousse ménager*.
L'andouille d'Aire-sur-la-Lys est composée de viande de porc (70-80 %) et de chaudin (partie du gros intestin des porcs), à la différence des andouilles de Cambrai, plus célèbres. Mais les deux partagent un assaisonnement très apprécié en Artois, la sauge.

FROMAGE FORT DE BÉTHUNE

Cette préparation fromagère est faite au moyen de fromages de desserte ou avancés (maroilles passés). On y ajoute des épices, du vin blanc et parfois de l'alcool. Elle est mise en pot et le vieillissement, qui favorise les fermentations alcooliques, transforme totalement la saveur des fromages.
Le fromage fort de Béthune servait de casse-croûte aux mineurs au XIXe siècle et au début du XXe siècle. Il a été vraisemblablement importé par des mineurs venus du nord-est de la France. Ce produit s'apparente à la boulette d'Avesnes et aux fromages forts de Bourgogne et de Lorraine. Il a été qualifié de fromage du pauvre ou viande du pauvre. Il ne persiste aujourd'hui que quelques fabrications fermières ou de crémerie.

En passant par... le Boulonnais

Si tous les incontournables du Nord-Pas-de-Calais se retrouvent dans le Boulonnais, de la soupe à la bière à la tarte au sucre, ce pays a évidemment des produits qui lui sont propres, comme les craquelins de Boulogne, une confiserie, ou le vieux-boulogne - un fromage à l'odeur plus puissante que le maroilles. Il compte également quelques races animales spécifiques comme le mouton du Boulonnais. Surtout, sans surprise, sa cuisine est marquée par la présence de la mer - Boulogne est le premier port de pêche français. Une présence qui s'exprime à travers des plats tels que la caudière (une soupe des pêcheurs) ou la gainée boulonnaise (sorte de bouillabaisse)...
Et rien n'illustre mieux la tradition halieutique du Boulonnais que la longue histoire du hareng et des préparations que les hommes ont su en tirer.

Produit

LE HARENG SOUS TOUTES SES FORMES

La grande caractéristique de cette région est celle des savoir-faire tournés vers la valorisation des harengs. À partir du haut Moyen Âge (Ve-Xe siècle), l'industrie du poisson se développe en mer du Nord puis dans les zones nord-atlantiques. Dès le Xe siècle, cette région (Étaples, Boulogne, Calais) se spécialise dans le salage, le séchage et le saurissage (le fumage associé au salage) du hareng.
À l'époque moderne, des produits à fumage et salage plus légers se répandent, tels les bouffis (ou craquelots) au XVIIe siècle. Le bouffi (ainsi nommé parce que fumé « en rond », c'est-à-dire sans être vidé ni étêté) n'est salé que pendant vingt-quatre heures et fumé pendant huit heures au maximum, contre un salage de dix jours et une fumigation allant jusqu'à dix-huit heures pour un « franc-saur ». Mais là où le franc-saur peut se conserver plusieurs mois, le bouffi ne se garde qu'une semaine.
Le hareng mariné dans du vinaigre, procédé de conservation courte, existe depuis le haut Moyen Âge, dans les zones nord-atlantiques. Boulogne est en tout cas un grand centre de production de cette spécialité dès le début du XIXe siècle et c'est après la Première Guerre mondiale qu'elle connaît un véritable essor.
Quant au rollmops (hareng fendu, roulé sur des rondelles d'oignon, retenu par une brochette de bois et mariné dans une solution vinaigrée), les auteurs ne s'accordent pas sur sa date d'apparition à Boulogne.
Boulogne voit aussi la création du premier « filet de hareng » en 1872. Des filets qui, en l'espace d'un siècle, ont presque totalement remplacé le hareng saur entier consommé depuis le haut Moyen Âge.
Le XXe siècle verra aussi les poissons plus doux s'imposer, ainsi les bouffis connaîtront une grande vogue, de même que les kippers (des harengs ouverts, salés et légèrement fumés) et les filets de hareng fumé doux.

Recette

POTJEVLESCH EN TERRINE *Pour 15 portions environ*

Niveau de difficulté : *** Temps de réalisation : 4 h 30 Temps de repos au frais : 15 h

1 poule coupée en morceaux
1 gros lapin coupé en morceaux
300 g d'épaule de veau
200 g de lard maigre frais
100 g de lard gras sans couenne (ou barde)
1 grande couenne fraîche
200 g d'échalotes
10 branches de persil plat
1 bouteille de vin blanc sec
2 brins de thym
1 feuille de laurier
sel, poivre du moulin

C'est la terrine flamande des environs de Bergues. Dans les documents anciens, on la trouve également sous toutes les orthographes imaginables : potje-vleesch, potjesvleech, pot'che vlesch, pot je vlesse, et il y en a certainement d'autres... La traduction exacte est « viande en pot ». Étant donné l'assortiment de viandes nécessaire, elle ne peut se faire en petite quantité ; comme elle se conserve bien une semaine au réfrigérateur, et surtout aujourd'hui dans la zone 0 à + 3 °C, cela ne pose aucun problème si l'on prend soin de l'envelopper hermétiquement.

Préparation et cuisson

Préparer les viandes : ne garder de la poule que les blancs, les cuisses, les ailes avec leurs os ; conserver pour une autre préparation le râble du lapin (il est trop sec pour cette recette), laisser les os des membres, enlever les autres petits os (côtes en particulier) ; couper le veau en cubes de 3 cm et le lard en petits dés ; escaloper le lard gras en lamelles, en tapisser le fond de la terrine de cuisson ; tailler la couenne à la taille du récipient.
Hacher les échalotes avec le persil.
Dans la terrine, entasser, en alternant bien les viandes, la poule, le lapin et le veau (prendre soin de placer les morceaux avec os dans la largeur du récipient pour faciliter le découpage ultérieur). Entre chaque couche, veiller à boucher les interstices avec des dés de lard, parsemer le hachis d'aromates, saler et poivrer. Verser du vin à hauteur en le faisant bien descendre jusqu'au fond du récipient.
Préchauffer le four à 150 °C (th. 5).
En surface, répartir les brins de thym et des morceaux de feuille de laurier. Couvrir avec la couenne, côté gras contre la préparation. Fermer hermétiquement, luter. Poser la terrine dans un plat à bord haut contenant de l'eau, celle-ci devant arriver aux deux tiers environ du récipient. Enfourner et laisser cuire 3 h 30.
Laisser tiédir, enlever la couenne, le thym et le laurier, ainsi que les petits os (à l'aide d'une fourchette) en laissant les os des membres. Remettre la couenne, bien tasser, couvrir.
Lorsque la préparation est froide, l'entreposer au réfrigérateur au moins 12 à 15 h.

Présentation

Démouler, couper des tranches le long des os et conserver dans un bocal hermétique.

1

2

4

3

5

6

CHAPITRE 11

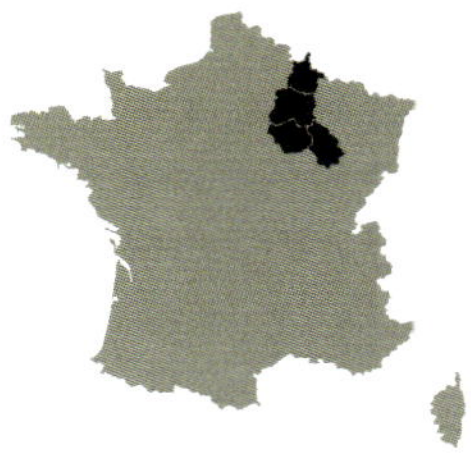

Champagne-Ardenne

On distingue la Champagne crayeuse (« pouilleuse ») avec ses plaines et ses plateaux calcaires, et la Champagne humide, argileuse, parsemée d'étangs.
La Champagne historique comprenait une large partie de la Brie, aujourd'hui en Île-de-France, et débordait sur l'actuel département de l'Yonne. Le département des Ardennes correspond à la partie française du plateau de l'Ardenne, région naturelle transfrontalière.

Champagne crayeuse · *Champagne humide* · *Pays d'Othe*

Peut-être plus encore qu'en Bourgogne, l'identité gastronomique de la région semble totalement liée à ses vins. Le nom d'autres spécialités vient à l'esprit quand on évoque cette province – andouilles de Troyes ou moutarde de Reims –, mais aucune ne rivalise avec le célébrissime breuvage – 140 millions de bouteilles sont exportées chaque année.
La Champagne compte au nombre de ces « greniers à blé » que l'on se représente a priori pauvres en inventions gourmandes. Un livre récent exhortait ses habitants à s'approprier leur gastronomie et déplorait qu'ils ignorent tout de la bonne chère de leur patrie.
Le tableau que l'on peut dresser de cette région n'est pas sans rappeler la Picardie, où des spécialités urbaines, sucrées et charcutières notamment, émergent au milieu des grandes cultures. À Reims, les biscuits roses (dont on fait des charlottes et des gâteaux), les massepains, le pain d'épice et les nonnettes ; à Troyes, l'andouille, l'andouillette et la langue de mouton. Citons également la caisse de Joinville – petite meringue aux amandes – ou l'andouille de Revin. Certes, les terres de Champagne sont capables de faire pousser autre chose que du blé ou des betteraves à sucre. Des productions originales se maintiennent : asperge de Champagne, navet boulette de Bussy ou lentillon rosé. On déplorera par contre la disparition, durant le siècle écoulé, de certaines variétés de pommes, de cerises ou de poires propres à cette province. Finis aussi les choux d'Écury – ils n'ont trouvé refuge que dans les potagers de quelques particuliers. Dans cet ensemble, certains espaces affirment leur originalité, comme le pays d'Othe, célèbre pour ses pommes et son cidre.
Ce sont enfin les fromages qui constituent un légitime sujet de fierté pour la région.
Le plus renommé est sans aucun doute le brie de Meaux (AOC) mais peu savent qu'on le trouve dans la Marne, dans l'Aube et en Haute-Marne. On associe davantage ces terroirs au langres, au cendré de la Champagne, au chaource ou au fromage d'Évry-le-Châtel.
Exprimons un regret, nous aurions aimé ajouter le brillat-savarin à cette liste mais ce délicieux triple crème n'est plus fabriqué en Champagne depuis quelques années.

1/ La verdoyante vallée de la Meuse. 2/ Le sanglier, emblème des Ardennes. 3/ Les gâteaux de Reims, excellents trempés dans le champagne, les apéritifs ou les digestifs. 4/ On découvrit le moyen de faire mousser le champagne à la fin du XVIIe siècle. 5/ Les célèbres forêts ardennaises. 6/ À la charcuterie Demouzet, le fameux boudin blanc de Rethel.

Produits

LANGRES

Ce fromage au lait de vache entier a un taux de matière grasse sur extrait sec de 50 %. Sa pâte est crémeuse et molle, de couleur blanche ; sa croûte est lavée, fine, lisse et de couleur jaune clair à brun rouge suivant le degré d'affinage. Cette coloration est obtenue par l'addition d'un colorant végétal, le rocou, ajouté à la solution salée de frottage. Il n'est jamais retourné lors de l'affinage, ce qui entraîne la formation d'une cuvette ou « fontaine » et lui confère sa forme si caractéristique – la fontaine s'accentue au cours de l'affinage.
Le langres est déjà réputé à la fin du XVIIIe siècle mais on s'abstiendra, comme pour tous les fromages du temps, d'imaginer un produit unique derrière cette appellation – on sait d'ailleurs qu'il se vendait frais ou très affiné, gras ou maigre. Au XIXe siècle, le fromage de Langres fait l'objet d'un commerce de plus en plus important avec Paris. Des négociants, notamment à Langres même, achètent des fromages « en blanc » qu'ils se chargent d'affiner (3-4 mois) avant de les revendre. Au cours des années 1880-1890, sa production est concurrencée par celle des fromageries artisanales qui s'implantent dans le département. Toutefois, des fabrications fermières se maintiennent, au moins pour la consommation locale, et sa renommée ne se dément pas. Les premières fabrications artisanales de langres datent des années 1950. Depuis 1991 il bénéficie d'une AOC.
Le langres est un fromage de table. Il peut également servir à la confection de plats chauds – la tarte au langres (tarte au queumeu) est une institution culinaire en Haute-Marne. Pour les gourmets, la « fontaine » sert à terminer l'affinage en y versant de l'alcool, des marcs de bourgogne ou de champagne.

RUBIS DE GROSEILLE

C'est un liquide limpide, tranquille ou pétillant selon les lieux. Il est orangé ambré à rougeâtre en fonction du vieillissement et se compose de moût de groseilles rouges, de sucre et d'eau. Son titre avoisine 12 à 13,5 % d'alcool en volume.
Le rubis de groseille, comme le perlé de groseille dans le Nord, n'est autre chose que du vin de groseille. Si les vins de fruits ont une existence ancienne – Virgile en parle –, le vin de groseille pur est une création relativement récente. La première recette répertoriée se trouve dans le *Dictionnaire raisonné universel d'histoire naturelle* de Jacques-Christophe Valmont de Bomare, daté de 1765. Dans les provinces du Nord et de l'Est, le vin de groseille

est confectionné encore de nos jours dans de nombreux ménages suivant une recette très proche de celle du XVIIIe siècle.

Le rubis est consommé à l'apéritif et au dessert. Il accompagne très bien la cuisine des sauces de gibier.

ANDOUILLE ET ANDOUILLETTE DE TROYES

L'andouille est composée de chaudins (gros intestins) de porc, d'aromates (thym, laurier…), de sel, de poivre, le tout entouré d'un gros boyau de porc lié aux deux bouts. L'andouillette est, elle, constituée de deux tiers d'intestin, d'un tiers de panse ou d'estomac, d'oignons, de sel, de poivre, de noix de muscade et de vin blanc ou de champagne suivant le charcutier. Les andouilles sont attestées en France dès le XIIe siècle et celles de Troyes se distinguent très tôt. En 1607, l'auteur anonyme du *Thresor de santé* leur consacre plusieurs paragraphes et précise : « On les transporte à Lyon & à Paris. » Aux siècles suivants, ces andouilles ne perdront rien de leur prestige. Furetière écrit, en 1690 : « Les andouilles de Troyes sont les plus renommées. » Au milieu du XIXe siècle, un ouvrage signale les andouilles de Troyes parmi les préparations charcutières ayant acquis « une réputation européenne ».
La célébrité de l'andouillette est beaucoup plus récente et pour cause : les recettes d'andouillettes dans les livres de cuisine du XVIIe siècle concernent des boulettes de veau ou de poisson allongées et roulées en forme « de petites andouilles ». C'est vraisemblablement vers les années 1830-1840 que l'andouillette devient une véritable petite andouille et, à l'instar de sa fameuse aînée, celle de Troyes se fait vite remarquer. Cependant, dans un premier temps, ce n'est pas toujours le « produit pur porc » que nous connaissons aujourd'hui. Ainsi, dans une description de 1855, l'andouillette de Troyes est à base de fraise et de tétine de veau. À partir des années 1880, la fabrication « pur porc » commence à dominer dans les recettes consultées et c'est cette composition qui, depuis au moins cent ans, caractérise cette spécialité.
Retournement de l'Histoire : tandis que l'andouillette de Troyes est aujourd'hui célèbre, l'andouille a pour sa part quasiment disparu.

MASSEPAIN DE REIMS

Le massepain de Reims, que l'on compare souvent au macaron, est rond, avec un trou central pratiqué à l'aide d'un petit morceau de bois trempé dans du sucre (ci-dessous une présentation «maison» sous forme de bille). Il est composé d'amandes, de blancs d'œufs et de sucre. À l'origine, le massepain n'a rien de particulièrement champenois. Un ouvrage de Nostradamus en donne une recette au milieu du XVIe siècle et de nombreux livres de cuisine nous en proposent d'autres au cours des siècles suivants. C'est au XIXe siècle que les massepains de Reims se démarquent. Un ouvrage intitulé *Le Cuisinier des cuisiniers* en 1825 fait l'éloge de la boutique de Billet Massy à Reims : « ses biscuits fins, (...) ses massepins [*sic*], ses pains d'épice sont sur toutes nos grandes tables ». Les massepains de Reims sont vendus à la fin du siècle dans les grandes épiceries de luxe à Paris et, en 1911, le *Guide Michelin* les cite parmi les spécialités de cette ville qu'il conseille à ses lecteurs de goûter. Un article de la revue *La France à table* de 1951 l'affirme : « Reims s'enorgueillit de deux grandes spécialités : le biscuit et le massepain, frère du macaron qu'il surpasse en finesse. »

JAMBON DE REIMS

Comment préparer un jambon de Reims ? Le jambon et la palette sont d'abord mis en saumure douce puis cuits dans un bouillon aromatisé de thym, de sauge et de laurier. On désosse ensuite les morceaux et on les coupe en bâtonnets. Là, on apporte poivre, échalotes et noix de muscade qu'on mélange au jus de cuisson. Après homogénéisation de l'ensemble, on moule en prenant soin de mettre les bâtonnets dans le même sens et de les tasser. On presse et on couvre de bouillon. On garde le tout au réfrigérateur.
Quant à son histoire… En 1855, un *Guide des consommateurs* faisait la promotion de la maison Fastier à Paris qui, entre autres, proposait des jambons de Reims. On sait qu'il s'agit du même produit que le jambon actuel. Ce jambon, qu'il qualifie de « très-délicat et très-fin », jouissait à Paris « d'une grande réputation ». En 1889, Joseph Favre dans son *Dictionnaire universel de cuisine* confirme que « parmi les jambons français, ceux de Bayonne et de Reims jouissent de la meilleure réputation ». On le retrouve ensuite cité dans la plupart des répertoires de spécialités gastronomiques françaises. Toujours très populaire à Reims, cette spécialité ne se rencontre cependant plus en dehors de la région.

Recettes

OMELETTE AU CHAOURCE *Pour 4 personnes*

Niveau de difficulté : *

Temps de réalisation : 20 min

8 œufs extra-frais
2 cuil. à soupe de lait
50 g de beurre
16 petits dés de chaource d'environ 1,5 cm de côté
sel, poivre du moulin

Préparation et cuisson

Faire bouillir le lait, puis le laisser refroidir. Battre les œufs, leur incorporer le lait, saler et poivrer. Dans une poêle, sur feu doux, faire fondre le beurre sans le laisser colorer, verser aussitôt les œufs ; dès qu'ils commencent à prendre sur les bords, soulever pour que l'omelette reste baveuse et répartir les dés de fromage (ci-dessous en photo une variante avec, en plus, de la ciboulette). Dès que le centre commence à prendre, replier l'omelette.

Présentation

Faire glisser l'omelette sur un plat chaud, la partager en quatre parts et servir aussitôt.
Remarque : le chaource, fromage de court affinage, est le seul à permettre la réussite de cette omelette, qu'il rendra très moelleuse.

MATELOTE CHAMPENOISE *Pour 4 personnes*

Niveau de difficulté : ***
Temps de réalisation : 1 h 10

1,5 à 2 kg de poissons d'eau douce (selon le bonheur de la pêche - naguère on choisissait de préférence, à parts égales, du brochet, de la carpe ou de la brème, de l'anguille)
100 g de beurre
5 ou 6 échalotes émincées
1 ou 2 gousses d'ail finement hachées (facultatif)
1 beau bouquet garni avec plusieurs herbes aromatiques fraîches (1 brin de thym, 1/2 feuille de laurier, 3 ou 4 branches de persil plat, 3 ou 4 branches de cerfeuil, 1 branche d'estragon)
1 bouteille de vin blanc nature de Champagne
sel, poivre blanc du moulin

Pour la sauce
Première version
60 g de beurre
30 g de farine
3 branches de persil plat haché
petits croûtons frits à volonté
Seconde version
1 jaune d'œuf extra-frais
25 cl de crème fraîche à la louche

Préparation et cuisson

Écailler les poissons, retirer les têtes en les mettant de côté, les vider sans ouvrir leur cavité ventrale. Pour cela, pratiquer une incision sous la tête, du côté de la cavité ventrale, retirer les boyaux, éventuellement avec un ustensile fourchu ou une petite cuillère à long manche. Dépouiller l'anguille, la vider également. Laver tous les poissons, en faisant couler l'eau dans l'ouverture pratiquée dans le ventre et en lavant aussi les têtes. Les couper tous transversalement, en morceaux assez gros et, si possible, de même taille.

Dans une sauteuse, étaler le beurre sur le fond, y déposer les têtes (elles ne seront pas servies mais parfumeront le fond de cuisson), le brochet, puis la carpe ou la brème, enfin l'anguille. Parsemer les échalotes émincées (et éventuellement l'ail haché), un peu de sel et de poivre, ajouter le bouquet garni, le vin et couvrir d'eau jusqu'à hauteur. Couvrir, placer sur feu légèrement vif et laisser cuire 15 minutes (vérifier la cuisson de chacune des espèces de poisson, le temps exact dépendant de leur nature).

Retirer les poissons de la sauteuse au fur et à mesure de leur cuisson, les mettre dans un plat creux tenu au chaud et couvert. Passer le reste au chinois dans une casserole, ce qui élimine les têtes et autres ingrédients. Placer la casserole sur feu moyen pour faire réduire un peu si nécessaire.

Présentation

Première version

Ajouter la farine au beurre en écrasant bien à la fourchette pour obtenir un beurre manié. Le mettre sur feu doux dans une petite casserole, en lui incorporant, sans cesser de remuer, un peu du jus de cuisson des poissons et laisser cuire environ 8 min, puis, toujours en remuant, incorporer le reste du jus de cuisson, rectifier l'assaisonnement et verser le contenu de la casserole sur les poissons. Présenter avec le persil haché et les petits croûtons.

Seconde version

Disposer tous les morceaux de poissons sur le plat de service maintenu au chaud. Mettre le jaune d'œuf dans une grande jatte, ajouter la crème fraîche en battant, puis continuer à battre en versant peu à peu le fond de cuisson en très mince filet. Rectifier l'assaisonnement et verser sur les poissons.

En passant par... les Ardennes

De la Champagne-Ardenne on aurait peut-être tendance à ne retenir que la Champagne et à oublier les Ardennes : encore une fois, le célèbre vin pétillant fait de l'ombre aux contrées environnantes. Les Ardennes payent sans doute aussi leur réputation de pays industrieux. Et pourtant, ce département s'est forgé une identité qui affleure dans sa cuisine. Sa spécialité la plus fameuse est probablement le boudin blanc de Rethel - et au nord du département, on dégustera un merveilleux boudin blanc à l'oignon. Des productions paysannes sortent également du lot, qu'elles soient animales - l'agneau des Ardennes, la dinde rouge - ou végétales, en particulier ses pommes (belle-fleur, rambour), le jus et le cidre que l'on en tire.
Quant au symbole du pays, le sanglier, on le mange aussi - sous forme de saucisson ou cuisiné, en daube par exemple. Il est même possible, chez des confiseurs, de savourer des marcassins et sangliers au chocolat ! Le sanglier n'est du reste que le plus auguste des représentants du gros gibier dont regorgent les forêts de ce territoire. Charge aux artisans et aux cuisinières du cru de le transformer en terrines ou de le sublimer à travers d'exquises recettes (selle de chevreuil à l'ardennaise, noisettes de chevreuil à la crème...).

Produits

ROCROI

Le rocroi est un fromage au lait de vache écrémé, à pâte molle très claire, à croûte brune lavée avec parfois quelques taches de ferment du rouge et de moisissures bleuâtres.
De forme carrée, il contient très peu de matière grasse : il est le seul fromage à pâte molle fabriqué à partir d'un lait totalement écrémé, témoignage du temps où sévissait la pénurie en matière grasse, le lait servant d'abord à produire du beurre, produit plus lucratif. Fromage fort, les Ardennais le qualifie de « pue aux doigts » (« le pue la doye »). On confectionne aussi des galettes ou des tartes au rocroi.
On trouve des traces de l'existence du rocroi déjà au XVIIIe siècle. Il était affiné par des ramasseurs dont la plupart habitaient la ville de Rocroi et qui lui ont ainsi donné son nom. Jusqu'aux années 1930, son élaboration était dévolue aux femmes, il s'agissait de valoriser au maximum les ressources de la ferme en utilisant le lait caillé.
L'affinage n'était d'ailleurs pas toujours conduit à terme : après séchage les carrés étaient achetés par des marchands de Charleville venus s'approvisionner en beurre, œufs et fromages et qui se chargeaient de les affiner dans leurs propres caves.
À partir des années 1950, beaucoup d'agriculteurs ont abandonné la fabrication du rocroi, préférant vendre leur lait à la coopérative, ce qui garantissait un revenu sûr. Le peu d'argent que rapportaient les fromages ne présentait plus le même intérêt. Lentement le rocroi a donc disparu en dépit de quelques tentatives de relance. La dernière date de 2011.
Tout en ayant modifié le processus de fabrication, un jeune couple d'agriculteurs - installé à Beaumont-en-Argonne - œuvre à la préservation de ce produit !

BOUDIN BLANC DE RETHEL

Sous l'Ancien Régime, on ne trouve pas mention du boudin blanc de Rethel alors que celui de Troyes est cité dans les sources. *Le Gazetin du comestible* le proposait par exemple aux amateurs parisiens en 1767 – sans préciser s'il s'agissait d'un boudin blanc à base de volaille ou de porc. Ce n'est qu'au XIXe siècle que le boudin blanc de Rethel se fait connaître et une dynastie de charcutiers, les Prévot, installés dans la ville à partir de 1862, paraît y avoir beaucoup contribué. Quand Alain Bourguignon, directeur du restaurant L'Écu de France, réalise sa « Carte gastronomique de la France » en 1928, le seul boudin blanc à y figurer est celui de Rethel ! Ultimes consécrations : le boudin blanc de Rethel obtient une IGP en 2001 et un label rouge en 2002.
Comment le confectionne-t-on ? Les viandes blanches de porc sont sélectionnées de façon très précise afin d'obtenir 75 % de maigre et 25 % de gras, puis hachées très finement. On incorpore le lait et les échalotes émincées revenues au beurre, ainsi que l'assaisonnement. Cette mêlée de pâte fine de couleur rose est mélangée avec les jaunes d'œufs. On y ajoute ensuite les blancs battus en neige ferme. On l'embosse en chapelet puis on la poche dans de l'eau frémissante aromatisée.

Recettes

GALETTE AU SUCRE *Pour 4 à 6 personnes*

Niveau de difficulté : * Temps de réalisation : 35 min Temps de repos : 30 min

500 g de pâte briochée (maison ou prête à l'emploi)
8 à 10 cl de crème fraîche à la louche
150 g de sucre en poudre
75 g de beurre frais coupé en noisettes

En Ardenne, il s'agit d'une pâtisserie qui, contrairement au nom de « galette » employé en d'autres terroirs, ne désigne ni une crêpe spécifique ni un gâteau plat et sec. La galette ardennaise au sucre est briochée et garnie d'une crème moelleuse.

Préparation et cuisson

Préchauffer le four à 250 °C. Abaisser la pâte à la main, en la façonnant en galette ronde. La poser dans une tourtière large et à rebord bas. Couvrir avec un linge humide et laisser lever pendant 30 min.
Avec une spatule, étaler la crème fraîche sur toute la surface de la galette, parsemer le sucre, puis les noisettes de beurre. Enfourner et laisser cuire 15 min, puis démouler sur une grille.

Présentation

Le secret de la maîtresse de maison est de s'arranger pour que la galette termine sa cuisson vers la fin du repas, afin d'être servie encore chaude. En principe, on la sert au moment du café.

TOURTELETS DE RETHEL *Pour 6 personnes*

Niveau de difficulté : ** Temps de réalisation : 2 h 30 Temps de repos : 12 h

Pour la pâte
15 g de levure de boulanger
3 pincées de sel
1/2 cuil. à café de sucre en poudre
250 g de farine
2 œufs extra-frais
125 g de beurre ramolli
Pour la farce à boudin
700 g de rouelle de porc fraîche (tranche coupée transversalement dans la cuisse)
350 g de mie de pain fraîche, sans croûte
2 ou 3 œufs extra-frais
25 ou 30 cl de lait
1 pincée de noix de muscade
sel, poivre du moulin
20 g de beurre ramolli (pour les moules)
1 œuf et un peu de sel (pour dorer les tourtelets)
6 moules à tartelette de 8 à 10 cm de diamètre

C'est une spécialité constituée de petites tourtes individuelles en pâte levée garnies de farce à boudin blanc, ce dernier étant une charcuterie de la ville répertoriée dans les vieux ouvrages de cuisine.

Préparation et cuisson

La veille
Préparer la pâte levée et la farce nécessaires.
La pâte : dans un petit bol, délayer la levure avec 2 cuil. à soupe d'eau tiède légèrement salée (une pincée de sel), ajouter le sucre, mélanger, couvrir d'un linge et laisser doubler de volume. Dans une terrine, verser la farine, lui mêler le reste de sel, creuser en fontaine, incorporer les œufs entiers puis le beurre ramolli et la levure. Façonner la pâte en boule, la couvrir avec un torchon, la laisser doubler de volume, puis la faire retomber avec les mains farinées, l'envelopper dans un film étirable sans trop serrer et l'entreposer au réfrigérateur dans le bac à légumes.
La farce : faire bouillir le lait, le laisser refroidir. Couper en bandes la rouelle de porc désossée, la passer à la machine à hacher, à grille fine, la mettre dans un saladier, lui incorporer la mie de pain finement émiettée, les œufs battus, le lait froid (en principe 2 œufs et 30 cl de lait ou 3 œufs et 25 cl de lait), saler, poivrer et ajouter la noix de muscade. L'envelopper de film étirable et l'entreposer au réfrigérateur.

Le jour même
Préchauffer le four à 200 °C (th. 6-7). Sortir la pâte 1 h à l'avance, la développer, puis la mettre dans une terrine sous un linge pour qu'elle lève. Enfin, partager la pâte en deux pâtons inégaux, de deux tiers et un tiers. Beurrer les moules. Prendre le plus gros pâton, le diviser en six parts égales, abaisser ou étirer chaque part pour en garnir les moules et leur rebord ; emplir chacun avec le sixième de la farce. Abaisser les petites parts au même diamètre que les moules. Battre le dernier œuf avec un peu de sel, en badigeonner le rebord de pâte sur tout son pourtour ; poser le couvercle de pâte, le badigeonner à son tour sur toute sa surface. Pratiquer un petit trou au centre de chaque tourtelet pour y glisser une cheminée ou un petit carton roulé. Enfourner à mi-hauteur et laisser cuire 30 min.

Présentation

Laisser les tourtelets reposer 4 à 5 min, puis les présenter encore chauds, soit dans leur moule, soit démoulés et posés sur un plat de service.

1

2

3

4

5

CHAPITRE 12

Lorraine

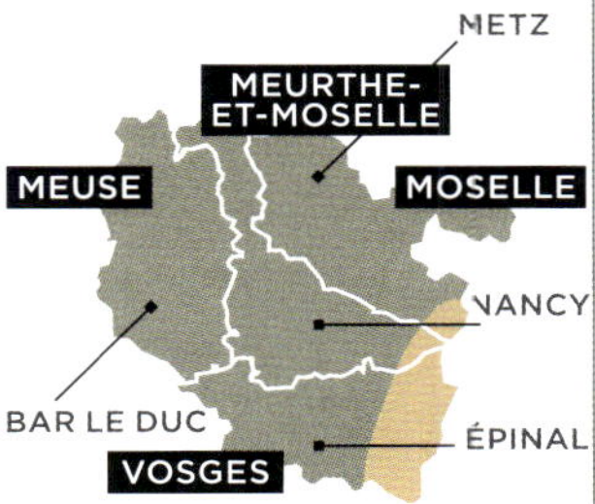

Bien que l'on puisse débattre des limites de la Lorraine historique - en fonction du point de référence choisi -, la région administrative actuelle présente une réelle untité et une forte identité. Une identité culinaire également, à laquelle contribuent les montagnes vosgiennes.

Massif des Vosges

La Lorraine ne manque pas de plats et de produits « emblématiques ». Nous aurions pu nous attarder sur la potée, retracer l'histoire de la madeleine de Commercy ou du baba au rhum - apporté par le roi Stanislas de sa Pologne natale et qui, dans sa version d'origine, la « vraie », contient des raisins secs et ignore le rhum. Nous aurions pu nous lancer dans une litanie charcutière : andouillette, boudin de Nancy, saucisse de foie de veau, de jambon, à tartiner, saucissons lorrains... Alors, que choisir ? La bière peut-être, que des abbayes fabriquaient ici dès le haut Moyen Âge. Durant l'Ancien Régime, la Lorraine produit principalement une bière ambrée et dense mais on y trouve aussi de la bière blanche, rouge ou de la petite bière. Au XIXe siècle, les petits artisans vont petit à petit s'effacer devant les grandes brasseries, mais, depuis quelques années, se développent, comme ailleurs, des brasseries artisanales et des microbrasseries, un phénomène qui réintroduit la saine variété des saveurs que mérite un vieux pays de la bière. Seconde grande production historique, la mirabelle - certes, la quetsche et la groseille faisaient aussi figure de candidates tout à fait légitimes. On estime qu'elle a été introduite dans la province au XVe siècle par le bon roi René venu de Provence épouser la duchesse Isabelle de Lorraine. Naturellement, la mirabelle connaît de nombreuses déclinaisons tout aussi fameuses : eau-de-vie, desserts (tarte), confiture, mirabelles confites. Enfin, serait-il concevable d'omettre la quiche ? On la dit toujours « lorraine » mais, consommée partout depuis des années, sa terre d'origine en a fait don au reste du monde. La plus ancienne occurrence du mot « quiche » date de 1586 mais, encore au début du XIXe siècle, les Lorrains eux-mêmes ne s'accordent pas sur sa composition. Elle paraît consister le plus souvent en une pâte brisée garnie d'un mélange de crème et d'œufs. Une simple « kiche à la crème » donc - elle se parera de lard durant la première partie du XXe siècle - que l'écrivain André Theuriet chantait ainsi en 1883 : « Voici la Galette... Salut, / To qu'on aime et qu'on chante / Du pays Messin au Barrois, / Des Vosges à l'Argonne, / Partout où le mâle patois / Des fiers Lorrains résonne. »

1/ Un bureau de poste à l'ancienne à Rodemack, la « Carcassonne lorraine ». 2/ L'illustrissime quiche, le plus connu des plats lorrains. 3/ Côte de Meuse, Heudicourt, mirabelliers en fleur dans un verger. 4/ La gastronomie lorraine a su faire mille usages de ses mirabelles. 5/ Verdun, microbrasserie « L'Estaminet », verre de bière ambrée devant une enfilade de tireuses à pression.

Produits

DRAGÉE DE VERDUN

Autrefois, le cœur de la très célèbre dragée de Verdun était, non pas une amande mais une simple graine d'anis. À la Renaissance, les graines d'anis enrobées de sucre sont au nombre des friandises de luxe offertes aux invités d'honneur. Les dragées d'anis se fabriquaient dans de nombreuses régions de France, mais, pendant plus de trois siècles, l'anis de Verdun fut le plus prisé. On disait indifféremment « anis de Verdun » ou « dragée de Verdun », l'appellation « de Verdun » étant pour tous synonyme d'« anis confit ».
Au début du XIXe siècle, les dragées de Verdun renferment aussi bien des amandes que de l'anis puis les recettes de dragées d'amandes deviennent prédominantes. Au XXe siècle, ces dernières s'imposent définitivement. De nos jours, elles portent donc la prestigieuse étiquette « Dragée de Verdun », représentante d'une formidable industrie installée dans cette ville depuis au moins trois siècles.

COCHON DE LAIT EN GELÉE

Le cochon en gelée se présente en rouelles (tranches rondes) de viande dressées sur un plat pris dans sa gelée. On peut inclure, juste avant le nappage, des brins de persil, des rondelles de carottes ou de citrons. Il se compose d'un cochon de lait de moins de 15 kg, de sel, de poivre blanc et de gelée. La saumure se compose d'eau, de sel, de salpêtre, de laurier et de thym, de cassonade, de clous de girofle, de poivre, de coriandre et de macis.
À la fin du XVIIIe siècle, le cochon de lait, gras ou maigre, figurait déjà sur les marchés messins et c'est en 1811, à Metz, que l'on repère la première mention d'une recette de « Cochon de lait en gelée ». En 1898, un ouvrage intitulé *Cuisine messine* explique que ce plat figure « sur toutes les tables des fechtins [festins], noces, première communion, et même aux dîners d'enterrement ».

EAU-DE-VIE DE MIRABELLE

Si les alambics fonctionnent déjà en Lorraine depuis le Moyen Âge, la mirabelle ne semble pas assez présente au début du XIXe siècle pour donner lieu à une production d'eau-de-vie. Au cours du siècle cependant, les plantations de mirabelles augmentent de façon spectaculaire et l'eau-de-vie qu'on en tire prend une importance considérable. Dans les années 1930, le *Guide UNA* cite cette boisson comme une spécialité de Toul, de Martigny-les-Bains, de Metz et de Sarreguemines, mais seule celle de Toul et celle de Metz auront l'honneur d'entrer dans *Le Trésor gastronomique de France* de Curnonsky et Croze en 1933. En 1953, l'eau-de-vie de mirabelle devient la première en France à obtenir sa propre appellation réglementée.

CROQUET DE SAINT-MIHIEL

Le croquet de Saint-Mihiel se présente sous la forme d'un bâtonnet rectangulaire, il est moins dur que les autres versions de croquets et son goût se rapproche de celui du nougat. Il est constitué de 30 % d'amandes brutes de Provence, de 30 % de farine, de 30 % de sucre, de 10 % d'œufs et d'un peu de vanille (ci-contre à gauche la préparation des croquets, avant découpe en bâtonnets).

En 1811, un *Manuel de la cuisine* publié à Metz définit la « croquante » comme une « espèce de pâtisserie avec des amandes, du sucre, des œufs et du beurre, aplatie et desséchée au four ». Est-ce là l'ancêtre des croquets de Nancy, réputés à la fin du XIXe siècle ? Ces derniers sont composés d'un tiers de farine, d'un tiers d'amandes et d'un tiers de sucre. Ce n'est qu'entre les deux guerres que les croquets de Nancy semblent s'effacer au profit de ceux de Saint-Mihiel.

SAUCISSE PAYSANNE À FRIRE OU À GRILLER

Elle se compose de 70 % de maigre de porc, de 30 % de gras de porc, de lait, d'échalotes, de persil, de noix de muscade râpée, de sel et de poivre. La saucisse blanche se mange surtout à la belle saison, grillée au feu de bois de préférence, ou passée à la poêle et accompagnée de pommes de terre ou de purée ; elle doit alors être cuite 3 minutes de chaque côté.

Si le célèbre gastronome Grimod de La Reynière préconise une « douzaine de petites saucisses de Nancy » avec sa dinde rôtie en 1804, rien ne nous indique qu'il s'agit de la préparation si populaire actuellement dans la région. En revanche, la « saucisse de viande », faite « d'une pâte fine [...] avec du bœuf, du porc ou de la volaille » et décrite par Joseph Favre dans son *Dictionnaire universel de cuisine* de 1892, lui ressemble davantage. Car, malgré l'habitude prise de n'y faire entrer que du porc, les « saucisses de Lorraine » sont un produit qui, « classiquement », comprenait à la fois du porc et du bœuf.

Recette

RAMEQUIN MESSIN *Pour 4 personnes*

Niveau de difficulté : * Temps de réalisation : 1 h

40 cl de lait
80 g de farine
160 g de comté fraîchement râpé
4 œufs
80 g de beurre
sel, poivre du moulin

Spécialité du pays messin qui s'apparente un peu au soufflé au fromage.

Préparation et cuisson

Préchauffer le four à 180 °C (th. 6).
Verser le lait dans une casserole mouillée (ce qui l'empêchera d'attacher à la cuisson) et le porter à frémissement sur feu doux. Retirer aussitôt du feu et laisser tiédir.
Dans une terrine, mélanger la farine, le fromage râpé, du sel et du poivre.
Quand le lait a suffisamment tiédi, porter à nouveau la casserole sur feu doux (mais il est très important qu'il ait déjà subi un bouillon, ce qui lui donne plus d'onctuosité) et le refaire chauffer jusqu'au premier frisson. Y verser aussitôt le mélange fromage-farine et tourner vivement à la cuillère en bois pour rendre la masse homogène. Ajouter 40 g de beurre, et tourner 5 min à petit feu. Retirer alors du feu, mais continuer à tourner 5 min environ pour que la masse reste souple en refroidissant.
Incorporer alors les œufs entiers un par un et bien « débattre » (battre) la pâte à chaque fois.
Verser la préparation dans un plat à gratin grassement beurré et parsemer du reste de beurre en noisettes.
Enfourner à mi-hauteur et laisser cuire environ 25 à 30 min, jusqu'à ce que le ramequin soit doré et bien gonflé.

Présentation

Servir au sortir du four.
Remarque : la tendance actuelle consiste plutôt à incorporer d'abord les jaunes d'œufs, puis les blancs montés en neige à la préparation, au détriment de la tradition. Dans ce cas, mieux vaut utiliser un moule à soufflé (ou des moules à soufflé individuels).

1

2

3

4

5

6

7

CHAPITRE 13

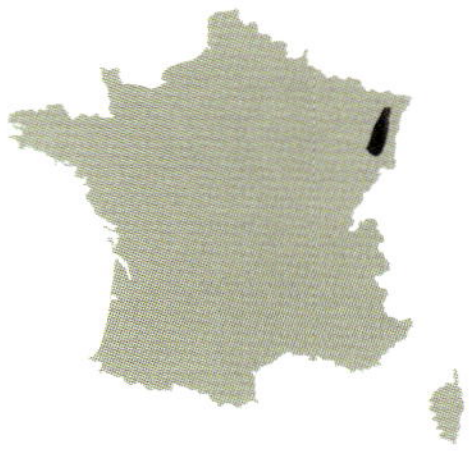

Les montagnes vosgiennes

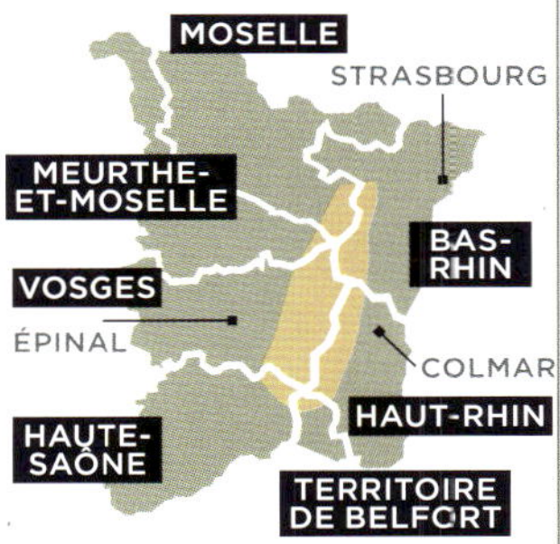

Le massif des Vosges sépare le plateau lorrain et la plaine d'Alsace. Cette montagne n'a jamais constitué une entité historique, partagée « depuis toujours » entre la Lorraine, l'Alsace et la Franche-Comté. Elle domine abruptement l'Alsace tandis qu'elle s'abaisse plus doucement en direction de l'ouest.

Massif des Vosges

La cuisine vosgienne, comme toute cuisine rustique, a bâti son identité autour des ressources locales. Autour de la truite par exemple, qui peuple non seulement les rivières mais que l'on élève aussi en bassins. Il semble pourtant délicat de distinguer la cuisine vosgienne de la cuisine lorraine : la montagne a légué quantité de ses spécialités à l'ensemble de la région. Ainsi, on associe la myrtille, ou brimbelle, à la Lorraine alors qu'elle était d'abord vosgienne. La baie tapissait le sol des forêts de sapins dans la haute montagne et les habitants en tiraient profit depuis des générations.

On en viendrait à se demander si, en matière de cuisine, chaque versant ne regarde pas exclusivement de son côté. Il est cependant une institution culinaire typique qui réunit les deux faces de la montagne : le repas marcaire. Le terme est emprunté à l'allemand *Melker*, qui signifie « trayeur ». Dans la version aujourd'hui consacrée, il voit se succéder une tourte ou un pâté en croûte, de la viande fumée accompagnée des tofailles, un munster-géromé fermier, une tarte aux brimbelles. Les fameuses fermes-auberges où l'on peut le déguster ponctuent à la fois les paysages alsaciens et lorrains. En l'occurrence, ce sont peut-être des distinctions entre les différentes vallées qui importent surtout car les modes de préparation de chacun de ces plats varient de l'une à l'autre.

Parmi toutes ces (très) nourrissantes victuailles, le munster-géromé semble être le plus vosgien des produits. Côté alsacien, la fabrication du fromage aurait été mise en place par les moines bénédictins installés dans la vallée de Munster. Au IXe siècle, ils avaient instauré un système de transhumance pour leurs troupeaux. C'est ce régime pastoral qui aurait gagné ensuite le versant lorrain et en particulier la zone de Gérardmer. La première mention historiquement connue concernant la production de fromage à Munster remonte au XIVe siècle. À Gérardmer, on trouve trace d'un commerce de fromages depuis le XVe siècle – « géromé » n'étant que la prononciation locale du nom de la ville. Les deux productions ont été réunies sous l'AOC « munster-géromé » en 1978.

1/ Col de Louchpach dans les Hautes-Vosges, vue sur la vallée de la Meurthe. 2/ Région de Gérardmer, grande cascade de Tendon. 3/ Une représentante de la race vosgienne paissant dans la vallée de Munster. 4/ Les fermes-auberges des Vosges contribuent à la préservation de la gastronomie locale. 5/ Près de Gérardmer, munster-géromé de la ferme-auberge de Breitzhousen. 6/ Un chamois pris sur le vif. 7/ À la Foire aux andouilles du val d'Ajol, la confrérie des Taste-Andouilles.

Produits

BARGKASS

Le bargkass est un fromage de lait cru de vache à pâte pressée cuite ou mi-cuite. Sa pâte, de texture élastique, présente des petites ouvertures, a une couleur jaune pâle et une odeur peu prononcée. La croûte fine est brune (l'image ci-dessous le présente avant affinage). Chaque producteur affineur de bargkass étant son maître en la matière, les processus de fabrication et les résultats présentent une grande variété.
Une tradition locale fait remonter son introduction en Alsace à la guerre de Trente Ans (première moitié du XVIIe siècle), période qui vit s'installer les immigrants de Suisse dans la vallée de Munster. On a pourtant bien du mal à en retracer l'histoire. Ignoré même par les recensements gastronomiques récents, ce fromage est commercialisé sous le nom de « bargkass » depuis 1952. Il peut se déguster cru, en raclette ou pour les finitions culinaires gratinées.

ANDOUILLE DU VAL-D'AJOL

Sa couleur est rouge orangé, son aspect lisse et satiné. Elle se compose de maigre de porc dénervé, d'estomac, de sel, de poivre, d'épices vertes, de vin blanc sec ou fruité et parfois de sel rougisseur. On la fume au bois de hêtre. Le goût est puissant, la texture ferme, sans agressivité ni piquant (ci-contre une tourte de pomme de terre à l'andouille du Val-d'Ajol).

On ne trouve guère trace de cette célèbre charcuterie dans les documents qui recensent des spécialités régionales avant une date très récente. Une tradition locale nous affirme qu'une « foire d'andouille » existe depuis le XIXe siècle mais l'andouille vendue l'était-elle sous la dénomination « andouille du Val-d'Ajol » ?
Ce n'est que dans les années 1960 que les producteurs de la région se regroupent en vue de promouvoir leur andouille, depuis trop longtemps passée inaperçue aux yeux du public gourmand.
Cette andouille se consomme chaude ou froide avec une salade de pommes de terre à l'huile, des lentilles ou des haricots secs. Localement, on la mange volontiers avec la potée lorraine ou avec un plat du pays appelé « retira » (sorte de pot-au-feu), ou encore avec la choucroute. Elle se cuit dans de l'eau frémissante quand elle est entière, mais on peut en rôtir les tranches et les déguster sur des toasts de pain de seigle.

PETITS CRUS DES VOSGES

Depuis le XVIIIe siècle au moins, les paysans fabriquaient, en remplacement du vin, des boissons fermentées à base de plantes diverses (pissenlit, sureau...). La production restait du domaine familial. Depuis plusieurs années, quelques acteurs ont orienté ces petits crus vers la commercialisation, notamment dans les régions d'Épinal et de Gérardmer.
La préparation au pissenlit est limpide, de couleur jaune pâle à reflets verts, au goût sucré, très parfumée. Celle à base de fleurs de sureau est de même couleur jaune pâle. Toutes deux se composent du macérat de ces fleurs, de sucre, de raisins de Corinthe, de citron, d'orange et d'eau. Elles titrent 10 à 12 % d'alcool en volume. Cette boisson est consommée très fraîche, entre 4 et 6 °C, voire glacée, en apéritif. D'autres petits crus existent, à base de groseille, de myrtille (ou de bluet), de cerise, de cassis ou de mélanges.

PÂTÉ DE TRUITE

Il s'agit d'un pâté en croûte garni de filets de truites macérés dans du jus de truffe. La croûte dorée enveloppe un intérieur de couleur rose-beige qui se compose de filets de truites (environ 100 à 150 grammes par personne), de beurre, de persil, de jus de truffe, d'échalotes, de sel, de poivre et de pâte brisée à l'ancienne.
Dans les comptes de la maison du futur duc de Lorraine et résidant à Lunéville en 1526, on trouve la mention de « sept pastez de truictes ». C'est la première mention des pâtés de truite dans la région. Ils venaient plus précisément de Bar (situé à 100 kilomètres de Lunéville) : or rappelons que la pâte des pâtés en croûte servait justement à protéger leur contenu pendant les trajets.
Au cours des siècles suivants, on continue de voir cités ces pâtés de truite lorrains – à des prix très élevés du reste. Au début du XIXe siècle, c'est celui de Remiremont qui se distingue comme le plus fameux. Prestige qui ira croissant jusqu'à aujourd'hui.

Recette

TOFAILLES (OU ROÏGEBRAGELDI) *Pour 4 personnes*

Niveau de difficulté : * Temps de realisation : 45 min

1 kg de pommes de terre à chair ferme (bintje)
2 gros oignons
200 g de lard de poitrine maigre, fumé
50 g de saindoux (ou de graisse d'oie)
1 brin de thym
1 feuille de laurier
50 cl de bouillon de légumes (ou de volaille)
sel, poivre du moulin

Les tofailles – on peut dire aussi « la tofaille » – sont une sorte de ragoût de pommes de terre à l'étouffée. On les sert généralement avec du collet fumé. C'est le plat vosgien par excellence.

Préparation et cuisson

Peler, laver et couper en morceaux les pommes de terre. Peler les oignons et les hacher.
Couper le lard en petits lardons (éventuellement le blanchir au préalable : voir « Remarque »).
Faire fondre le saindoux dans une cocotte. Dès qu'il est chaud, y jeter les oignons et les lardons, les faire revenir jusqu'à ce qu'ils commencent à colorer, puis ajouter les pommes de terre, le thym et le laurier. Poivrer.
Mouiller encore avec le bouillon chaud, couvrir et laisser mijoter 30 min sur feu doux, en mélangeant de temps en temps, mais sans ajouter de bouillon. Ne saler qu'en fin de cuisson seulement, en fonction du lard et du bouillon. À noter qu'en fin de cuisson, tout le bouillon doit avoir été complètement absorbé.

Présentation

Renverser les tofailles dans un plat creux bien chaud, en éliminant le thym et le laurier.
Remarque : certaines Lorraines remplacent le bouillon par du vin gris. On peut aussi ajouter, en même temps que les aromates, la valeur d'une grosse cuillerée à soupe de ciboulette finement ciselée.
Rappelons que, pour blanchir le lard, il faut le plonger dans une casserole d'eau froide, porter à ébullition pendant 5 min en écumant, l'égoutter, le rafraîchir et l'éponger.

1

ANE
Esel
BISON
Wisent
AUTRUCHE
Straus
FENOUIL
Fenchel
FUME
Geräuchert
PIMENT
Paprika
FAISAN
Fasan
CEPES
Pilz
MYRTILLE
Heidelbeere
Les spécialités
Chevreuil
Reh
SANGLIER
Wildschwein
LIQUEUR DE
MIRABELLE
MIRABELLENLIKÖR
2

3

4

BOCK brassin n°
SPECIALE brassin n°
PLAT du JOUR
5

6

CHAPITRE 14

Alsace

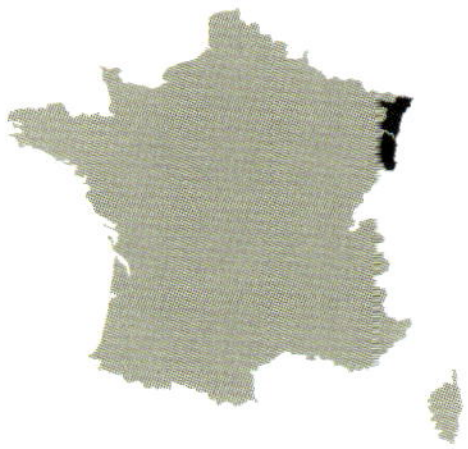

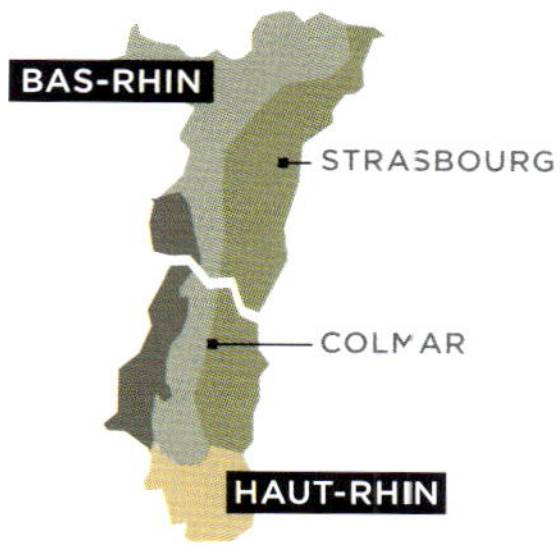

Les frontières actuelles de la région Alsace sont proches des limites historiques de la province. Belfort et son territoire en ont cependant été détachés suite à la défaite de 1870 et appartiennent actuellement à la région Franche-Comté. En contrebas des montagnes vosgiennes, la plaine d'Alsace, en dépit de son unité générale, comporte des terroirs bien individualisés et des systèmes agricoles traditionnellement variés.

Massif des Vosges — *Plaine d'Alsace* — *Sundgau et Jura alsacien*

Quelle gageure que de rendre hommage à l'incroyable opulence de la table alsacienne en quelques lignes ! Faut-il commencer par saluer une abondance de productions charcutières sans doute unique en France ? Des textes montrent qu'une vaste gamme de saucisses existait déjà au XVIe siècle. La *Knackwurst*, ancêtre des saucisses de Strasbourg, la *Knoblauchwurst*, une saucisse à l'ail, la *Leberwurst*, une saucisse de foie, la *Mettwurst*, une saucisse à tartiner... On retrouve leurs descendantes sur les étals actuels. Elles figurent, avec d'autres cochonnailles, dans la recette traditionnelle de la choucroute qui, depuis le XIXe siècle, a trouvé une place de choix au sein du panthéon culinaire français.
Marcs d'Alsace, kirsch, eaux-de-vie de noix, de baies sauvages, de framboise, de gentiane, de lie de vin, de mirabelle, de quetsche ; la profusion en matière d'eaux-de-vie est également considérable. La cuisine alsacienne excelle dans l'accommodement des poissons (carpes, truites, brochets), dans la confection des pâtes et des quenelles, dans la réalisation de pâtisseries. L'emblématique kougelhopf ne doit pas faire oublier les tartes (à la rhubarbe, au fromage blanc, aux myrtilles), les mendiants, les beignets, les pains d'épice... Il semble au fond que l'on sache tout faire dans cette province – on y prépare même le hareng !
Plus fondamentalement, la richesse de cette cuisine tient au mariage qu'elle a réalisé entre les traditions française et « germanique ». Au XVIIIe siècle, alors que la gastronomie française commençait à s'affirmer, les usages, les recettes, les techniques, les apprêts qui se développaient à Paris pénétrèrent en Alsace. S'emparant des ressources locales, ils suscitèrent l'apparition d'une haute cuisine originale aux côtés des cuisines bourgeoise et populaire. Le pâté de foie gras, chef-d'œuvre des pâtissiers strasbourgeois, en constitue la réalisation la plus célèbre. On y repère d'ailleurs une autre influence, celle de la cuisine juive – dont l'influence se fait aussi sentir dans les recettes de poissons.

1/ Colmar, le marché de Noël place des Dominicains. 2/ Étal de saucissons d'une diversité certes peu « traditionnelle ». 3/ Sundgau, hauteurs du village de Ferrette, son église et son château du XIIe siècle. 4/ Sundgau, champs de choux à choucroute. 5/ Strasbourg, microbrasserie « Les Brasseurs ». 6/ Route des vins d'Alsace, Hunawihr, église fortifiée.

Produits

EAU DE NOIX

La macération de noix vertes dans un liquide est déjà indiquée dans les ouvrages du XVIe siècle. À partir du XVIIIe siècle, la fabrication de l'eau de noix ou brou de noix est assez répandue dans les villages alsaciens. En 1829, *La Cuisinière du Haut-Rhin* livre une recette de ratafia de noix dont le résultat doit être très proche de l'eau de noix actuelle.

Il existe de nombreuses variantes de fabrication de l'eau de noix, mais toutes recommandent l'emploi de noix vertes cueillies à la Saint-Jean ou avant. On met 7 à 20 noix vertes (selon qu'il s'agit de vin ou d'alcool) coupées en morceaux par litre d'alcool ou de vin, la cannelle et les graines d'anis étoilé dans un récipient et on laisse macérer six semaines Ensuite, on filtre et on ajoute un sirop de sucre. On filtre de nouveau avant la mise en bouteilles.

SAUCISSE À TARTINER

Au cours des siècles et encore aujourd'hui, la *Mettwurst* a gardé la faveur des Alsaciens, car, avec la saucisse de foie, elle appartient à la catégorie - rare - des saucisses qui se tartinent sur du pain, d'où son autre nom de *Schmierwurscht*, « saucisse à étaler ».

Elle est composée de viandes grasses de bœuf et de porc (dites « mou »), de sel, de piment, de paprika, de cardamome, de rhum ou d'un autre alcool. Un auteur cite nommément la *Mettwurst* à la fin du XVIe siècle parmi les charcuteries en usage alors en Alsace.

PÂTÉ DE FOIE GRAS D'OIE EN CROÛTE

Ce pâté se présente généralement en terrine rectangulaire. Le foie gras est parfois clouté de lamelles de truffe et la tradition veut qu'il soit entouré d'une fine cuirasse de pâte brisée.

Les Romains de l'Antiquité avaient déjà une prédilection pour le foie gras qu'ils obtenaient en engraissant les oies avec des figues. C'est en tant que produit particulier aux communautés juives qu'il est mentionné en Alsace au XVIIIe siècle. Il est toutefois probable que le foie gras fut connu bien avant dans cette région où une minorité juive était présente depuis le Moyen Âge et où l'élevage et l'engraissement d'oies sont attestés depuis les XIVe et XVe siècles. Mais engraissement ne signifie pas forcément foie gras, et la date à partir de laquelle la production de ce dernier devient un but en soi est difficile à préciser. Toujours est-il que, à la fin du XVIIIe siècle, le pâté de foie gras des pâtissiers de Strasbourg devient l'un des mets les plus prestigieux du pays. La légende veut que Jean-Pierre Clause, cuisinier du maréchal de Contades, soit l'inventeur du fameux pâté de foie gras en croûte dans les années 1780. Et c'est à Nicolas Doyen, pâtissier à Strasbourg, que l'on attribue, une décennie plus tard, l'association foie gras et truffe. Durant la première moitié du XIXe siècle, les créations de maisons de foie gras se multiplient. La spécialité strasbourgeoise a conquis Paris et le foie gras de Strasbourg entre même dans l'ère industrielle : on se met à faire du « foie gras » en terrines puis en boîtes. À partir de 1950, la modification des conditions d'exploitation de l'agriculture alsacienne a fortement marginalisé l'élevage des oies. Depuis les années 1970, on tente de lui donner un nouvel essor mais les fabricants strasbourgeois doivent toujours se fournir à l'étranger (en Hongrie notamment). La qualité du produit ne s'est en tout cas jamais démentie car l'excellence du foie gras de Strasbourg s'est construite sur le savoir-faire de ses cuisiniers, pâtissiers et conserveurs.

RAIFORT

La culture du raifort est localisée au pays de Hanau. Une partie est vendue en frais, mais l'essentiel est transformé. La racine contient une huile volatile qui lui donne une saveur piquante.
Bien que l'on trouve trace de la culture de raifort en Europe centrale dès le XIIe siècle, ce n'est que tardivement qu'on parle de raifort en France. Cette plante servit de condiment en Alsace à partir du XVIe siècle au moins.
Le raifort est préparé en atelier. Les racines sont épluchées et râpées pour produire une pulpe servant aux préparations commercialisées : raifort râpé, raifort à la sauce mayonnaise, raifort à la sauce rémoulade. Le raifort râpé est conditionné en seaux et en pots de verre. Il accompagne la viande, notamment le porc fumé, les choucroutes et le pot-au-feu, la charcuterie ou le poisson fumé. Il sert à la préparation de sauces accompagnant les poissons ou les salades.

PÂTES D'ALSACE

Depuis plus de trois siècles, les pâtes aux œufs frais constituent l'une des spécificités gastronomiques de l'Alsace. La forme d'origine est une pâte découpée en bandelettes fines et longues. Séchées, elles sont façonnées en nids. Leur couleur tire vers le jaune. La proportion d'œufs a été fixée à sept œufs par kilogramme de semoule. Ces pâtes, traditionnellement, accompagnent des plats comme le civet de lièvre ou la matelote de poissons.
Le tout premier livre de cuisine publié en Alsace en 1507 (*Kochbuch*, imprimé par Mathias Kopfuff) mentionne déjà les *Wasser Strieble*, une pâte liquide dont on fait tomber des fragments plus ou moins épais dans l'eau bouillante. À la fin du XVIIe siècle, l'abbé Buchinger donne la recette de pâtes alsaciennes encore en vigueur aujourd'hui : « Les nouilles sont faites de beaucoup d'œufs, de bonne farine et de sel. Pas d'eau, mais des œufs en quantités. » Au XIXe siècle une production artisanale se met en place pour ce qui était jusqu'alors un produit purement domestique. Après 1870, des centaines de boulangers en fabriquent. Près de Colmar naît, en 1840, la première entreprise de pâtes, la maison Scheurer. On assiste ensuite à une floraison d'entreprises jusque dans les années 1930. La mécanisation est d'abord limitée puis, vers 1860, un outillage véritablement industriel apparaît. Avec les années 1960 commence la réduction du nombre de fabricants.
L'IGP « Pâtes d'Alsace » a vu le jour en 2005. Aujourd'hui, seules deux entreprises en assurent la production.

BREDELE (PETITS GÂTEAUX DE NOËL)

La très grande diversité des formes et des goûts de ces petits gâteaux est unique en France. À côté de la production traditionnelle, reprenant les motifs existants, les pâtissiers et boulangers créent chaque année de nouveaux bredele !
Première grande méthode de préparation, les gâteaux sont découpés (la pâte, de type sablée, est étalée sur un plan de travail avant d'être découpée en étoiles, cœurs, trèfles, etc.) : étoiles à la cannelle (*zimmetsternle*), bois-de-cerf (*hirschhernle*) à l'anis, anneaux d'amour aux fruits rouges, cœurs glacés aux amandes, demi-lunes aux amandes (*mandolinshen*)... Seconde méthode, les gâteaux sont formés à la douille ou à la petite cuillère. On leur donne ainsi des formes fantaisistes. Il existe une trentaine de variétés, la composition de la pâte est très variée : à l'anis (*anisbredele*) ; à la vanille (*vanillekipferle*), dôme-du-couvent (*klochterzipfel*) (amande-chocolat), petits puits à la cannelle... Enfin, troisième procédé, on trouve des gâteaux moulés : les *springerle* (fabriqués dans des moules sculptés avec une infinité de motifs) et les *speculatius*, à la pâte plus ferme. Ils sont moins en vogue aujourd'hui.

Parmi ces innombrables gâteaux, ceux à l'anis, ou *anisbredele*, sont peut-être les plus anciens. On trouve une première mention des *anisbrod* en 1586. Et pour l'ensemble des bredele, le *Kochbuch* de l'abbé Buchinger comprend, en 1671, une quinzaine de recettes de petits gâteaux. De cette tradition va se dégager progressivement toute la cohorte des gâteaux de Noël que nous pouvons apprécier aujourd'hui et qui, pour ses « classiques », est quasi complète au début du XIXe siècle. En règle générale, tous ces bredele étaient destinés à décorer le sapin de Noël, usage qui a perduré jusque dans les années 1950, avant que les boules en verre soufflé ne viennent les supplanter. Mais ils n'ont rien perdu de leur importance en tant que friandises et les pâtissiers rivalisent pour savoir qui en fera la vitrine la plus somptueuse et la plus joliment garnie.

Recettes

CHOUCROUTE AU SAUMON (*SALME UFF SÜRKRÜT*)

Pour 6 personnes

Niveau de difficulté : ***

Temps de réalisation : 2 h

Pour la choucroute
1,5 kg de choucroute
4 échalotes hachées
2 oignons moyens hachés
75 g de graisse d'oie
25 cl de riesling
40 cl de fumet de poisson
gros sel

Pour les aromates
3 gousses d'ail écrasées
1 cuil. à café de graines de cumin
1 cuil. à café de coriandre
2 clous de girofle
1 feuille de laurier
1 cuil. à café de poivre blanc en grains

Pour la garniture
6 pommes de terre moyennes
200 g de poitrine fumée
2 cl d'huile

Pour la sauce
15 cl de riesling
2 échalotes ciselées
1 pincée de graines de cumin
20 cl de crème fraîche liquide
sel, poivre du moulin
Pour le saumon
6 escalopes de saumon (sans peau)
de 200 g chacune
5 cl d'huile d'olive
sel, poivre du moulin

Une recette très ancienne qui fait partie du patrimoine culinaire alsacien. À l'origine, elle faisait office d'ordinaire les jours maigres ou pendant la période du carême. Quelque peu modifiée (ci-contre, en photo, une variante), elle est toujours présente dans la gastronomie régionale.

Préparation et cuisson
Préchauffer le four à 180 °C (th. 6).
Peler et laver les pommes de terre.
Rincer la choucroute à deux ou trois reprises à l'eau froide. L'égoutter et bien la presser pour en exprimer l'eau.
La choucroute : Dans une cocotte en fonte, faire suer les échalotes et les oignons hachés dans la graisse d'oie. Ajouter le vin blanc. Répartir la choucroute, puis mouiller avec le fumet de poisson. Assaisonner de gros sel et porter à ébullition.
Les aromates : envelopper tous les aromates dans un morceau d'étoffe ; ficeler en forme d'aumônière, placer celle-ci au milieu de la choucroute. Couvrir la cocotte et laisser mijoter au four pendant 1 h.
La garniture : ouvrir la cocotte et poser les pommes de terre entières et épluchées sur la choucroute. Couvrir et poursuivre la cuisson au four pendant 25 à 30 min (la choucroute doit rester légèrement croquante). Détailler la poitrine fumée en très petits lardons, les faire rissoler dans une poêle avec l'huile jusqu'à ce qu'ils soient croustillants. Les égoutter et les réserver.
La sauce : réduire de deux tiers le vin blanc avec les échalotes ciselées et les graines de cumin. Compléter avec 15 cl de jus de cuisson de la choucroute. Ajouter la crème fraîche et

laisser réduire jusqu'à l'obtention d'une consistance de nappage. Assaisonner de sel et de poivre. Garder la sauce au chaud au bain-marie.
Le saumon : dans une poêle antiadhésive, faire revenir les escalopes de saumon dans l'huile d'olive pendant 3 min de chaque côté. Les réserver dans un plat sur du papier absorbant pour éponger l'excédent de graisse. Saler et poivrer.

Présentation

Prélever délicatement les pommes de terre de la cocotte, les garder au chaud. Ajouter les lardons rissolés à la choucroute. Bien mélanger et rectifier l'assaisonnement. Dresser la choucroute fumante et bien égouttée au centre d'un plat long. Poser par-dessus les escalopes de saumon, les napper avec la sauce. Disposer les pommes de terre autour (ou les couper en petits dés).

KOUGELHOPF *Pour 6 personnes*

Niveau de difficulté : ** Temps de réalisation : 2 h Temps de repos : 1 h

Gâteau à base de pâte levée. Gâteau alsacien par excellence, le kougelhopf est facilement identifiable à sa forme très particulière en turban.

500 g de farine
20 g de levure de boulanger
25 cl de lait tiède
1 pincée de sel
80 g de sucre en poudre
1 œuf
100 g de beurre
100 g de raisins de Malaga
20 cl de kirsch
75 g d'amandes entières pelées

Préparation et cuisson

Mettre à tremper les raisins de Malaga dans le kirsch jusqu'à leur utilisation.
Préparer le levain en mélangeant la levure émiettée, 10 cl de lait tiède et 80 g de farine jusqu'à obtenir une boule de pâte de consistance moyenne. Mettre la pâte à lever dans un endroit tempéré jusqu'à ce qu'elle double de volume.
Pendant ce temps, mélanger énergiquement le reste de farine et de lait tiède, le sel, le sucre et l'œuf dans une terrine. La pâte doit être battue pendant environ 10 min, soulevée avec la main et frappée contre la paroi de la terrine afin de l'aérer le plus possible. Malaxer le beurre à la main pour le ramollir, et l'incorporer dans la pâte. Travailler la pâte jusqu'à ce qu'elle se décolle aisément des mains.
Incorporer alors la boule de levain. Battre encore l'appareil pendant environ 10 min, puis le couvrir d'un linge et laisser reposer 1 h, voire un peu plus, dans un endroit tempéré, afin que la pâte puisse lever.
Quand la pâte a levé, la tapoter jusqu'à ce qu'elle reprenne son volume initial. Incorporer alors les raisins de Malaga égouttés.
Préchauffer le four à 180 °C (th. 6).
Beurrer soigneusement les cannelures d'un moule à kougelhopf, disposer au fond des amandes pelées bien essuyées. Déposer la pâte par-dessus et la laisser reposer jusqu'à ce qu'elle atteigne les bords du moule.
Enfourner et laisser cuire le kougelhopf pendant 45 min (si la coloration est trop importante, le recouvrir d'un papier aluminium).

1

2

3

13.50
13.50
4

FROMAGE MODERNE
IL N'EST RIEN
DE DONNER SON LAIT
LORSQU'ON LE SAIT
BIEN EMPLOYÉ
"Le Bel est Bon"
LA VACHE QUI RIT
Léon BEL
MAISON FRANÇAISE FONDÉE EN 1865
FROMAGE EXTRA FIN SANS CROUTE
EXTRA FINE CHEESE WITHOUT CRUST
5

6

CHAPITRE 15

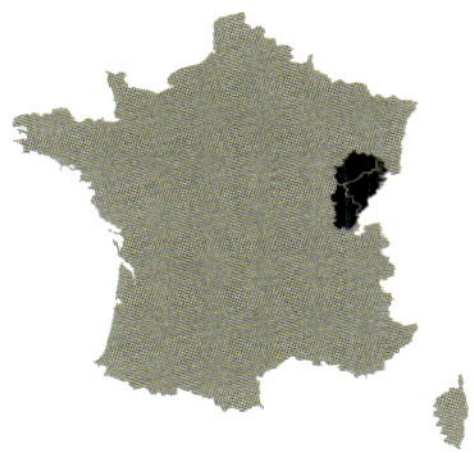

Franche-Comté

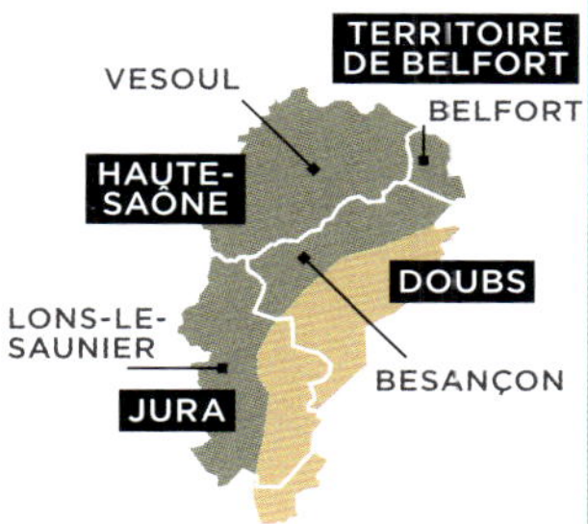

Les trois départements du Doubs, du Jura et de la Haute-Saône correspondent à peu près à la Franche-Comté historique, devenue définitivement française en 1678. Le territoire de Belfort appartenait à l'Alsace. Le massif du Jura est quant à lui à cheval entre la France et la Suisse.

Massif du Jura

La Franche-Comté est la région la plus boisée de France et plus d'un tiers de son territoire est occupé par la prairie naturelle. Son agriculture s'est spécialisée dans l'élevage bovin, la race montbéliarde étant l'une des meilleures laitières au monde.

On n'est donc pas surpris de constater que les fromages constituent l'un des fleurons de la gastronomie locale : bleu de Gex, Mont d'or, morbier, emmental grand cru... Le comté constitue sans doute le représentant le plus réputé de cette production. Il est l'héritier des « fromages de grandes formes » que l'on appelait « vachelins » au XVe siècle. À partir du XVIIe siècle, leur succès commercial ne se démentit jamais et l'on sait que, dès cette époque, les procédés de fabrication les rapprochaient des comtés actuels. En raison de leur similarité avec les fromages suisses, on commença, au XVIIIe siècle, à parler de « vachelin façon gruyère » et c'est sous le nom de « fromage de gruyère » et même de « gruyère » qu'ils triomphèrent aux XIXe et XXe siècles. Le classement en AOC en 1952 permit cependant d'imposer l'appellation « comté » qui l'érigea en gruyère haut de gamme. Le deuxième grand atout de la Franche-Comté réside évidemment dans sa charcuterie : viandes fumées, jambons, saucisses – avec deux stars, la montbéliard et la morteau. Là encore, leur réputation est ancienne. La saucisse de Montbéliard a notamment des amateurs déclarés dès le XVIIIe siècle. Elle devait toutefois être fort différente de celle que nous connaissons.

Mais ces gloires actuelles nous font perdre de vue que le plat franc-comtois par excellence fut, durant plusieurs siècles, la bouillie épaisse, généralement de maïs, appelée « gaudes », qui valait aux Comtois le sobriquet de « mangeurs de gaudes ». À la fin du XIXe siècle, l'association des Francs-Comtois de Paris s'intitulait d'ailleurs Les Gaudes, preuve s'il en est du fort pouvoir identitaire de ce plat !

1/ Arbois, sur les contreforts du massif du Jura, ville célèbre pour son vignoble. 2/ Autre commune jurassienne, Montaigu, chais du domaine Pignier. 3/ Baume-les-Messieurs se niche au milieu de trois reculées typiques du paysage jurassien. 4/ La « Belle de Morteau », l'un de ces produits fumés typiques de la Franche-Comté. 5/ La première étiquette représentant la célèbre vache de Benjamin Rabier. 6/ La montbéliarde, excellente laitière, à l'origine de tant de délicieux fromages.

Produits

CANCOILLOTTE

La cancoillotte se présente sous la forme d'une pâte lisse mais liquide, homogène et brillante, composée de metton, de beurre, de sel, d'eau, éventuellement de lait, de vin blanc, d'ail et de kirsch. Consommée froide ou tiède comme un fromage à l'occasion des repas ou en tartine au goûter, elle est également utilisée dans de nombreuses recettes dont les plus courantes sont : les œufs brouillés à la franc-comtoise, le poulet d'horloger, les pommes de terre rôties enrobées de cancoillotte.
Obtenue à partir d'un bloc de caillé affiné, le metton, mis à fondre dans de l'eau et du beurre, la cancoillotte était un fromage domestique, caractéristique du « bas-pays » (plaine et vallées). Elle prenait, selon les ressources de la région ou de la famille, des aspects très divers : on pouvait l'aromatiser à l'ail ou au cumin, la préparer dans le vin et le lait au lieu d'eau, etc.
Au tournant du XXe siècle, la cancoillotte quitte le cadre exclusivement domestique et régional, différents auteurs la célèbrent et elle fait son apparition dans les épiceries parisiennes. La mise au point durant la Grande Guerre de cancoillottes stérilisées en boîtes de fer-blanc destinées aux Francs-Comtois envoyés au front joua aussi un grand rôle dans la diffusion du produit. Conservée dès l'entre-deux-guerres également en boîtes de carton, la cancoillotte retrouva progressivement les faveurs des consommateurs francs-comtois, qui l'avaient un temps délaissée. Elle demeure depuis lors l'un des grands produits locaux.

JAMBON DE LUXEUIL-LES-BAINS

Ce jambon, très tendre, est doté d'un goût fumé léger, peu salé. Selon le géographe grec Strabon, qui écrivait au Ier siècle avant notre ère, c'est du pays des Séquanes, peuple gaulois installé dans l'actuelle Franche-Comté, que « la plus délicate des viandes de porc salées [ou conservées ?] est apportée et expédiée à Rome ». Le jambon figurait-il parmi ces viandes ? En tout cas, le jambon de Luxeuil n'est pas mentionné en tant que tel avant le XIXe siècle. Les premiers essais de fabrication du jambon à Luxeuil remonteraient à 1810. Ce produit connut une vogue incontestable à la fin du XIXe siècle et jusqu'à la guerre de 1914. Depuis 1985, il bénéficie d'une marque régionale qui le définit, d'après le *Code de la charcuterie*, comme un jambon macéré pendant 4 semaines dans du vin et éventuellement dans de l'alcool, salé au sel sec, légèrement fumé aux résineux et séché (21 jours par kilogramme). C'est un produit appartenant à la longue tradition des salaisons et des fumés comtois, illustrée également par le jambon fumé du Haut-Doubs.

GAUDES

Bouillie de couleur ocre à brun, son goût rappelle la noisette. Elle est composée de farine de maïs grillé, d'eau, éventuellement de lait ou de crème, de sel, de sucre. Les gaudes font partie des traditions populaires comtoises. Elles sont consommées en guise de potage. La « peau » est prisée, mais c'est surtout la « rasure » (dépôt granité qui se forme au fond de la coquelle en fin de cuisson) qui est appréciée des Comtois. Les gaudes peuvent entrer dans des préparations régionales : boulettes de gaudes (flots), gâteau de gaudes (millassou), sablés aux gaudes, crêpes...

Cette bouillie de maïs doit son nom à sa couleur jaune, semblable à celle d'une plante tinctoriale, la gaude, qui servait à l'industrie textile dès la fin du Moyen Âge. Mais, en Franche-Comté, comme dans la Bresse bressane ou bourguignonne, les gaudes, ou au moins les bouillies de céréales grillées, ont préexisté au maïs ; elles se confectionnaient peut-être avec du millet. Le maïs n'y fut en effet pas introduit avant 1640, sans doute en provenance de la Bresse bourguignonne voisine. Progressivement, au XIXe siècle, victimes de l'amélioration du niveau de vie, qui permit aux paysans de diversifier leur alimentation, les gaudes ont été remplacées par les pommes de terre dans la nourriture quotidienne. Dès lors cantonnées au petit déjeuner, elles voient après 1920 leurs dernières positions entamées par les progrès du café au lait. Résiduelles dans leur zone d'implantation d'origine, la Bresse jurassienne, elles sont devenues un aliment de tradition.

En passant par… le massif du Jura

Il ne s'agit pas d'isoler le patrimoine culinaire jurassien du patrimoine culinaire franc-comtois, le premier fait partie intégrante du second. Distinguer ainsi montagne et plat pays permet surtout de mieux comprendre l'histoire des cultures alimentaires de cette région.
Si l'on reprend l'exemple du comté, celui-ci est à l'origine un pur produit de la montagne. Les fameuses fruitières, ces associations où, durant l'estive, des paysans mettaient le lait de leurs bêtes en commun, remontent au moins au XIII*e siècle. Ces fruitières permettaient la production de « vachelins ». Elles prirent une grande importance au* XVIII*e siècle en raison du succès croissant des « gruyères de Comté » et, dès le* XIX*e siècle, la demande continuant d'augmenter, le système des fruitières gagna la plaine. Un phénomène qui, au demeurant, manqua de faire disparaître la cancoillotte puisque le lait disposait désormais d'un débouché plus rémunérateur.*
En ce qui concerne la charcuterie, on oppose souvent la plaine, où la saumure aurait dominé, et la montagne, où aurait été privilégié le salage à sec suivi du fumage. Cette opposition entre deux zones aux techniques de conservation spécifiques est bien trop schématique mais le Jura dispose bel et bien d'un incroyable éventail de spécialités fumées. La saucisse de Morteau n'est que la représentante la plus célèbre de cette pratique.
Enfin, le Jura accueille aujourd'hui l'essentiel du vignoble franc-comtois, il se localise sur le piémont et les collines. Différents eaux-de-vie et spiritueux sont également produits dans ces terroirs.

Produits

AMANDE ROYALE

Bonbon associant pralin, nougatine et chocolat, l'amande royale est un ovale de la taille d'une grosse amande. La confiserie Pelen a été fondée en 1910 à Lons-le-Saunier. Déjà détentrice de deux brevets pour des gâteaux aux amandes (le « Ledo nègre » déposé au début du siècle et l'« Écureuil », en 1946), cette maison a déposé en 1984 la marque Galet de Chalain pour le bonbon connu auparavant sous le nom d'amande royale. Cette nouvelle appellation fait référence au lac de Chalain, à 25 kilomètres de Lons-le-Saunier.

LANGUE DE BŒUF FUMÉE

Nous parlons ici d'une langue de bœuf entière, pesant environ 1 kilogramme et fumée dans la tradition des montagnes du Jura. Cette tradition semble en effet remonter au haut Empire romain. Elle était en tous les cas présente à l'époque moderne. Des pièces de viande très diverses étaient suspendues sur des perches : quartiers de bœuf (c'est le brési), mais aussi jambons, lard, saucisses et autres produits du porc.
Après la Seconde Guerre mondiale, les fabricants ont cherché à diversifier les fumés qu'ils proposaient au public – avec la saucisse de tripes, la langue ou le gibier fumé –, en retrouvant d'ailleurs parfois d'anciennes recettes.

Recette

COQ AU VIN JAUNE FLANQUÉ DE MORILLES *Pour 8 personnes*

Niveau de difficulté : ***

Temps de réalisation : 1 h 30

1 coq de 2 kg coupé en huit morceaux
4 cuil. à soupe de farine
80 g de beurre
40 cl de vin jaune d'Arbois ou de Château-Chalon
1 l de crème fraîche liquide
400 g de morilles fraîches, brossées
sel, poivre du moulin

Un grand classique de la cuisine de fête franc-comtoise où se retrouvent la crème et la morille fraîche alliées au vin jaune si spécifique à cette région. En dehors de la saison de la morille, mieux vaut supprimer carrément les champignons. Servir avec du riz, si possible cuit dans du bouillon de poule (riz au gras), sinon avec un riz créole.

Préparation et cuisson

Préchauffer le four à 210 °C (th. 7).
Frotter les morceaux de coq de sel et de poivre, puis de farine, pour les sécher. Dans une sauteuse allant au four, dans le beurre, les saisir sur toutes leurs faces, sans les colorer. Couvrir, enfourner et laisser cuire 20 min.
Sortir le récipient du four, le mettre sur feu moyen, mouiller avec le vin pour déglacer. Baisser le feu à doux, ajouter la crème fraîche, retourner la volaille. Ajouter les morilles. Laisser réduire à découvert pendant 30 min. Rectifier l'assaisonnement.

Présentation

Mettre les morceaux de volaille dans un plat creux, au besoin en recoupant les plus gros. Couvrir chacun d'une part de morilles et napper avec la sauce. Présenter du riz à part.

1

2

3

Appellation d'Origine
Protégée
Fromagerie Gaugy 21220 Brochon
Poids net
250g
Depuis
1946
4

5

CHAPITRE 16

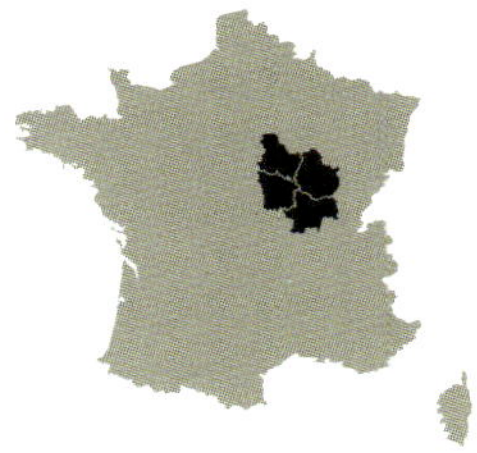

Bourgogne

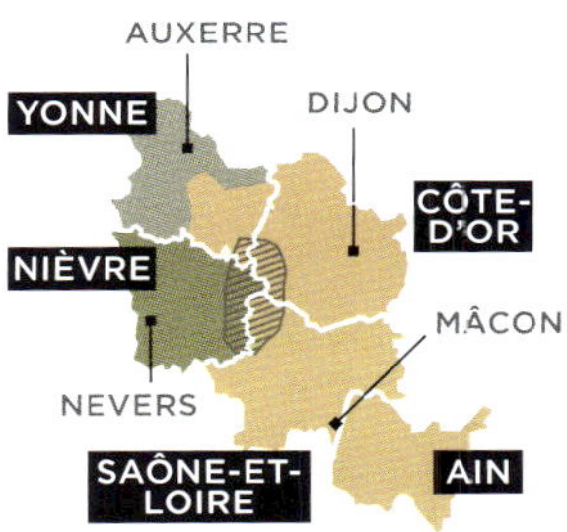

La région Bourgogne se compose de la Bourgogne historique - privée de ce qui est aujourd'hui le département de l'Ain, situé en Rhône-Alpes - et du Nivernais, qui correspond à peu près au département de la Nièvre. Le massif du Morvan est à cheval sur ces deux provinces : au cœur de la région, il se partage entre les quatre départements.

Bourgogne historique · *Nivernais* · *Morvan*

On assimile avant tout la Bourgogne à son prestigieux vignoble, et l'importance du vin se traduit sans surprise dans l'art culinaire. Toute recette « à la bourguignonne » est synonyme de vin - complété de petits oignons, de lardons et de champignons. Le plat le plus célèbre est incontestablement le bœuf bourguignon mais la meurette consiste à appliquer cette même recette à d'autres produits - œufs en meurette, lapin en meurette.
Un contre-exemple toutefois, fort savoureux : les escargots à la bourguignonne, dont l'élément central est le beurre persillé - notons au passage que ces gastéropodes n'ont commencé à être perçus comme typiquement bourguignons qu'au cours de la deuxième moitié du XIXe siècle.
Si l'on se limite pour l'instant à la Bourgogne historique - je reviendrai plus loin sur le Nivernais -, il y a plusieurs « incontournables » à citer. J'avoue avoir quelques scrupules à trop m'attarder sur la célèbre moutarde. Il s'agit évidemment d'un produit emblématique, mais l'appellation « moutarde de Dijon », non protégée, peut être employée du Bouthan au Panama. Au demeurant, l'antique cité brille par d'autres spécialités telles que le cassis ou le pain d'épice. Nous les retrouverons plus loin.
La Bourgogne se révèle fort bien pourvue en de nombreux domaines. La vache charolaise, reconnue pour sa viande tendre et persillée, en est issue. Concernant les fromages, ceux de chèvres dominent dans le sud et le sud-est tandis que, plus au nord, ceux de vache prennent le dessus. Ainsi le célèbre époisses, déjà réputé au XVIIIe siècle.
Je finirai ce (trop bref) survol en rappelant que la gougère, ce chou au fromage adopté par toute la France, est originaire de Bourgogne et en mentionnant une autre recette typique de ces terroirs : la pochouse, une matelote de poissons d'eau douce, associant ail et aromates, le tout lié par du beurre. Et nous voilà à nouveau avec une recette réservant une place d'honneur au vin (blanc cette fois) ! Pourtant, vous l'aurez compris, si la gastronomie de cette province doit beaucoup à son vignoble, celui-ci n'est pas toute la Bourgogne !

1/ Vignoble de Chablis, dans l'Yonne. 2/ Escargots de Bourgogne couronnés d'un délicieux beurre persillé. 3/ L'Hôtel-Dieu à Beaune. Sa création remonte au milieu du XVe siècle. 4/ L'époisses (AOC), le plus célèbre fromage bourguignon. Déjà réputé au XVIIIe siècle. 5/ Parc naturel régional du Morvan, mont Beuvray, une haie de hêtres.

En passant par... la Bourgogne

Nous parlons ici de la Bourgogne historique.

Produits

CASSIS DE DIJON

Obtenue par macération des fruits dans de l'alcool additionné de sucre, la liqueur de cassis, appelée à l'origine « ratafia de cassis », connut au XVIIIe siècle une grande vogue. La production existe alors en Bourgogne comme dans d'autres provinces françaises, mais elle reste à un niveau domestique jusque dans les années 1840. C'est en effet en 1841, lors d'un voyage qu'il effectue à Paris, que le liquoriste dijonnais Auguste Denis Lagoute constate l'engouement des Parisiens pour le « ratafia de Neuilly ». Revenu à Dijon, il décide de fabriquer à son tour du ratafia de cassis. Après des débuts modestes, la production s'élève rapidement et le nombre de liquoristes suit la progression fulgurante de cette liqueur. Les fabricants offrent une grande gamme de produits : vers 1860, le cassis double se distingue ainsi du cassis ordinaire par sa plus forte concentration en alcool, en infusion de cassis et en sucre. Et encore est-il très inférieur au cassis fin, et surtout à la célèbre crème de cassis surfine, qui fera la renommée de Dijon.
Si la liqueur de cassis a toujours ses amateurs, de nombreuses personnes ne la consomment que mélangée au vin blanc – sous forme de kir, boisson populaire qui remonte au XIXe siècle et qui empruntera son nom dans les années 1950 au chanoine Félix Kir, maire de Dijon de 1945 à 1967. Selon un arrêt de la cour de Dijon de 1923, tout produit bénéficiant de l'appellation « cassis de Dijon » doit y être fabriqué.

JAMBON PERSILLÉ DE BOURGOGNE

Le jambon persillé de Bourgogne est composé de jambon et d'épaule salés, cuits et mis en gelée très persillée. Traditionnellement, chaque famille, de Dijon à Chalon, préparait un jambon persillé à l'occasion des fêtes de Pâques. Autour de Beaune, une fabrication familiale existe encore parallèlement à la préparation des artisans-charcutiers. Au moment de Pâques, les clients viennent acheter une épaule ou un jambon salé et préparent leur persillé chez eux. Dans le commerce, le jambon persillé est vendu à la tranche et consommé froid en apéritif ou en entrée.
Au XIVe siècle, le porcelet est déjà clairement lié au dimanche de Pâques. Quant au persil, on le sait, il est à la même époque très consommé par les vendangeurs du Beaunois par exemple. L'existence du jambon persillé au Moyen Âge n'est pas démontrée mais tous les ingrédients nécessaires à sa fabrication étaient déjà bien ancrés en Bourgogne. L'une des premières recettes données par un ouvrage date de 1901, dans le célèbre *Cuisinier bourguignon* d'Alfred Contour. Il le qualifie de « Jambon à la bourguignonne ».

SAINT-FLORENTIN

Le saint-florentin est un fromage de vache, à pâte molle et à croûte lavée. La production de fromages dans la basse vallée de l'Armance, au sud du pays d'Othe, est attestée dès le XVIIIe siècle. Au XIXe siècle, ceux qui se fabriquaient dans les villages de la vallée (Beugnon, Soumaintrain, Petit-Villiers) étaient commercialisés au marché de Saint-Florentin tous les lundis, ce qui explique le nom qu'ils prirent dans le commerce. Moins importante qu'elle ne le fut au début du XXe siècle, la production de Saint-Florentin est aujourd'hui assurée par quelques fabricants qui perpétuent une ancienne tradition.

PAIN D'ÉPICE DE DIJON

Jusqu'au XIXe siècle, seul le pain d'épice de Reims bénéficiait d'une véritable renommée nationale. La fabrication dijonnaise était d'abord familiale et non, comme en Champagne ou à Paris, une affaire de pain-d'épiciers. Progressivement, se mit à exister une différence entre la forme ancienne de « pain d'épices de Reims » (farine de seigle plus miel) et le nouveau « pain d'épice de Dijon » (farine de blé plus miel et œufs) : connue dès le XIVe siècle sous l'appellation de « boichet », cette pâtisserie dijonnaise se retrouve donc désigné, au début du XIXe siècle, par l'appellation générique de « pain d'épices ». Passant alors au stade artisanal, elle se fabrique dans des usines concurrentes de celles de Paris et de Reims. La guerre de 1914-1918, pendant laquelle l'industrie rémoise fut anéantie, ne fit qu'accélérer cette progression car, dès la deuxième moitié du XIXe siècle, le pain d'épice de Dijon commença à être considéré comme le plus fin de tous. L'industrie du pain d'épice a ainsi prospéré jusqu'au début de la Seconde Guerre mondiale. Depuis, la production ne cesse de diminuer, il ne reste plus que deux maisons spécialisées contre douze au début du XXe siècle.

Recettes

ENTRECÔTE BAREUZAÏ *Pour 2 personnes*

Niveau de difficulté : ** Temps de réalisation : 30 min

1 entrecôte épaisse de 1,5 à 2 cm, d'environ 350 à 400 g
80 g d'échalotes
110 g de beurre
1/2 bouteille de bourgogne rouge générique (ou de passe-tout-grain)
150 g de champignons (rosés-des-prés ou mousserons, à défaut, champignons de couche)
1 citron (jus)
sel, poivre du moulin

Lorsque les vendanges se foulaient avec les pieds, les vignerons ressortaient de la cuve avec les mollets (le « bas ») rosis par le jus du raisin, et ce « bas rosi » a donné en patois *bareuzaï*. Au centre de Dijon se trouve une fontaine appelée « du Bareuzaï », en mémoire du jour de la fête des vendanges, lorsque les jeunes filles y venaient en bas blancs et foulaient aux pieds des grappes de raisins rouges en faisant un vœu d'amour (d'où, également, *bareuzaï*, « bas rosis »).

Préparation et cuisson

Peler et hacher les échalotes, les mettre dans une petite casserole sur feu doux avec 25 g de beurre, couvrir et laisser étuver 7 à 8 min en secouant souvent le récipient. Mouiller avec le vin, laisser réduire doucement de moitié.
Brosser, émincer les champignons, les citronner pour qu'ils ne noircissent pas. Les mettre dans une autre casserole avec 20 g de beurre, un peu de sel et de poivre. Les faire étuver 2 à 3 min sur feu doux en les couvrant, en secouant deux ou trois fois le récipient, puis découvrir jusqu'à ce que l'eau rendue soit évaporée. Dans une poêle, sur feu vif, dans 20 g de beurre, saisir l'entrecôte 1 min par face, saler et poivrer, poursuivre la cuisson au degré voulu - bleue ou saignante. Dans la réduction de vin, ajouter les champignons, retourner pendant 1 à 2 min.

Présentation

Couper l'entrecôte en deux, chaque part devant comporter autant de maigre que de gras. Poser chacune sur une assiette chaude, couvrir avec les champignons et les échalotes prélevés avec l'écumoire.
Augmenter le feu sous la sauce aux échalotes. En fouettant, incorporer peu à peu le reste de beurre en noisettes fermes, rectifier l'assaisonnement. En napper le contenu des assiettes.

RIGODON *Pour 4 à 6 personnes*

Niveau de difficulté : *

Temps de réalisation : 1 h 10

200 g de brioche
50 cl de lait
1 gousse de vanille
1 pincée de sel
100 g de sucre en poudre
3 cuil. à soupe de crème de riz
6 œufs
1 douzaine de noix grossièrement concassées
1 douzaine de noisettes grossièrement concassées
30 g de beurre
1 pot de marmelade de poire

C'est un « dessert de ménage », comme on disait autrefois. Le jour où l'on confectionnait le pain de la semaine, on prélevait un peu de pâte pour le préparer. Aujourd'hui, confectionné à partir de brioche, le rigodon est devenu un vrai dessert dans la basse Bourgogne.

Préparation et cuisson

Faire bouillir le lait avec la vanille, lui ajouter le sel et le sucre. Remuer de temps à autre pour bien dissoudre le sucre et pour qu'il ne se forme pas de peau. Casser la brioche en menus morceaux dans un saladier, arroser avec le lait (sauf 3 cuil. à soupe à mettre de côté). Laisser s'imbiber.

Dans une assiette creuse, délayer la crème de riz avec le lait mis en réserve, battre en incorporant les œufs un à un, mêler à la brioche en même temps que les noix et noisettes. Préchauffer le four à 150 °C (th. 5). Beurrer un moule à manqué, y verser la préparation en égalisant la surface, parsemer le reste de beurre en noisettes.

Enfourner et laisser cuire 45 min (vérifier la cuisson avec la lame d'un couteau plantée à cœur : elle doit ressortir sèche sinon prolonger la cuisson). Laisser tiédir, démouler, étaler à la surface une bonne couche de marmelade de poire.

Remarque : selon la saison, on peut choisir une autre marmelade, notamment de coings, de pommes, de fraises, de pêches de vigne ; on peut aussi servir avec du sucre.

En passant par… le Nivernais

Les touristes - et les Français en général - oublient souvent que le Nivernais n'est pas la Bourgogne. Sa cuisine connaît un destin similaire, elle demeure mal identifiée et, finalement, méconnue. Curnonsky, ayant à disserter à son sujet, l'associe à celle du Bourbonnais ; un ouvrage plus récent l'accolait à celle du Berry. Ces rapprochements ne peuvent surprendre ; Nivernais, Berry et Bourbonnais ont en commun d'offrir des cuisines simples et consistantes, en un mot paysannes. La pomme de terre y occupe une place centrale - citons la « râpée », cette galette de pommes de terre râpées frites à la poêle. Le « crapiau » nivernais, cette crêpe très épaisse, équivalente du sanciau berrichon, illustre également le côté pour le moins roboratif des préparations locales. La crème fraîche, le lard, les salaisons sont largement employés. Ces nourritures rustiques sont fort éloignées des culotte de bœuf nivernaise ou gigue de porc aux pistaches que l'on découvre dans les livres de cuisine consacrés au Nivernais. Dans ces ouvrages, on rencontre d'abord des viandes bovines cuisinées au vin et à la crème. Or la gloire gastronomique locale reste sans doute le jambon en saupiquet, des tranches de jambon poêlées et recouvertes d'une sauce consistant en une réduction de vinaigre avec du poivre en grains, du genièvre, de l'échalote, réduction additionnée de crème fraîche. Un plat simple, représentatif de cette belle cuisine campagnarde.

Produits

NÉGUS

Caramel mou au chocolat enrobé de sucre cuit, le négus se présente sous la forme d'un rectangle légèrement ovale et bombé sur le dessus. Ce produit est croquant à l'extérieur (sucre cuit) et moelleux à l'intérieur (caramel mou). Il présente un goût de caramel au beurre agrémenté d'un arôme chocolat.
Le 7 avril 1902, Charles-Jérémie-Théophile Grelier, confiseur à Nevers, fut déclaré par le tribunal de commerce de cette ville propriétaire d'une nouvelle marque déposée, le Négus. Le produit en question est un bonbon encore vendu par son successeur. D'après les propriétaires actuels de la marque, la confiserie tire son nom de Ménélik, empereur d'Abyssinie, dit le Négus, venu en visite officielle en France en 1902. M. Grelier se serait inspiré de cet événement pour baptiser son bonbon. Problème, Ménélik II ne quitta jamais l'Afrique. C'est en fait son cousin, le ras Makonnen, qui passa par la France cette année-là et c'est lui qui, sans le savoir, allait inspirer le confiseur nivernais.

ANDOUILLETTE DE CLAMECY

L'andouillette de Clamecy est une andouillette de boyaux de porc et de fraise de veau coupés en lamelles, à robe non nouée mais refourrée, tirée à la ficelle. On en fabriquait autrefois à l'occasion des foires et des marchés à Clamecy. Elle se consomme soit grillée, soit cuite au four arrosée de vin blanc et accompagnée d'échalotes.

On a fait remonter sa création au début du XIXe siècle dans l'auberge de la Croix tenue par une certaine Mme Chapuis qui avait pris l'habitude de confectionner des andouillettes pour son établissement. La présence des marchands de bois parisiens assura la renommée de cette spécialité au-delà de la ville où tous les charcutiers commencèrent à l'imiter. L'un d'entre eux s'installa à la capitale au milieu du siècle et y vendit ses « andouillettes de Clamecy ». Au cours de la seconde moitié du XIXe siècle, la notoriété de cette charcuterie s'accrut mais c'est vraiment au XXe siècle – en particulier dans l'entre-deux-guerres – qu'elle connut son plus grand succès. Aujourd'hui, l'andouillette de Clamecy est introuvable à Paris, et seuls quelques artisans poursuivent la tradition de l'andouillette de la mère Chapuis dans sa ville natale.

En passant par... le Morvan

Nous l'avons dit, le Morvan est (depuis des siècles) partagé entre Nivernais et Bourgogne. On pourrait d'ailleurs estimer que les produits morvandiaux « appartiennent » à ces cuisines mais cet espace se révèle trop particulier pour n'être pas considéré à part. À vrai dire, on rapprocherait plus volontiers la gastronomie du Morvan de celle du Nivernais. Là encore c'est une cuisine paysanne que l'on peut apprécier ; historiquement, la pomme de terre y occupait une place sans doute plus importante encore.
En 1939 un Guide bleu *s'émerveillait pourtant : « C'est un pays aux eaux abondantes et claires, au relief suffisamment accusé... pays de cocagne aux hôtels plantureux. » Et en effet plusieurs mets (potée morvandelle, feuilleté aux morilles, pommes tourtières...) méritent toujours le détour. Le jambon en saupiquet que nous avons nous-mêmes attribué au Nivernais appartient d'abord au Morvan - le « saupiquet des Amognes ». Au demeurant, ce qui retient d'abord l'attention sur ces hautes terres, ce sont les produits charcutiers.*

Produits

JAMBON DU MORVAN

Traditionnellement, les jambons pendaient aux poutres des fermes morvandelles. Salés et séchés (jamais fumés), les jambons du Morvan ne bénéficiaient pas, autrefois, d'une renommée nationale, bien que le commerce de la viande de porc fût assez important dans la région. Jusqu'au début du XXe siècle, les statistiques agricoles signalaient plus d'un millier de porcs dans chaque commune. Les bêtes étaient à demi sauvages, élevées en forêt, ce qui donnait à leur chair (et à leurs jambons) un goût différent de celui des porcs de ferme habituels. Quoi qu'il en soit, le jambon cru du Morvan était suffisamment apprécié dans les années 1930 pour que Curnonsky l'inclue dans son *Trésor gastronomique de France*.

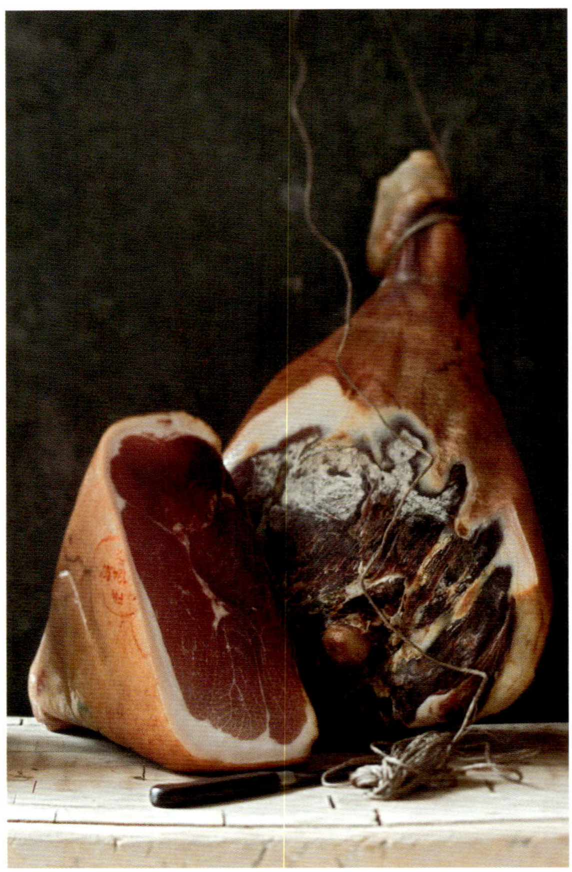

TOURTE MORVANDELLE

Tourte en pâte feuilletée du Morvan garnie de viande de porc marinée dans l'alcool ou le vin blanc, parfois sur une couche de pommes de terre. De forme ronde et de couleur brun doré, elle est fabriquée avec de l'épaule et de la poitrine de porc principalement mais aussi du gras de porc (la photo ci-dessous en présente une version revisitée et « miniaturisée »).
La marinade. La marinade se compose notamment de vin blanc, d'alcool, de thym, de laurier, de sel, de poivre, d'épices, de persil, d'ail, d'échalote. Fabriquée autrefois pour les repas de fête, elle a vu sa consommation se banaliser. À Corbigny, la tourte n'est faite que de pommes de terre ; à Lormes, elle ne contient que de la viande. Dans les deux cas, elle se consomme chaude. On peut supposer que la tourte morvandelle d'origine ne comportait qu'une garniture entièrement végétale – à base de pommes de terre principalement. Mais, déjà en 1938, un texte indique une tourte carnée dans laquelle le tubercule est remplacé par des boulettes de viande ! Depuis, cette « tourte à la boulette » a quasiment éliminé la version « aux treufes » (pommes de terre) qui ne se trouve plus de nos jours que dans quelques rares localités.

MIEL DU MORVAN

Au milieu du XIXe siècle, c'est le miel du Gâtinais que l'on aime à Paris. Le miel du Morvan n'a jamais bénéficié d'une aussi belle réputation, il s'exportait peu et semble avoir été destiné à une consommation locale, voire familiale.
Ce miel, aujourd'hui, comprend à la fois des miels « toutes fleurs » et de cru. Il est récolté uniquement sur des espèces sauvages poussant sur le sol granitique du Morvan. Ces dernières lui confèrent une grande richesse et une forte diversité de goûts. La marque Miel du Parc naturel régional du Morvan exclut également le colza et le tournesol. Ces miels répondent à un cahier des charges et font l'objet d'un contrôle strict avant leur mise en marché. En raison de la grande diversité de la flore, ils varient d'une année à l'autre dans leur aspect et leur goût selon les prépondérances des miellées. Ils sont assez riches en ronce (25 % des miels), du fait de l'importance de cette espèce dans ces espaces non cultivés.

1

2

4

5

6

CHAPITRE 17

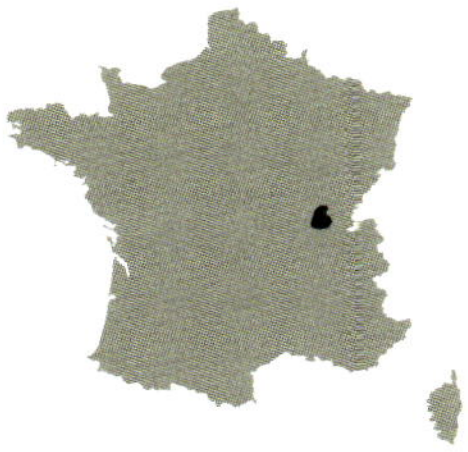

Bresse

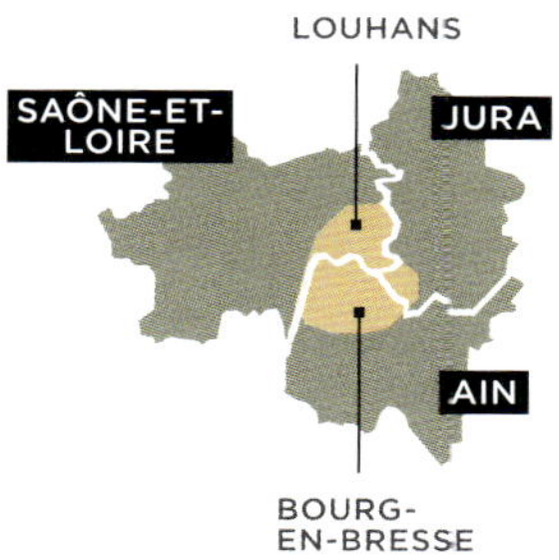

La Bresse est devenue française en 1601 par le traité de Lyon entre la France et la Savoie. Elle releva dès lors de la province de Bourgogne. Elle est divisée entre trois départements et régions : l'Ain pour le Rhône-Alpes, la Saône-et-Loire pour la Bourgogne et le Jura pour la Franche-Comté. La Bresse « bressane » (!) est la partie appartenant au département de l'Ain.

Bresse

Bresse bourguignonne, Bresse louhannaise, Bresse chalonnaise, Bresse jurassienne ou comtoise, Bresse... bressane : on peut se demander si ce qui unit le mieux ce territoire divisé, redivisé, subdivisé, n'est pas la gastronomie.

Il y a d'abord « le » produit phare, celui qui incarne cette contrée aux yeux de tous – même de ceux qui ne savent pas la situer sur une carte : la volaille. Elle est l'héritière d'une tradition qui remonte au Moyen Âge. La Bresse fut l'une des premières régions françaises, voire la première, où le maïs fut cultivé – dès la fin du XVIe siècle peut-être – et il est probable que cette innovation aida à l'engraissement des volailles jaunes locales. Elles durent néanmoins patienter jusqu'au X Xe siècle pour véritablement sortir de leur province. Ce furent d'abord des gastronomes, Grimod de La Reynière puis Brillat-Savarin (1826), qui en chantèrent les louanges. Ce dernier s'enthousiasme : « pour les poulardes, la préférence appartient à celles de Bresse, qu'on appelle poulardes fines et qui sont rondes comme une pomme ». Le grand public fut quant à lui gagné au cours de la seconde moitié du XIXe siècle. À cette époque, la production se diversifie, la Bresse élevait désormais des poulets, des dindes, des oies et des canards. Depuis cette époque, un mode de présentation unique est appliqué au chapon et à la poularde ; on les présente « roulés », c'est-à-dire emmaillotés dans une toile qui, une fois ôtée, leur laisse la forme d'un cylindre.

D'autres produits fondent la réputation de ce pays de bonne chère. Cette contrée historiquement pauvre a paradoxalement donné naissance à une cuisine riche. Ainsi, le beurre de Bresse tire son origine de la place éminente qu'occupaient les laitages dans les rations paysannes. On employait le lait dans des soupes à l'orge ou aux pommes de terre ; au début du XIXe siècle on consommait les gaudes liquides avec du beurre et du lait. Beurre et crème de Bresse sont devenus des produits d'excellence. La merveilleuse recette de poulet à la crème n'est rien d'autre que la rencontre de ce que ce terroir fait de mieux. Le boudin bressan doit quant à lui son onctuosité sans pareille à la crème qu'on y incorpore : un véritable délice.

1/ Pays de Bresse, Saint-Trivier-de-Courtes, ferme traditionnelle de la région. 2/ Le splendide monastère royal de Brou, à Bourg-en-Bresse (début XVIe siècle). 3/ Cuisson à la broche de volailles bressanes. 4/ Le Bresse Bleu ou Bleu de Bresse a été créé en 1952. 5/ Louhans, élevage de poulets de Bresse AOC. 6/ Louhans, scène de marché.

Produits

CION

Le cion est une tarte composée d'une garniture au fromage blanc comprenant : semoule de blé dur (apport non systématique), lait, fromage blanc égoutté, sucre, maïzena, œufs, sel, le tout sur une pâte brisée. Il présente une surface brun doré et un intérieur jaune pâle. Moelleux, il a naturellement un goût de fromage blanc cuit.
Le cion est une spécialité de la Bresse louhannaise, appelée aussi tarte au quemeau (quemeau signifiant « fromage blanc » dans le patois bressan). Une préparation voisine mais salée, le fra, se retrouve également dans le sud de l'Yonne. Ces spécialités appartiennent à la famille des « flans au fromage » très populaires en Bourgogne et parmi lesquelles la flamusse de Beaune est peut-être le plus connu. En 1891, un texte affirme que les flamusses sont proches des flamiches flamandes et que ce type de pâtisserie se trouvait en Bourgogne dès le XVe siècle. Cependant, à la différence de cette flamusse (« pâtisserie commune, plate et circulaire, dans laquelle il entre du fromage blanc et de la courge »), on n'incorpore ni fruit ni légume dans le cion.

CIVIER BRESSAN

Dans la famille des fromages de tête, le civier bressan se caractérise par un pourcentage plus important de viande. La gelée, ferme et parfumée, enrobe viande et gras coupés en morceaux très fins et non identifiables. La composition varie d'un boucher-charcutier à l'autre : tête du porc (comprenant ou non les oreilles), pieds, jambonneaux, crosse de jambon, un ou deux paquets de couennes, carotte, poireau, assaisonnement, laurier, thym, persil.
Si l'on en croit l'étymologie, le civier bressan (comme d'autres civets) devait comporter à l'origine des cives (ciboules) en quantité... Ce n'est toutefois pas le cas de nos jours et aucune source ne nous permet de vérifier s'il comportait initialement cet ingrédient. Cives ou non, ce mets faisait partie pendant longtemps du « repas de cochon » qui avait lieu une fois par an dans de nombreuses fermes de la Bresse. On tuait le cochon et l'on conviait membres de la famille, voisins, proches et amis. Le menu était, paraît-il, immuable et se composait surtout des abats de l'animal dont, en premier lieu, la tête transformée en civier.

GALETTE BRESSANE

La galette bressane, pâte à pain enrichie avec des œufs, du beurre et du sucre, ressemble beaucoup au gâteau de ménage de Franche-Comté. Cette galette était autrefois – et elle le reste ! – le dessert obligé des fêtes de village ou « vogues » dans toute la Bresse, louhannaise comme bressane.
Si la galette bressane se retrouve presque partout dans le département de l'Ain, une variante assez originale est associée depuis le début du siècle à Pérouges. Certes, nous sommes ici dans la Dombes mais la tradition veut que vers 1910 une certaine Mme Thibaut à l'Hostellerie du Vieux Pérouges en modifia la recette pour obtenir une galette plus caramélisée et surtout beaucoup plus mince que la galette habituelle. En 1925, Curnonsky et Rouff la signalent sur les menus du repas donné à l'Hostellerie le soir du réveillon de Noël, fête pour laquelle « le Tout-Lyon passe la nuit à Pérouges ». Jusque dans les années 1950, cette

version de la galette était une spécialité de l'Hostellerie mais, depuis, d'autres restaurants et pâtisseries de Pérouges l'ont adoptée, transformant cette petite commune de quelque 600 habitants en un lieu de pèlerinage pour tous les amateurs de galettes.

Recette

GÂTEAUX DE FOIES DE VOLAILLE *Pour 6 personnes*

Niveau de difficulté : **

Temps de réalisation : 1 h 45

300 g de foies de volaille de Bresse
700 g de lait
1 gousse d'ail écrasée
50 g de farine
3 œufs entiers
3 jaunes d'œufs
80 g de crème fraîche liquide
fines herbes hachées (estragon, ciboulette, cerfeuil)
sel, poivre du moulin

Pour l'émulsion de tomates
300 g de tomates
1 gousse d'ail hachée
1 dl d'huile d'olive
50 g de beurre
sel, poivre du moulin

Préparation et cuisson

Préchauffer le four 210 °C (th. 7).
Préparer l'émulsion de tomates : laver et couper les tomates en deux. Les mettre dans un plat allant au four. Ajouter un peu d'huile d'olive, parsemer d'ail, saler et poivrer. Enfourner et laisser cuire 15 à 20 min. Passer les tomates au mixeur et ensuite au chinois. Récupérer le jus ainsi obtenu, y incorporer le beurre en noisettes.
Broyer les foies de volaille au mixeur, les passer au tamis. Faire bouillir le lait avec la gousse d'ail, puis laisser refroidir. Ajouter la farine, les œufs entiers, les jaunes d'œufs, la crème fraîche et enfin le lait. Saler, poivrer.
Beurrer des moules individuels et les remplir avec la préparation ainsi obtenue. Les disposer sur une plaque creuse allant au four remplie d'eau à mi-hauteur, recouvrir d'un papier sulfurisé. Faire cuire environ 1 h dans un four à 160 °C (th. 5-6).

Présentation

Démouler sur une assiette et napper avec l'émulsion de tomates (réchauffée au bain-marie non bouillant si nécessaire). Décorer en parsemant de fines herbes.

1

2

4

3

5

6

CHAPITRE 18

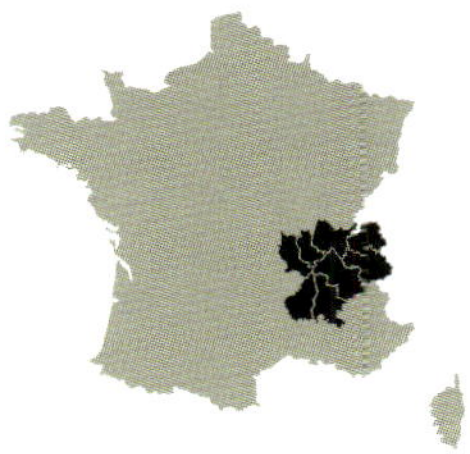

Rhône-Alpes

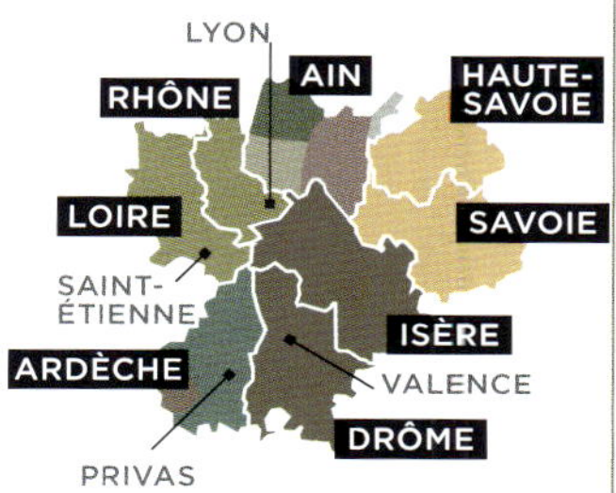

La vaste région Rhône-Alpes réunit d'anciennes provinces bien distinctes. La majeure partie de la Bresse, le Bugey, la Dombes relevaient de la Bourgogne durant l'Ancien Régime. Le Lyonnais comprenait les actuels départements du Rhône et de la Loire. Le Vivarais et les Cévennes (l'Ardèche) formaient la pointe nord du Languedoc. À l'est, on trouve la Savoie et une partie du Dauphiné.

Pays de Gex
Bugey
Bresse
Dombes
Lyonnais
Dauphiné
Savoie
Vivarais
Cévennes

Le patrimoine culinaire rhônalpin semble bien être le plus riche de notre pays. Nous ne revenons pas sur les merveilles bressanes. Traversons l'Ain – la rivière – et jetons un œil sur le Bugey. La densité en « bonnes choses » y est des plus élevées : sauce Nantua, roulette du Bugey, petit pâté chaud de Belley, ramequin du Bugey, tomme de Belley, marc du Bugey… Continuons notre parcours, nous voici dans la Dombes, un paysage fascinant où une constellation d'étangs permet d'incroyables pêches.

Entrons ensuite dans le Lyonnais. Il est peu de villes que l'on associe aussi spontanément à la gastronomie. Et la science des cuisiniers et cuisinières lyonnais s'exerce justement sur les innombrables ressources qu'offrent les environs – proches et plus lointains – de la ville. Poursuivons en direction des Alpes, laissons provisoirement le Dauphiné pour nous arrêter en Savoie. Son exceptionnelle richesse fromagère retient l'attention mais nous verrons que cet ancien royaume a de multiples cordes à son arc.

Si d'autres espaces rhônalpins jouissent d'un moindre prestige gastronomique, ils n'en ont pas moins une véritable originalité culinaire. Avec le Forez nous posons un pied en Auvergne – comme en attestent les fourmes d'Ambert et de Montbrison –, le Vivarais, lui, fait partie de ces pays où la châtaigne règne en maître.

En dépit de la pluralité de ces milieux, beaucoup de produits se retrouvent dans l'ensemble de la région Rhône-Alpes : le fromage fort ou différentes charcuteries comme les saucissons secs et les jambons crus. Mais ces mets connaissent alors quantité de variations. Les gras doubles sont accommodés de manières très différentes selon les lieux : gras-double du Bugey, à la dauphinoise, à la voironnaise, à la lyonnaise. Derrière la « tomme de Savoie » se cachent des appellations de village (tomme de Megève), d'alpage (tomme du Revard) ou de massif (tomme du Beaufortain). C'est parfois d'un village à l'autre qu'un même produit se transforme. On se sent perpétuellement tiraillé entre le plaisir de valoriser ces petits chefs-d'œuvre et la frustration de ne pouvoir en restituer toute la gamme.

1/ Tommes de Savoie - tommes grises pour les Savoyards. 2/ Lac d'Annecy avec vue sur le massif des Bauges. 3/ Charcuteries locales dans un bouchon lyonnais, « La Meunière ». 4/ Lyon, vue depuis la basilique Notre-Dame-de-Fourvière : église Saint-Jean et place Bellecour. 5/ Un étang de la Dombes au lever du jour. 6/ Une châtaigne de la vallée de la Thines, en Ardèche.

En passant par... le Bugey

Nous voici dans les terres vallonnées qui ont vu naître Jean-Anthelme Brillat-Savarin, l'auteur de La Physiologie du goût *(1826), le plus célèbre des gastronomes français. C'est son neveu, Lucien Tendret, qui, dans un ouvrage de 1892, vante les infinis trésors de cette contrée : « Aucun pays n'offre pour la table des provisions plus variées. » Et de se lancer dans une longue énumération. Selon lui, en tout domaine, son coin de France soutient la comparaison avec les terroirs les plus renommés : viandes de boucherie, jambons, saucissons, volailles, écrevisses, gibiers, champignons, vins... Pour être exact, cet éloge renvoyait à un temps que l'auteur estimait révolu - il faisait remonter cet âge d'or au milieu du XIXe siècle. Le regret du bon vieux temps se fait sentir avec une vivacité particulière lorsqu'il s'agit des plaisirs gourmands. Le verdict nous paraît bien sévère car, alors que plus d'un siècle s'est écoulé depuis que Tendret composa ces lignes, nous ne pouvons que nous émerveiller de tous les succulents produits que l'on rencontre en ce Bugey.*

Produits

ROULETTE DU BUGEY

La roulette du Bugey est une poitrine de porc roulée et cuite. Tout boucher-charcutier bugiste sait la faire ; elle se trouve très facilement, de Belley à Hauteville et de Culoz à Bourg-en-Bresse. La poitrine de porc fraîche est désossée, parée, assaisonnée avec les épices. Elle est ensuite roulée, serrée à la ficelle et plongée dans un bain de saumure durant environ 15 jours (jusqu'à 1 mois pour certains). Elle est enfin cuite dans un bouillon aromatisé. La composition de ce bouillon est très importante ; elle varie en fonction de chacun, toutefois tous les charcutiers bugistes considèrent que c'est là que réside la spécificité du produit final. La roulette se consomme en entrée, ou en casse-croûte, coupée en tranches, accompagnée d'un vin du Bugey.

TOMME DE BELLEY

La tomme de Belley est un fromage de vache à pâte molle, utilisé en frais ou affiné. En 1990, après une éclipse de vingt-cinq ans, la tomme de Belley réapparaît, portée par un petit producteur de la région. Elle se présente sous la forme d'un cylindre plat de 10 centimètres de diamètre, de 4 ou 5 centimètres de haut et pesant 200 à 220 grammes (frais). Affiné, il perd de ses dimensions et du poids. Sa croûte est sèche, de couleur blanche à beige (frais), il est couvert de moisissures bleues quand il est affiné. Fraîche, la tomme accompagne la confiture, les pommes de terre... Affinée, c'est essentiellement un fromage de plateau. En période de vendange, le fromage peut être macéré dans du marc de raisin en chambre froide pour faire la tomme au marc.
Selon des témoignages oraux, la fabrication de tomme – nom générique pour les fromages fermiers dans toute la région – remonterait dans le Bugey au moins au début du XXe siècle. Exclusivement fermière, cette production tendit à disparaître après la Seconde Guerre mondiale avec le développement du ramassage de lait par les coopératives.

En passant par... la Dombes

Mille cent étangs couvrent ici 12 000 hectares, soit plus d'un dixième de la surface de la Dombes. Ces étangs ont été créés par l'homme à partir du XIIIe siècle. Tout un mode d'exploitation collectif s'est mis en place. L'existence de ces étangs est étroitement liée à l'élevage de la carpe. L'obligation de faire maigre - plus d'une centaine de jours par an au Moyen Âge - entraînait une forte demande en poissons. Les étangs étaient pêchés au moment de la période du Carême et les carpes, qui résistent bien au transport, étaient acheminées vers Lyon. La Dombes a perpétué ce savoir-faire puisqu'elle est aujourd'hui la première région productrice de poissons d'étang en France. Outre les carpes, tanches, gardons et brochets sont pêchés dans ces eaux. Quant aux grenouilles, la consommation populaire et domestique, qui a prévalu durant des siècles, perdure. On les mange persillées. Elles figurent également sur les cartes de tous les restaurants de la province. Ces batraciens sont toutefois importés d'Europe de l'Est puisque la commercialisation de l'espèce locale est interdite.

Produits

BROCHET DE LA DOMBES

Ce poisson à la chair très appréciée a joué un rôle important dans la gastronomie locale ; aujourd'hui c'est le brocheton (brochet-portion) qui a plutôt les faveurs des connaisseurs. La quenelle au brochet, dont la recette aurait été mise au point avec des sujets pêchés dans le lac de Nantua, conserve toute sa renommée. Certes, aujourd'hui, bien peu de brochets originaires de la région entrent dans sa composition. En revanche, les brochetons que l'on peut déguster dans certains restaurants de la Dombes sont tout juste sortis de l'eau ! La recette la plus appréciée consiste à les faire simplement cuire au beurre. Les plus gros sont cuisinés au four, à la crème, ou préparés au court-bouillon et servis accompagnés d'une mayonnaise.

CARPE DE LA DOMBES

La chair de ce poisson est souvent dépréciée et qualifiée de fade, quand on ne lui accorde pas un goût de vase. Pourtant, elle est très réputée localement et mise en valeur par de nombreuses recettes. Il est nécessaire de rappeler ici que la carpe d'élevage est âgée de trois ans et pêchée l'hiver, époque à laquelle sa chair est particulièrement bonne. La carpe est traditionnellement farcie, selon des recettes qui varient beaucoup. À la mie de main trempée dans du lait, certains incorporent la laitance ou les œufs de l'animal, ajoutent ou non de l'oseille, du vert de côtes de bettes, du persil, de l'ail, des œufs frais ou durs, d'autres préfèrent une farce à base de chair à saucisse. Tout le monde s'accorde sur le bien-fondé de faire cuire la carpe longtemps, à four doux, et d'ajouter de la crème en fin de cuisson. Ce poisson peut également être simplement cuit au four au vin blanc et à la crème, découpé en darnes légèrement farinées et passées à la grande friture, ou bien encore revenu, une fois les filets levés, à la poêle. On cuisine traditionnellement les plus grosses pièces en meurette, au vin rouge.

En passant par… le Lyonnais

Depuis qu'en 1935 le célèbre gastronome Curnonsky consacra un ouvrage à Lyon « capitale mondiale de la gastronomie », la ville a régulièrement revendiqué ce titre. Christian Millau estime plus approprié de qualifier Lyon de « capitale de la gastronomie lyonnaise » ! Car cette cité a su, de génération en génération, cultiver un savoir-faire incomparable : dans ses bouchons, ses bistrots, dans ses restaurants modestes ou ses établissements huppés s'épanouit une cuisine typique. Des « mères » lyonnaises aux chefs étoilés, le flambeau de l'art culinaire a été transmis sans discontinuer.

De cette cuisine, c'est probablement la charcuterie et la triperie qui retiennent le plus souvent l'attention : rosette, sabardin, saucisson, gratton, cervelas, andouillette… Ces victuailles occupent notamment une place de choix au sein des mâchons, ces roboratives collations matinales - tradition du cru défendue par la Confrérie des francs-mâchons. Une ribambelle de légumes accompagne les plaisirs carnés proposés aux amateurs ; les uns classiques - pommes de terre (en paillasson), épinards, artichauts -, les autres plus originaux - tels la courge (autrement dit le potiron), les crosnes et, surtout, le cardon. Mais s'il est un produit qui constitue un véritable marqueur de la cuisine locale, c'est bien l'oignon. Une préparation « à la lyonnaise » suppose la présence d'oignons finement hachés et fondus au beurre.

Un ouvrage entier serait nécessaire pour présenter tous les ambassadeurs de cette prestigieuse gastronomie, de la cervelle de canut au gratin de macaronis, de la gratinée lyonnaise aux matefaims - sans même parler du vin. C'est peut-être dans le sucré que la ville se montre la plus timide, on me permettra cependant d'avouer un faible pour les tartes aux pralines que l'on trouve dans toutes les boulangeries lyonnaises.

Enfin, il serait injuste de ne pas rendre hommage au Forez sans qui les tables de la grande cité voisine ne seraient pas ce qu'elles sont. On estime d'ailleurs que le Forez a fourni l'oignon à la cuisine lyonnaise ; il lui a en tout cas fourni ses poissons (carpes et brochets principalement). Ne réduisons toutefois pas cette terre au simple rôle d'avitailleur, les spécialités du Forez sont aussi à apprécier sur place, comme l'andouille de Charlieu ou le boudin d'herbes.

Produits

QUENELLE

On trouve une grande variété dans les composants et les techniques de fabrication des quenelles. Le seul critère précisé dans le *Code des usages de la charcuterie* est la teneur minimale en maigre de chair (qu'il s'agisse de brochet, de volaille ou de veau) : 13 %. Des critères existent cependant pour faire état d'une qualité supérieure liée à l'utilisation du beurre, de la crème ou à un pourcentage de chair de 20 % au minimum.

Les quenelles de poularde citées en 1750 dans un *Dictionnaire des alimens* s'apparentent sans doute plutôt à un plat de grande cuisine qu'à une spécialité régionale. Le premier auteur faisant le rapprochement entre la région et les quenelles semble être le cuisinier Joseph Favre qui, vers 1890, dans son *Dictionnaire universel de cuisine*, mentionne une recette pour des quenelles de poisson à la lyonnaise. Elles se distinguent de toutes les autres par la juxtaposition, à parts égales, d'éléments « maigre » (le brochet) et « gras » (la graisse de bœuf). À la fin du XIXe siècle, il existait une véritable industrie de la quenelle dans la Dombes et à Bourg-en-Bresse. Cette industrie se diffusa progressivement

dans un espace plus étendu encore. Les liens entre la région et les quenelles se sont ainsi consolidés au point que ces dernières sont devenues l'un des fleurons de la gastronomie rhônalpine. Elles peuvent être revenues à la poêle dans du beurre, entrer dans la composition de certaines garnitures (vol-au-vent, sauce d'accompagnement du gâteau de foies de volaille lyonnais) mais elles sont le plus souvent préparées au four. Disposées dans un plat, elles sont recouvertes d'une sauce Nantua, béchamel ou aurore, dans laquelle elles gonflent.

COUSSIN DE LYON

Il a été mis au point en 1962 par la maison Voisin afin d'apporter une spécialité à la ville et de relancer la consommation de chocolat en dehors des fêtes de fin d'année.
L'histoire de cette confiserie vint ensuite : elle repose sur une légende selon laquelle en 1643 les échevins lyonnais auraient combattu une épidémie en se rendant en procession sur la colline de Fourvière afin de déposer un cierge et un écu d'or sur un coussin de soie. C'est ce coussin qui aurait inspiré la forme du produit ainsi que son boîtage.
Le coussin de Lyon se compose d'une ganache au chocolat, sucre et liqueur de curaçao, enrobée de pâte d'amande verte aromatisée à la liqueur de curaçao et candie.

CERVELAS TRUFFÉ ET PISTACHÉ

Saucisson à cuire, à ne pas confondre avec le cervelas de couleur rouge à farce très fine. Il est composé de poitrine et d'échine de porc ou de maigre de porc mêlé de morceaux de truffes et de pistaches vertes. Porto, madère, cognac ou banyuls entre dans la composition du produit ainsi que sel, poivre et aromates.
En 1782, une certaine « dame Giraut, chaircuitier de Lyon » met une petite annonce dans le journal *Affiches, annonces et avis divers* pour prévenir les Parisiens qu'elle « vient d'ouvrir une boutique à Paris, passage des Petits-Pères » où elle vend, entre autres, du « cervelas à la lyonnaise, de différents poids ». « À la lyonnaise » car, à la même époque, les habitants de la capitale pouvaient également se procurer des cervelas d'Avignon, de Sées, de Troyes, de Metz… et de Paris.
Contrairement au cervelas « ordinaire », vendu cuit, le cervelas de Lyon pouvait s'acheter cru et était un saucisson pur porc. Sa popularité était grande à la fin du XIXe siècle à Lyon et n'a guère diminué depuis. Avec ou sans l'adjonction de truffes ou de pistaches, on le consomme en entrée ou en plat, tout au long de l'année. Dans sa version « luxe », truffée, il est consommé à l'occasion des fêtes de fin d'année et parfois durant a période pascale.

ARÔME DE LYON

C'est un fromage produit dans la région de Lyon, séché et macéré soit dans du vin blanc, soit avec des gènes, c'est-à-dire les résidus de raisin pressés pour donner le vin. Les arômes se fabriquent toute l'année mais la demande est beaucoup plus forte en hiver. Il se présente sous la forme d'un petit disque plat à bords arrondis. La couleur des arômes est d'un beige

non uniforme, plus ou moins foncé. La pâte est claire, assez moelleuse. Les arômes aux gènes sont présentés avec quelques gènes parsemés sur le dessus.
L'usage de couvrir les fromages avec les résidus du pressurage du vin s'explique d'abord par la volonté de conserver ceux-ci, ce qui n'avait rien de simple autrefois. Entre autres moyens (macération à l'huile d'olive ou à l'eau-de-vie, enveloppement dans une feuille de serpentaire), l'agronome vivarais Olivier de Serres recommandait, en 1600, de « frotter [les fromages] avec de la lie molle de bon vin ». Si l'on n'a pas de témoignage précis sur les arômes de Lyon, au moins peut-on remarquer que, dans le Forez voisin, on enfouissait les fromages dans un récipient empli de gène frais.

BOUDIN D'HERBES

Boudin à base de légumes et d'herbes. Les légumes représentent un pourcentage important de la composition de ce boudin, jusqu'à 70 %. La préparation comprend généralement des choux, du vert de poireau, des épinards, de la ciboule ou de la ciboulette, du persil, du cerfeuil, du céleri. La quantité de sang est, somme toute, très faible, il sert seulement à rougir les herbes et joue le rôle de liant.
Ce type de boudin appartient à une tradition qui, selon toute vraisemblance, se pratiquait un peu partout en France aux XVIe et XVIIe siècles. Autrefois considéré comme un mets très ordinaire, il était rarement fabriqué par les charcutiers. Depuis les années 1960, le nord du Forez et plus particulièrement la ville de Boën ont fait de ce boudin la spécialité locale.

Recettes

POULET AU VINAIGRE *Pour 4 personnes*

Niveau de difficulté : **

Temps de réalisation : 45 min

1 poulet coupé en morceaux
75 g de beurre
15 cl de vinaigre de vin vieux
5 cl de vin blanc
1 cuil. à café de farine
sel, poivre du moulin

De formule très lyonnaise car on le trouve aussi bien en cuisine bourgeoise qu'en restauration, on ne connaît pourtant pas l'origine du poulet au vinaigre. Peut-être est-il tout simplement un descendant du poulet au verjus.

Préparation et cuisson

Dans une sauteuse, sur feu moyen, dans 30 g de beurre, faire dorer les morceaux de poulet sur toutes leurs faces. Lorsque la coloration est obtenue, jeter ce qui reste de matière grasse.
Saler et poivrer la volaille, l'arroser avec 10 cl de vinaigre et couvrir très rapidement pour éviter son évaporation. Baisser le feu et laisser cuire 25 à 30 min, selon la grosseur des morceaux.
Retirer les morceaux de poulet, les maintenir au chaud. Dans la sauteuse, verser le reste de vinaigre et le vin blanc, laisser 4 à 5 min à petite ébullition. Malaxer le reste de beurre avec la farine, l'ajouter dans la sauteuse et bien remuer à la spatule pour obtenir un épaississement et une homogénéité de la sauce. Rectifier l'assaisonnement.

Présentation

Napper simplement les morceaux de poulet avec le contenu de la sauteuse.

SALADIER LYONNAIS *Pour 4 personnes*

Niveau de difficulté : * Temps de réalisation : 30 min Temps de repos au frais : 1 h

4 pieds d'agneau, cuits et désossés (de préférence encore tièdes)
2 foies de poulet débarrassés de leur fiel
4 cuil. à soupe d'huile
2 filets de harengs blancs marinés au vinaigre
1 cuil. à soupe de vinaigre de vin
2 branches de persil plat ciselées
4 feuilles d'estragon ciselées
3 branches de cerfeuil ciselées
4 brins de ciboulette ciselés
4 œufs
sel, poivre du moulin

Une alliance de produits pour bouchons et mâchons qui est devenue une véritable institution lyonnaise ! C'est une entrée excellente, fort recherchée. Elle est constituée de clapotons, nom local des pieds de mouton, auxquels on associe des foies de poulet, des œufs durs et des filets de harengs blancs.
Il faut noter qu'autrefois les clapotons se servaient également dans une autre salade avec des melettes (animelles de bélier), mais ce plat s'est raréfié, certainement en même temps que la raréfaction du second abat lui-même.

Préparation et cuisson

Dans un saladier, couper la chair des pieds d'agneau en dés.
Couper transversalement en deux chaque foie de poulet, éliminer les vaisseaux, faire revenir chaque moitié à la poêle, sur feu moyen, dans 1 cuil. à soupe d'huile, sur ses deux faces (aller et retour car ils ne doivent pas racornir). Égoutter. Recouper chaque moitié en quatre, ajouter aux dés de pieds.
Bien égoutter les filets de harengs, les éponger, les couper une nouvelle fois en dés en éliminant toute peau qui se détacherait, joindre au reste des ingrédients, ainsi que le persil, l'estragon, le cerfeuil et la ciboulette ciselés.
Faire cuire les œufs 10 min dans l'eau bouillante salée, les refroidir sous l'eau froide.
Entreposer au réfrigérateur.

Présentation

Une heure avant le repas, sortir le saladier du réfrigérateur. Dans un bol, fouetter ensemble le reste d'huile et le vinaigre pour bien émulsionner, saler et poivrer. En arroser le contenu du plat. Bien retourner. Présenter en ajoutant les œufs durs coupés en quartiers.

En passant par… le Vivarais

J'ai repris ici le nom de la province historique bien qu'en réalité nous nous intéressions à l'ensemble de l'Ardèche, qui inclut également une portion des Cévennes. On trouve d'ailleurs davantage d'ouvrages se référant à la cuisine de l'Ardèche qu'à celle du Vivarais.
Nous pénétrons dans une de ces aires de la « civilisation de la châtaigne » que compte la France. Sans doute présente depuis des millions d'années dans cette zone, la châtaigneraie ne se développe véritablement qu'à partir du XVIe siècle et ce jusque dans la seconde moitié du XIXe siècle. Elle régressa ensuite pour de multiples raisons, avant tout du fait de l'exode rural qui vida ces campagnes. En ce début de XXIe siècle, l'Ardèche reste cependant, et de très loin, le premier département castanéicole de France. De nombreuses variétés locales y sont cultivées, même si cette diversité tend à diminuer.
La châtaigne constituait donc la base de l'alimentation paysanne. On la consommait rôtie, cuite à l'eau, séchée. On en faisait également de la farine, c'est-à-dire du pain, et de la purée. Le plat emblématique de l'Ardèche, le cousina, est une soupe à base de châtaignes. Certains usages ne concernaient cependant guère les manants, ainsi les confitures de châtaignes ou les marrons glacés. Ces derniers, qui étaient très appréciés durant l'Ancien Régime, ne se démocratiseront qu'à compter de la fin du XIXe siècle. De nos jours, on trouve de nouveaux usages à ce fruit : que ce soit des bières à la châtaigne ou des soufflés de châtaigne.

Produits

FOUGASSE AUX GRATTONS

En Ardèche, surtout dans le sud, la fougasse aux grattons est très répandue chez les boulangers, on en trouve aussi sur les marchés. Ce petit pain aux grattons (résidus de graisse ou de viande de porc rissolés à sec, de couleur dorée à brune) se présente sous plusieurs formes, en rectangle, en épi, ou en boule aplatie.
Olivier de Serres confirme que la fougasse est ardéchoise depuis au moins le XVIe siècle. En 1600, il la cite parmi les pains « délicats et friands » faits avec de la « fleur fine de farine ». La « mère-de-famille » faisait de tels pains « pour en parer sa table à la survenue des amis, pour les malades, pour les enfans, pour opportunément en faire des présens ».
En Ardèche, il y a encore quelques décennies, c'était le « pain du dimanche » ou « le pain de fête » : on partageait à table une grande fougasse aux grattons. Il était d'usage d'apporter ses grattons au boulanger ou de lui acheter une part de pâte à pain et de la lui redonner ensuite à cuire, garnie de grattons.

COPEAU

Biscuits secs, fins et torsadés, les copeaux sont produits toute l'année, mais se vendent mieux pendant les fêtes de Noël, Pâques et l'été.
Aujourd'hui, de nombreux pâtissiers de la région fabriquent des copeaux, qui se consomment comme des petits fours, au thé, à l'apéritif, au dessert, avec un champagne ou un vin pétillant. Les « Copeaux Malavieille », marque déposée, sont commercialisés autour de Saint-Péray, dans l'Ardèche et dans la Drôme.

CAILLETTE

Spécialité à base de viande de porc et de légumes mélangés, entourée de crépine, les caillettes sont des boules à peu près rondes d'une dizaine de centimètres de diamètre en moyenne, pour un poids de 250 à 350 grammes. Traditionnellement préparée lors de la tuade du porc à l'automne, la caillette se consomme aujourd'hui toute l'année chaude ou froide, généralement en entrée ou au casse-croûte. Elle est composée, en proportions variables, de viande et d'abats de porc (foie, tête de porc désossée, gorge, cœur, poumon, quelquefois des couennes), herbes (feuilles de blettes, salades frisées ou scaroles, épinards, chou, quelquefois céleri, poireau), crépine, sel, poivre, quatre-épices, éventuellement ail, alcool (vin blanc, rhum, cognac), œufs ou farine pour lier.
Ce ne sont pas tant les procédés de fabrication que les proportions des ingrédients utilisés (rapport viandes/légumes) et surtout la nature des légumes, qui sont sujets à variation. Selon la région, l'altitude, le relief ainsi que la période d'abattage du porc, les légumes que l'on trouvait au jardin n'étaient pas les mêmes. Quelquefois, selon la quantité de légumes, on ajoutait de la chair destinée à la fabrication des saucisses. Cela se pratique toujours, notamment chez de petits fabricants.

En passant par... la Savoie

Abondance, beaufort, chevrotin des Bauges, emmental de Savoie, grataron du Beaufortain, persillé de haute Tarentaisse, sérac, tamié, thollon, tome des Bauges, tomme de Savoie... Dois-je continuer ? Tomme de chèvre fermière de Savoie, chevrotin des Aravis, persillé des Aravis... Je pourrais poursuivre cette énumération sans même rendre véritablement justice à l'ampleur de ce patrimoine fromager, fidèle reflet d'une Savoie à la fois unie et divisée en vallées, en massifs et en pays dont les identités sont tout aussi affirmées. Des lignes de partage qui sont également culinaires : à la Maurienne le farci, à la Tarentaise les crozets, au Faucigny les rabolets...

On réduit cependant trop souvent la cuisine savoyarde au triptyque fromage-charcuterie-pomme de terre - la tartiflette en serait la parfaite synthèse. Certes, la charcuterie locale est opulente ; son vaste éventail de viandes séchées, de saucisses (le pormonier, les diots), de saucissons, met l'eau à la bouche. Certes, les préparations gratinées y sont délicieuses - le gratin savoyard se prépare avec du beaufort et sans crème. Certes, la raclette, originaire du haut Valais (en Suisse), et la fondue y sont très répandues. Certes... Mais cette cuisine montagnarde mérite que l'on aille voir plus loin. Elle sait accommoder les poissons qui peuplent ses lacs et ses rivières - ombles chevaliers au four, en filet, à la crème. Elle produit des vins bien plus diversifiés qu'on ne l'imagine. Elle arbore aussi un air d'Italie : en Savoie, on confectionne des ravioles probablement depuis le XVe siècle, des crozets et des taillerins depuis le XVIIe siècle au moins. Les crozets sont des pâtes carrées, à base de farine de blé tendre avec ou sans farine de sarrasin, les taillerins, une sorte de nouille composée de farine de blé tendre, de sarrasin et de semoule de blé dur. Au demeurant, pour qui voudra être précis sur les termes, l'emploi de farine de sarrasin et de blé tendre leur interdit en théorie de revendiquer l'appellation de pâte.

N'oublions pas, pour finir, que la Savoie, avec son fameux gâteau, a également doté notre gastronomie de l'un de ses plus célèbres biscuits.

Produits

FARCEMENT

Dans ce produit, le sucré et le salé sont associés. La base du plat est la pomme de terre, bien que de nombreuses variantes géographiques utilisent d'autres légumes, comme la rave ou le chou. Le farcement est un mélange dont les proportions sont les suivantes (pour celui du pays de Passy ou du Faucigny) : pour 1 kilogramme de pommes de terre, 50 grammes de saindoux, une petite cuillerée à soupe de farine, 2 œufs, crème fraîche, pruneaux, raisins secs, poitrine de porc en tranches minces, sel, noix de muscade. Son aspect, une fois prêt à consommer, est soigné : à l'extérieur, de fines tranches de poitrine tapissent la paroi, lui donnant un aspect géométrique rose et blanc ; à la coupe, pruneaux et raisins ressortent bien dans la tranche.

« Farcement, farci, farçon. Ces différents termes recouvrent ce qui pourrait être notre plat national », écrit Marie-Thérèse Hermann dans son *Dictionnaire de la cuisine de Savoie*. Ailleurs, cette même auteure suggère qu'il s'agit « d'une survivance des plats du Moyen Âge, dans lesquels le mélange du sucré et du salé était courant ». Une recette du tout début du XVIe siècle explique comment farcir un ventre (estomac) de veau avec un mélange de fromage, d'œufs, de poivre, de safran, de raisins secs, de persil, de marjolaine et « ung peu de pain gratuse » (râpé). Cette préparation correspond bien au farci de la haute Maurienne, fidèle à une tradition de fabrication vieille de plus de cinq siècles et prédécesseur du farcement actuel.

Le farcement se consomme surtout en Savoie du nord. Plat de résistance, il se mange chaud, coupé en tranches, avec éventuellement un assortiment de charcuterie.

LONGEOLE

La longeole est une saucisse fraîche, à cuire, pur porc. Elle est servie en plat principal, accompagnée de légumes (pommes de terre, choux) ou s'intègre à une potée dans laquelle elle remplace le larc. Elle se compose de maigre de porc (épaule, jambonneau et gorge dégraissée), de gras de porc (parure de jambonneau et couenne), assaisonné au carvi de Hollande (« cumin des prés ») ou au fenouil.

BRIOCHE DE SAINT-GENIX

Le saint-genix est une brioche garnie de pralines et parfumée à l'eau de fleur d'oranger, fabriquée à Saint-Genix-sur-Guiers, en Savoie, qui en a fait la renommée.
Tout commence au milieu du XIXe siècle quand Pierre Labully épouse Françoise Guillaud qui fait un gâteau brioché d'après une recette familiale et le propose aux clients de leur hôtel. Dès 1860, ses mérites sont connus dans tout le Dauphiné et le Lyonnais et, en 1867, Pierre Labully présente ses « gâteaux dits de Saint-Genix » à l'Exposition universelle de Paris.
À l'origine, le gâteau de Françoise et de Pierre était une simple brioche décorée avec quelques pralines sur le dessus mais, en 1880, François Labully, leur fils, eut l'idée de mettre des pralines à l'intérieur de la brioche aussi bien qu'à l'extérieur.
Le succès fut tel qu'une pièce entière de l'hôtel fut réservée à la vente du célèbre gâteau. Des concurrents commencèrent à l'imiter. François Labully déposa donc la marque « Gâteau Labully » pour le sien. Et si ledit gâteau n'est plus fabriqué par un Labully, le secret n'en a pas été perdu et le succès de cette brioche ne s'est jamais démenti.

BLEU DE TERMIGNON

Ce fromage est fabriqué uniquement en alpage à partir d'un mélange de caillé aigri, baigné dans du petit-lait, mélangé à du caillé frais du jour.
Les bleus de haute Maurienne font leur apparition dans les textes au début du XIXe siècle. Leur fabrication a peut-être commencé à Bessans vers 1750 et, de là, se serait diffusée à Termignon. Une chose est certaine : le bleu de Bessans, de Termignon ou du Mont-Cenis est connu à la cour de Turin au début du XIXe siècle et dans la vallée de Suse durant les décennies suivantes.
Enfin, les bleus du Mont-Cenis et de Termignon finirent par se faire connaître des gastronomes français au XXe siècle : Curnonsky les cite ainsi en 1933 sous le nom de « persillés du Mont-Cenis ».

Recettes

BISCUIT DE SAVOIE *Pour 4 personnes*

Niveau de difficulté : **

Temps de réalisation : 1 h

4 œufs
100 g de sucre en poudre
1 sachet de sucre vanillé
50 g de farine
50 g de fécule de pomme de terre
25 g de beurre
30 g de sucre cristal

C'est surtout un biscuit destiné à accompagner les crèmes, plutôt qu'un dessert par lui-même.

Préparation et cuisson

Casser les œufs en séparant les jaunes des blancs. Dans une terrine, ajouter aux jaunes le sucre en poudre et le sucre vanillé, fouetter jusqu'à ce que la préparation blanchisse et devienne lisse et crémeuse. Incorporer alors en pluie, sans cesser de fouetter, la farine puis la fécule.
Préchauffer le four à 180 °C (th. 6).
Battre les blancs en neige très ferme, les incorporer délicatement à la préparation.
Beurrer un moule à biscuit choisi assez grand car il ne doit être empli qu'aux deux tiers (le biscuit gonfle à la cuisson) et parsemer de sucre cristal.
Verser la pâte dans le moule, enfourner et laisser cuire 40 min (vérifier la cuisson en plantant à cœur la lame d'un couteau : elle doit ressortir sèche sinon poursuivre la cuisson).

Présentation

Laisser tiédir, presque refroidir, avant de démouler sur une grille.

POISSONS DES LACS AU FOUR *Pour 4 personnes*

Niveau de difficulté : *

Temps de réalisation : 25 min

2 poissons de 1 kg chacun(féra, lavaret ou omble-chevalier), parés et écaillés
1 cuil. à soupe d'huile
50 g de beurre
vin blanc sec de Savoie ou du Bugey
sel, poivre du moulin

Les lacs à poissons nobles appartiennent à la Savoie (Aiguebelle, Annecy, Le Bourget, Léman). Les espèces qui y vivent ne sont pas forcément les mêmes ; en général, elles appartiennent à la famille des salmonidés (corégones), lesquels ne sont jamais aussi bons que rôtis au four. Leur garniture peut varier mais souvent elle est à base de champignons : cèpes autour du lac du Bourget, petits champignons des prés vers Thonon.

Préparation et cuisson

Verser l'huile dans un plat allant au four. Préchauffer le four à 210 °C (th. 7).
Saler, poivrer la cavité intérieure des poissons et les poser dans le plat (si possible les placer tête-bêche). Saler et poivrer également l'extérieur, parsemer le beurre en noisettes.
Dans le plat, sans en arroser le poisson, verser du vin jusqu'à 5 mm de hauteur. Enfourner et laisser rôtir 13 à 15 min, en les arrosant à la mi-temps avec leur propre jus de cuisson.

Présentation

Sortir les poissons du plat, lever les filets, poser chacun sur une assiette chaude. En fonction de la garniture, présenter le jus de cuisson à part ou en napper chaque filet de poisson.

1

2

3

4

5

6

CHAPITRE 19

Dauphiné

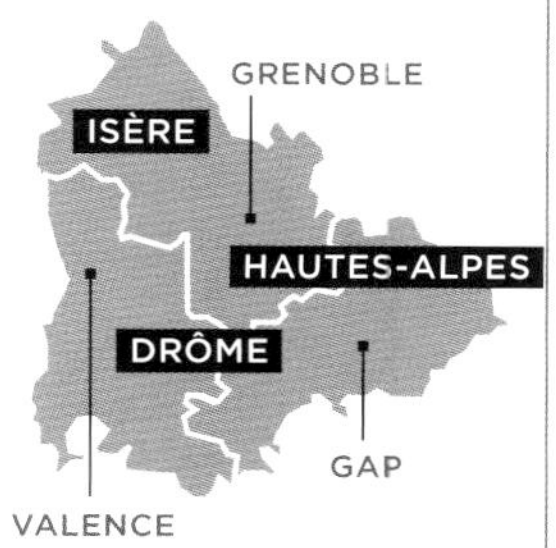

Non seulement le Dauphiné se trouve scindé depuis plus deux cents ans en trois départements (Drôme, Isère, Hautes-Alpes) mais il est également marqué par des frontières physiques fortes. La mémoire dauphinoise reste cependant vivace, en concurrence avec d'autres, au sein de ce vaste espace.

Les milieux contrastés que comprend le Dauphiné donnent naturellement naissance à des usages très différenciés – la montagne, le sillon alpin, les plaines de la vallée du Rhône, les collines des Chambaran… Ajoutons à cela l'influence des provinces contiguës, provençale au sud, lyonnaise et bressane au nord, savoyarde et piémontaise à l'est. Alors, pourquoi le Dauphiné ? Peut-être, précisément, parce que ces contrastes et ces influences donnent un résultat unique, qui n'est ni lyonnais, ni savoyard, ni provençal, mais dauphinois.
Une cuisine dauphinoise qui se révèle cependant bien difficile à caractériser.
Et si nous commencions par la noix ? Une *Histoire du Dauphiné* de 1660 signale que, dans cette province, « on voit des noyers et des châtaigniers sans nombre ». La noix de Grenoble se consomme fraîche ou séchée et s'utilise en cuisine, pâtisserie et confiserie. Plus généralement, les noix sont employées de multiples manières : gâteau aux noix de l'Isère, eau de noix, huile, vin de noix…
Nous pourrions détailler l'extraordinaire catalogue des spiritueux dauphinois – liqueur de génépi, vieille dauphine, chartreuse, china-china… Nous pourrions faire de même avec les fromages – picodon, saint-marcellin, chambarand… – et les charcuteries donneraient lieu à une troisième liste des plus copieuses – murson de La Mure, grattons, saucisse d'herbes…
Du Dauphiné qui regarde vers l'Italie (et la Savoie), nous retiendrons la raviole. Au XVIIe siècle, un auteur mentionne le terme dauphinois *raviola* – « sorte de mets composé de fromage râpé, de fromage mou, mêlés avec du persil et des œufs durs hachés », qui « se roule sur de la farine ». Du Dauphiné tourné vers le sud, nous retiendrons le nougat de Montélimar, l'un des treize desserts du Noël provençal, dont la première mention date de 1701.
Aurions-nous oublié quelque chose ?.... Eh oui, *quid* du gratin ? L'oubli était volontaire : cet arbre cache tant la forêt de la cuisine dauphinoise que nous avons mis un point d'honneur à ne pas lui accorder trop de place. Et s'il faut parler gratin, pourquoi ne pas privilégier celui d'écrevisses, que l'on qualifia dans les années 1920 de « roi des mets dauphinois » ?

1/ Montélimar, la vieille ville. 2/ Parc naturel régional du Vercors, le mont Aiguille (2086 mètres). 3/ Fabrication traditionnelle du nougat de Montélimar. 4/ Soupe d'orties au bleu de Sassenage. 5/ Élevage bovin sur le plateau de la Molière dans le parc naturel régional du Vercors. 6/ Valence, place des Clercs.

Produits

SAUCISSE D'HERBES

La production de saucisses d'« herbes » au chou s'étend à la Haute-Loire et au Puy-de-Dôme. C'est une grosse saucisse – elle peut atteindre 30 centimètres de long ! – composée à parts égales de légumes verts et de porc, commercialisée dans la Loire (au chou), la Drôme et l'Ardèche (aux salades, épinards et blettes). En principe, la saucisse aux herbes contient 50 % de légumes et 50 % de viandes (dont la moitié en gras). Par leur mélange d'abats (cœur et foie) et d'herbes, les saucisses aux herbes ressemblent à deux autres spécialités charcutières décrites dès la fin du XVIe siècle, les hattereaux et la gogue. Production fermière à l'origine, les saucisses d'herbes sont vendues crues. Elles cuisent doucement, à l'eau frémissante, entre 30 minutes et une heure. Il est nécessaire de les piquer avant la cuisson, certains fabricants recommandent d'en ouvrir une extrémité en cas d'immersion dans l'eau bouillante. Appréciées par temps froid, elles s'accompagnent volontiers de pommes de terre, qui peuvent cuire dans la même eau.

HUILE D'OLIVE DE NYONS

L'huile d'olive de Nyons a une couleur vert doré et une texture très onctueuse. C'est un pur jus de fruit, obtenu par simple pression à froid. Cette huile est faite à partir d'olives de Nyons, de la variété « tanche » exclusivement. On fabrique de l'huile d'olive à Nyons depuis au moins six siècles. Cependant, elle n'a pas toujours bénéficié de la place d'honneur qu'elle occupe aujourd'hui parmi les « huiles fines » de l'hexagone. À la fin de l'Ancien Régime, l'huile de Nyons supportait mal la comparaison avec une autre huile d'olive, de loin la plus recherchée, l'huile d'olive d'Aix. C'est seulement au XIXe siècle qu'elle commencera à être appréciée par les commentateurs.

La Confrérie des chevaliers de l'olivier a été créée en 1964 à Nyons. Elle organise deux événements chaque année. L'Alicoque, qui célèbre l'huile nouvelle à la fin de la récolte, a lieu le premier dimanche de février, et les Olivades, qui se déroulent le dimanche précédant le 14 juillet. En dégustation officielle, l'huile est versée dans un verre bleu, pour éviter que la couleur n'influence le jugement. Ce sont les absences de défaut et les arômes qui sont jugés (au nez et en bouche).

BLEU DE SASSENAGE

Pâte persillée au lait de vache, le bleu de Sassenage (localité au sud de Grenoble, au pied du Vercors) est un bleu au goût doux et onctueux, à l'arôme de noisette. Fromage de plateau, il est également intégré dans des recettes de cuisine : vercouline (raclette), fondue, soufflé, gratin... Il bénéficie d'une AOC depuis 1998. La fête du bleu du Vercors-Sassenage se déroule dans la première quinzaine du mois d'août.

Les premières mentions avérées concernant le bleu de Sassenage remontent au milieu du XVIIe siècle. À l'époque, ce fromage se confectionnait en mélangeant les laits de brebis, de vache et de chèvre. Il acquérait ainsi un goût plus fin. Dès le début du XIXe siècle, Sassenage est devenu un village célèbre pour son « fromage gras de haut goût et de forte odeur ». Mais le sassenage reste à la fin du siècle un produit fermier, élaboré par « les ménagères », et c'est bien ce qui faillit entraîner sa disparition si la coopérative de Villard de Lans ne s'y était intéressée à partir des années 1930. Ainsi reprit la production de sassenage, cette fois à l'échelle industrielle. Une production fermière a redémarré depuis près de vingt ans.

TOURTE MUROISE

Charcuterie pâtissière à base de viandes de veau et de porc chez les bouchers-charcutiers et uniquement de viande de porc chez les charcutiers, cette spécialité comprend deux éléments distincts : la garniture faite de viande marinée et la pâte en forme de tourte dont le chapeau peut être en pâte feuilletée. La pâte est soit levée, de type brioche charcutière, soit brisée, soit feuilletée, selon les charcutiers. La garniture se compose de : porc et/ou veau, champignons, olives vertes, oignons émincés, thym, laurier, épices, vin blanc, madère. Au début du XXe siècle, La Mure est notamment célébrée pour son pâté de pigeon. La tourte muroise, confectionnée avec du veau et du porc, voire avec du porc seul, pourrait-elle en être une version « économique » ? Même si la tradition orale fait remonter la fabrication domestique de cette tourte à la fin du XIXe siècle, c'est seulement depuis les années 1950 que les charcutiers (et les bouchers) la proposent à la vente.

Recettes

DAUBE DE BŒUF À LA DAUPHINOISE *Pour 8 personnes*

Niveau de difficulté : *** Temps de réalisation : 7 h Temps de marinade : 12 h

2 kg de viande de bœuf choisie dans un morceau à braiser moelleux (macreuse, jumeau)
1,5 kg de carottes
200 g d'oignons
500 g de tomates
150 g de lard de poitrine maigre demi-sel blanchi
1 cuil. à soupe d'huile d'olive
400 g de couennes fraîches
1 orange non traitée
1 pincée de sucre en poudre
sel, poivre du moulin

Pour la marinade
2 branches de persil plat
4 gousses d'ail
2 brins de thym
150 g de lard gras de bardière pesé (sans couenne)
2 cuil. à soupe d'huile d'olive
2 bouteilles de vin rouge tannique
1/2 cuil. à café de poivre concassé

La daube de bœuf tient une grande place parmi les plats rustiques familiaux. À Vienne, on la prépare toujours dans les familles au moment de Pâques, en lui associant des volailles, pour nourrir les nombreux invités. L'agneau pascal n'a pas pris sa place mais il est à supposer qu'on ne recherche plus pour l'accompagner du vin de Saint-Prim, près de Condrieu. Et le plat que l'on appelle « grillade marinière » n'est rien d'autre qu'une estouffade de bœuf et d'oignons de Valence.

Préparation et cuisson

La veille : la marinade

Hacher finement 1 branche de persil ; peler et piler en pommade 2 gousses d'ail.
Le bœuf doit être lardé, c'est-à-dire piqué de lardons gras (on peut demander au boucher de le faire). Pour le larder soi-même, réunir dans une soucoupe 1 brin de thym émietté, le persil haché et l'ail pilé en pommade. Rouler dedans les lardons avant de les introduire dans la viande. Lier le reste des aromates en bouquet.
Couper la pièce de viande lardée en cubes d'environ 5 cm. Les mettre dans une terrine assez profonde, les arroser avec l'huile et le vin, ajouter tous les aromates (le reste de la soucoupe éventuellement), le bouquet garni et le poivre concassé.
Entreposer au réfrigérateur pendant au moins 12 h, en retournant une ou deux fois.

Le jour même

Peler et émincer finement les carottes ; peler et couper les oignons en petits morceaux ; peler, égrener et couper en dés les tomates. Les réserver.
Couper le lard maigre en dés de 1 cm. Dans une cocotte, sur feu doux, le faire fondre dans l'huile.
Sortir les cubes de viande de leur marinade, les éponger, les faire revenir dans la cocotte sur

toutes leurs faces, en augmentant le feu à moyen, les retirer avec l'écumoire, ainsi que les lardons, vider la matière grasse.
Tapisser le fond de la cocotte avec les couennes, posées sur leur côté gras. Remettre sur le feu. Ajouter les carottes, les oignons, les tomates, un zeste d'orange de 10 à 15 cm de long. Couvrir, laisser étuver 15 min.
Pendant ce temps, passer la marinade au chinois fin dans une casserole, la porter à ébullition. Préchauffer le four à 150 °C (th. 5).
Ajouter dans la cocotte la viande, les lardons et le jus qu'ils ont rendu. Verser le vin chaud sur le contenu de la cocotte, saler, couvrir la cocotte, enfourner et laisser cuire lentement pendant 6 h.

Présentation

Retirer le bouquet et le zeste d'orange. Verser le contenu de la cocotte dans un plat creux chaud. Servir avec des pommes de terre vapeur.

POGNE *Pour 4 personnes*

Niveau de difficulté : ***
Temps de réalisation : 1 h 30
Temps de repos : 12 h la veille + 7 h 30 le jour même

500 g de farine
20 g de levure de boulanger (ou de levure biologique)
10 g de sel
100 g de sucre en poudre
1 ou 2 cuil. à soupe d'eau de fleur d'oranger
6 œufs
300 g de beurre ramolli

Pour le façonnage
farine
huile

Il était courant dans les provinces autrefois, lorsque le pain se préparait maison, de prélever une poignée de pâte (*pougna* ou *pugna* en patois) que l'on enrichissait pour en confectionner un dessert. Certains y voient l'origine du nom de « pogne ». Cette recette est de Romans mais sa réputation a dépassé les frontières du Dauphiné. Aujourd'hui on ne prépare plus le pain soi-même mais on confectionne toujours la pogne à partir d'une pâte levée.

Préparation et cuisson

La veille
Dans un récipient, dissoudre la levure dans 7 ou 8 cl d'eau tiède salée et additionnée de 20 g de sucre. Incorporer 100 g de farine. Couvrir le récipient avec un linge humide et laisser reposer pendant la nuit.

Le jour même
Dans une terrine, mélanger le reste de farine et le reste de sucre, creuser en fontaine. Peu à peu, incorporer l'eau de fleur d'oranger, les œufs entiers un à un, puis le levain de la veille, en battant bien la pâte pour qu'elle prenne du corps. Incorporer encore le beurre.
Façonner en boule, couvrir la terrine avec un linge humide, laisser reposer 2 h. Avec les mains farinées, retravailler la pâte pour la faire retomber. Reformer en boule, laisser à nouveau reposer 4 à 5 h dans un récipient couvert d'un linge humide.
Toujours avec les mains farinées, prélever le quart de la pâte, la façonner en couronne,

la poser sur une plaque à pâtisserie légèrement huilée, en laissant de la place pour une deuxième couronne. Remettre le torchon humide sur ce qui reste de pâte, laisser lever les couronnes 20 à 30 min, à l'air libre.
Pendant ce temps, préchauffer le four à 210 °C (th. 7). Lorsque les couronnes sont prêtes, avec la lame d'un couteau trempée dans de l'eau froide, pratiquer des entailles à leur surface. Enfourner et laisser cuire 30 min (vérifier la cuisson avec la lame d'un couteau plantée à cœur, elle doit ressortir sèche). Hors du four, démouler sur une grille.
Préparer de la même façon deux autres couronnes avec la pâte restante.

Présentation
Laisser refroidir. Ne pas oublier que la pogne est bonne avec les desserts mais aussi au petit déjeuner.

1

2

4

5

6

CHAPITRE 20

Provence-Alpes-Côte d'azur

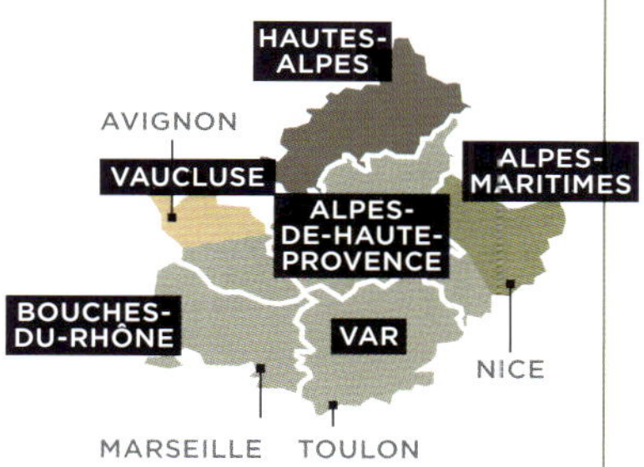

Outre le Sud du Dauphiné, cette région comprend des territoires historiquement distincts mais dont la réunion ne heurte en aucune manière l'observateur. Le comté de Nice a intégré définitivement la France en 1860, un peu moins d'un siècle après le comtat Venaissin et Avignon (1791). La Provence fut quant à elle rattachée au domaine royal dès 1487.

Dauphiné · *Comtat Vénaissin* · *Provence* · *Comté de Nice*

Ouvrons la bible locale : *La Cuisinière provençale* de Jean-Baptiste Reboul, publiée pour la première fois en 1897 et qui a connu près de trente rééditions depuis cette date. Dans la section « Plats provençaux », que découvre-t-on ? La bouillabaisse ou ses déclinaisons ouvre le bal, suivie de l'aigo-sau, la bourride, la soupe de poissons à la marseillaise, l'oursinade, la soupe aux moules, la soupe aux crabes, l'anchoïade, les allumettes aux anchois...
Sur vingt-quatre « plats provençaux » retenus, seuls trois ne comportent pas de poissons. Et encore, l'un est la bouillabaisse borgne – nous la croiserons en Camargue –, le second est l'aïoli et le troisième une bouillabaisse aux poissons d'eau douce. Parmi les produits de la mer que privilégient ces préparations, on retrouve, sans surprise, mulets, loups, morues, crabes, anchois, rascasses, baudroies, daurades...
Une préparation « à la provençale » comporte toujours huile d'olive, tomate et ail. Si l'huile d'olive est fabriquée en Provence depuis la plus haute Antiquité, c'est au XVIIIe siècle que la réputation de différents terroirs s'est affirmée. L'huile d'Aix fut la première à être particulièrement louée, bientôt rejointe par celles de Grasse, Nice, Draguignan... La tomate, de son côté, ne pénètre que tardivement en Provence, à la fin du XVIIIe siècle. Il ne lui fallut pourtant que quelques décennies pour être incorporée aux recettes de sa terre d'adoption, au point d'en devenir l'une des composantes essentielles. Lorsqu'il s'agit de la Provence, on aurait au fond tendance à composer une longue liste de légumes et de fruits que l'on se représente, sans craindre le cliché, comme « gorgés de soleil » : aubergines, poivrons, melons, abricots, amandes, pistaches, jujubes, coings, figues... On n'omettra pas les indispensables herbes et aromates – le basilic en premier lieu.
D'autres produits sont systématiquement associés à ces domaines méridionaux : tapenade, fougasses, boissons anisées... Les gourmandises sucrées ne manquent pas non plus, le nougat, blanc et noir, étant la plus réputée. L'arrière-pays, qu'il convient de ne pas oublier, ajoute aux fromages de chèvre et de brebis du littoral quelques spécialités au lait de vache.

1/ Préparation des fruits confits d'Apt – la réputation d'Apt en ce domaine remonte au moins au XVIIe siècle. 2/ Valensole, récolte des fleurs de lavande. 3/ Jour de marché à Ramatuelle, olives et huiles d'olive. 4/ Marseille, le Vieux-Port et le fort Saint-Jean à l'aube. 5/ La montagne Sainte-Victoire, immortalisée par Cézanne. 6/ Vieux Nice, cours Saleya, préparation de la socca.

Produits

PIEDS ET PAQUETS

Ces ballots de 50 à 100 grammes environ sont composés de pieds et de tripes de mouton, de lard, d'ail, de persil, de poivre, de vin blanc et de sel. Ils sont consommés cuits et chauds, lors de repas festifs. Dès le XVe siècle, des pieds de mouton figuraient, avec des pieds de veau, au dîner offert par les chanoines de Saint-Trophime d'Arles pour les funérailles d'un des leurs. Au fil des siècles, ils apparaissent comme des plats de consommation courante mais il faut attendre le début des années 1880 et le *Manuel complet de la cuisinière provençale* de Marius Morard pour trouver une première recette des pieds et paquets. Il est cependant clair qu'il ne s'agit nullement d'une nouveauté. Dès l'entre-deux-guerres, explique alors un auteur, les pieds et paquets marseillais sont « presque aussi renommés que la bouillabaisse, encore plus répandus, car on les trouve partout en conserves ».

POUTARGUE DE MARTIGUES

Ce mets de luxe, constitué d'œufs de muge salés et séchés, est une spécialité de Martigues ; il est parfois présenté comme le caviar de la Méditerranée. Ce sont de minuscules œufs de couleur miel ambré qui durcissent et brunissent au fil des mois. En Provence, on consomme la poutargue au moment des fêtes et dans les grandes occasions. On la présente, à l'apéritif et en hors-d'œuvre, coupée en tranches fines. Autrefois, on la savourait accompagnée d'anchois. Devenue rare, on la préfère aujourd'hui nature pour en apprécier toute la saveur. L'origine exacte et la date de son introduction en Provence sont sujettes à débat. Quoi qu'il en soit, aucun document ne la mentionne dans la région avant le XVIe siècle, période à partir de laquelle tout le monde se met à en parler. Rabelais l'a déjà fait figurer dans *Gargantua* et dans *Le Quart Livre*. C'est à partir du XVIIIe siècle qu'un lien privilégié entre la poutargue et Martigues commence à apparaître. Elle est alors décrite comme une « espèce de condiment que les pêcheurs de Martigues fournissent depuis longtemps à la consommation ». Ils en gardent aussi beaucoup pour leur table. Une source de 1886 révèle en effet que la « charcuterie ou boutargue » accompagne non seulement le pain (et le café au lait sucré !) du matin, mais encore celui de midi avec un peu de fromage et quelques olives après une copieuse soupe de poissons ! Aujourd'hui, loin de participer comme jadis à « l'ordinaire » des pêcheurs, la poutargue est devenue un produit d'exception.

NAVETTE DE SAINT-VICTOR

La navette du Four des navettes, fabriquée à côté de l'abbaye de Saint-Victor, est un biscuit dur en forme de bâtonnet entaillé sur sa longueur, et parfumé à la fleur d'oranger. Sa composition est un secret bien gardé. La recette publiée dans *La Cuisinière provençale* de Jean-Baptiste Reboul préconise d'utiliser 750 grammes de farine, 375 grammes de sucre en poudre, 65 grammes de beurre, du sel, le zeste d'un citron, trois œufs et 1 décilitre d'eau. C'est un produit à forte connotation religieuse, associé à la Chandeleur. Une fournée de Saint-Victor est ainsi bénie par l'archevêque le 2 février et la vierge noire de l'abbaye, vénérée sous le nom de Notre-Dame-de-Confession, entre dans la boutique du Four des navettes le 12 février. Beaucoup de gens n'achètent des navettes qu'à cette période, elles sont alors gardées en signe de prospérité durant l'année. Ainsi, pendant la Chandeleur, 7 000 à 8 000 navettes de Saint-Victor sont fabriquées quotidiennement.

PETITS POISSONS DE ROCHE

On appelle ainsi les poissons de petite taille (8 à 20 centimètres environ) vivant en eaux côtières, aux formes diverses et aux couleurs dominantes brunâtre et verdâtre, ponctuées de taches très vives bleues, jaunes, rouges et vertes. Les espèces les plus courantes sont la girelle ou donzelle, la girelle-paon, le labre varié ou la coquette, le rouquié, le merle, le roucaou, les jeunes grondins et rascasses... Ils sont à la base de la soupe de poissons et du bouillon de la bouillabaisse. Les plus recherchés sont les petites rascasses, les girelles, les petits grondins et les petits sars.

Pour préparer la soupe, il faut quatre sortes de poissons frais. Particularité de la soupe provençale, le bouillon et les poissons, une fois cuits, sont passés dans une étamine pour en exprimer tout le suc, mais en aucun cas la chair n'est broyée.

Il est rare de trouver une référence aux petits poissons de roche dans les documents anciens ; pourtant, en 1790, Jourdan Le Cointe dans sa *Cuisine de santé* donne une recette intitulée « Matelote du Poissonnier » où il en signale l'usage par les pêcheurs provençaux dans ce qui est l'ancêtre de la bouillabaisse. Au XIXe siècle, quand les recettes de bouillabaisses vont être couchées noir sur blanc, les poissons de roche seront naturellement mentionnés avec précision.

CALISSON D'AIX

Mélange de pâte d'amande et de melon confit, spécialité d'Aix-en-Provence, le calisson est une pâte moelleuse composée de 40 % d'amandes, de 60 % de melons confits hachés, de sirop, de papier hostie, de glace royale et d'eau de fleur d'oranger. Il existe des variantes de composition et d'aromatisation.

On a proposé au terme « calisson » de nombreuses étymologies, toutes plus fantaisistes les unes que les autres. Certains l'ont rattaché à la liturgie commémorative de la fin de la peste de 1630, où l'officiant chantait, en levant le calice, « *Venite ad calicem* », que les Aixois auraient traduit par « *Venès touï i calissoum* » (« Venez tous aux calissons »). D'autres mentionnent une légende selon laquelle Jeanne de Laval, s'étant vu offrir pour son mariage avec le roi René (1476) la précieuse confiserie, se serait mise à sourire ; l'un des convives, étonné, aurait alors dit : « *Di Calin Soun* » (« Ce sont des câlins »). En réalité, un *calisone* fait d'amandes et de farine est mentionné à Padoue dès le XIIe siècle. Au milieu du XVe siècle, le célèbre cuisinier Maestro Martino donne une recette de confiserie dénommée *caliscioni* – cependant différente de celle de nos bonbons aixois.

Quoi qu'il en soit, le calisson d'Aix jouit déjà au début du XIXe siècle d'une grande renommée et cinquante ans plus tard, on recensait une douzaine de fabricants de calissons à Aix.

Recette

ESQUINADO À LA TOULONNAISE *Pour 4 personnes*

Niveau de difficulté : ***

Temps de réalisation : 1 h 15

4 tourteaux moyens (de préférence femelles[1])
1 gros oignon pelé, coupé en quatre
6 gousses d'ail
2 pousses de fenouil frais
2 cuil. à soupe de câpres au vinaigre
1 cuil. à soupe de moutarde
6 œufs (2 crus et 4 durs)
huile d'olive (selon le besoin)
1 citron (jus)
3 branches de persil plat hachées
gros sel
sel, poivre du moulin

L'esquinado, c'est le gros crabe, le tourteau. Dans cette recette, il se sert froid.

Préparation et cuisson

Préparer un court-bouillon : dans une marmite, verser 4 l d'eau, ajouter 60 g de gros sel, les quartiers d'oignon, 2 gousses d'ail non pelées mais débarrassées de leur fine pellicule extérieure et le fenouil. Porter à petite ébullition pendant 20 min. Augmenter le feu à vif, ajouter les crabes[2], les laisser cuire 10 min, les égoutter[3].
Détacher les pattes et les pinces de chaque crustacé. Lever la languette repliée sous l'abdomen, détacher le coffre de la carapace avec la main, mettre de côté carapaces et pattes. Éliminer la poche de gravier et les branchies, récupérer selon la saison soit le corail (au printemps), soit les œufs (en fin d'été), les mettre dans un saladier.
Récupérer toute la chair du corps enfermée dans les cartilages, ainsi que celle des pinces concassées, l'émietter entre les doigts dans le saladier.
Peler, dégermer et couper en morceaux le reste d'ail. Dans un mortier, le piler avec 1 pincée de gros sel. Lorsqu'il est en pommade, continuer à piler en ajoutant les câpres égouttées. Incorporer la moutarde et 2 jaunes d'œufs crus, monter à l'huile pour obtenir une sauce à consistance d'aïoli. Ajouter du jus de citron à volonté, rectifier le sel, poivrer. Mélanger encore les œufs durs émiettés et le persil. Mêler au contenu du saladier.
Laver et sécher les carapaces, répartir la préparation à l'intérieur.

Présentation

Poser une carapace sur chaque assiette, disposer les pattes de chaque côté.
On peut servir avec des petites pommes de terre en robe des champs cuites à l'eau, encore chaudes.
Remarque : naguère, on mêlait souvent à la farce quelques moules ouvertes en marinière et hachées.

1. Les crabes femelles se reconnaissent principalement aux palmes velues qu'elles possèdent sous la carapace et dont le rôle est de porter les œufs à l'époque de la ponte. 2. Avant de cuire les crabes, veiller à ce qu'ils ne soient pas mutilés. S'il leur manque un membre, boucher son emplacement avec de la mie de pain fraîche triturée entre les doigts, afin d'éviter qu'ils ne se vident pendant la cuisson. 3. Pour bien égoutter un crabe, il faut, avec un couteau fort, fendre a carapace entre les yeux et le placer tête en bas.

En passant par... le comtat Venaissin

Si Avignon et le Comtat Venaissin, français depuis 1791, n'ont jamais été rattachés à la Provence, on ne peut pas en dire autant de leur cuisine. Cette gastronomie méridionale, c'est celle du littoral, la mer en moins ; les fondements sont identiques, huile d'olive, tomate, basilic, aubergines... Un cuisinier exerçant à Avignon affirmait au début des années 1990 : « Il n'y a pas de cuisine avignonnaise, ou alors c'est une cuisine de mariniers : la daube de mouton, l'alose. » L'alose à l'étouffée (et à l'oseille), le grand plat de la cité des papes, n'est plus à l'ordre du jour puisqu'il est interdit de consommer les poissons du Rhône en raison de la pollution. L'alose est en outre devenue fort rare du côté d'Avignon. Il n'en reste pas moins plusieurs spécialités caractéristiques de ce pays.

Produits

FRUITS CONFITS D'APT

Les fruits confits d'Apt, entiers, sont éventuellement recouverts d'une fine couche de sucre lors du glaçage, ce qui leur donne un aspect lisse. On les appelle alors « fruits glacés ». Le confisage consiste à remplacer l'eau des fruits, des écorces, des fleurs ou des tiges par un sirop de sucre de concentration suffisante pour en assurer la conservation. La tradition locale veut que le pape Clément VI ait nommé, dès 1343, un Aptésien, Ausias Maseta, « écuyer en confiserie » ; en 1403, le même office aurait été occupé par un autre habitant d'Apt. Il est certain que les papes d'Avignon passaient commande aux apothicaires d'un grand nombre de confitures, terme qui s'applique pendant longtemps aux fruits confits (« confitures sèches »), aux fruits laissés dans leur sirop de cuisson (« confitures liquides »), aux pâtes de fruits et aux confitures dans leur sens actuel. La réputation d'Apt, pour ces préparations, est déjà bien établie au XVIIe siècle, lorsque Mme de Sévigné décrit la ville comme un « chaudron à confitures ». Le succès des fruits confits de Provence ne se démentira jamais, puisqu'en 1931 le *Guide UNA* recense treize localités de la région où l'on peut en goûter. Ceux d'Apt restent de nos jours les plus connus.

BERLINGOT DE CARPENTRAS

Ces berlingots sont en sucre dur, translucides, colorés et rayés de blanc, de forme pyramidale. La couleur dépend du parfum : rouge pour la menthe, vert pour l'anis, jaune pour le citron, orange pour l'orange. On ignore à quelle époque les berlingots quittèrent l'échoppe de l'apothicaire pour figurer sur les étals des confiseurs, mais une tradition locale veut que ce soit en 1851 qu'un confiseur de Carpentras, Gustave Eysséric, leur ait donné leur forme actuelle. À la Belle Époque, Ardouin-Dumazet, de passage à Carpentras, présente le berlingot comme une « gloire locale ».

En passant par... le pays niçois

Réfléchissant à la façon dont il était possible de présenter la gastronomie niçoise, je comptais disserter sur une cuisine provençale matinée d'Italie et pourvue de spécialités propres. Les propos d'Austin de Croze, dans le fameux Trésor gastronomique de France, *publié avec Curnonsky en 1933, me firent hésiter : « Ici, écrivait-il, ce n'est plus du tout la cuisine provençale, mais un avant-goût, pas plus, de la cuisine italienne. Aucune confusion possible : la cuisine niçoise est vraiment originale. »*
Que la cuisine niçoise ait une personnalité bien marquée, personne ne le contestera, elle n'en reste pas moins une cuisine méditerranéenne où huile, ail et tomate tiennent leur rang. Comme en Provence, les poissons figurent dans la plupart des grandes recettes du pays. Sur ces terres cependant, la préférence va à l'anchois que l'on retrouve dans l'anchoyade, le pissalat ou la salade niçoise. Soupe, beignet ou omelette de poutine (des alevins de sardine), soupe de favouilles (petits crabes), ratatouille, soupe au pistou, stockfish (morue séchée) que l'on déguste en estoficada... Le pays niçois a des recettes bien à lui pour valoriser au mieux ce que la Méditerranée a à offrir.

Produits

PISSALADIÈRE

Il s'agit d'une tarte à l'oignon agrémentée d'une purée d'anchois, le pissalat, et d'huile d'olive. Décorée d'anchois et d'olives noires de Nice, la pissaladière était composée d'une pâte à pain mais, de nos jours, c'est parfois une pâte brisée qui la remplace. Sa zone de production dépend de celle du pissalat et se trouve principalement près des ports. Antibes reste réputée pour son pissalat et on y trouve encore aujourd'hui des boulangers qui font leur pissaladière et préconisent de la déguster comme hors-d'œuvre chaud.
Dans son *Tresor dóu felibrige*, Frédéric Mistral explique que, aussi loin que l'utilisation du *peis-sala* remonte, celui-ci se mangeait sur une « maze-galette » (ou pompe). En 1898, Apollon Caillat dans son ouvrage *150 manières d'accommoder les sardines* présente une « Tourte au Pissalat » qui se compose d'une pâte à pain garnie de filets d'anchois, « oignons émincés et quelques olives noires ». Cette « tourte » est ensuite arrosée avec « de bonne huile d'olive mélangée de pissalat » puis cuite au four. Voilà enfin notre pissaladière !
Aujourd'hui on trouve de plus en plus de pissaladière sans pissalat. Une véritable aberration...

SOCCA DE NICE

La socca de Nice semble remonter à la nuit des temps et avoir toujours été en vente sur les marchés. Il s'agit d'une crêpe de farine de pois chiches, cuite au four. Elle est souvent présentée sur de grandes plaques de cuivre. Elle est plus ou moins fine (de quelques millimètres à 1 centimètre). On la découpe en parts qui sont vendues dans des cornets en papier. Il n'y a pas de saison particulière pour en manger. Sa recette comprend de la farine de pois chiches, de l'eau, du sel et de l'huile d'olive. Le reste réside dans le secret des proportions qui en fait une préparation plus ou moins liquide.

PÂTES VERTES

Sous l'appellation « pâtes vertes », on trouve plusieurs variantes qui se distinguent d'une vallée à l'autre par des savoir-faire spécifiques. À la base, elles sont composées d'herbes et de farine. On les retrouve dans les vallées de la Roya et de l'Ubaye sous l'appellation respective de « quiques » et de « longettes aux herbes ». Leur particularité tient au fait qu'elles se présentent découpées en lamelles, alors que dans la vallée de la Vésubie, les gnocchis verts, appelés *dandeirouls*, sont moulés à la cuillère. La variante la plus spécifique reste le *merda de can* (ou « crotte de chien »), roulé à la main, à la cuillère ou simplement découpé en dés ; on le trouve surtout dans le vieux Nice.

Les pâtes vertes s'intègrent dans un mode de vie montagnard d'autoconsommation et de cueillette. Dès le début du printemps, les blettes sont remplacées par les épinards sauvages ou par d'autres plantes de cueillette. Mets complet et familial, les pâtes vertes étaient consommées comme plat quotidien mais aussi lors des fêtes votives et des grands festins d'été.

Recette

TROUCHIA *Pour 4 personnes*

Niveau de difficulté : *

Temps de réalisation : 1 h

3 bottes de bléa (nom niçois des bettes, dites blettes dans toute la Provence)
9 œufs
1 gros bouquet de cerfeuil
1 petit bouquet de persil plat haché
150 g de parmesan (sans croûte)
4 cuil. à soupe d'huile d'olive
sel, poivre du moulin

Cette préparation niçoise aux œufs, au fromage, aux fines herbes et aux herbes - ce dernier terme pris ici dans le sens de « feuilles » (en l'occurrence le feuillage vert de bléa auquel on associe parfois un peu d'épinards) - n'est pas tout à fait une omelette. Elle se cuit d'une façon particulière et peut se manger froide. La trouchia (ou troucha) se vend toute prête dans les rues commerçantes de la vieille ville.

Préparation et cuisson

Prélever les feuilles de bettes en les débarrassant des côtes et des nervures centrales (les côtes sont employées dans d'autres préparations), ne pas les blanchir car elles doivent rester crues. Les laver, les essorer, les ciseler finement dans un saladier. Leur ajouter les pluches de cerfeuil et le persil, bien mélanger.
Couper le parmesan en éclats (si possible avec un petit couteau spécial qui facilite l'opération), le mixer par impulsions successives sans tourner car il faut le réduire en miettes et non en poudre (le parmesan en poudre du commerce ne convient pas).
Préchauffer le four à 180 °C (th. 6). Choisir un plat pouvant aller aussi bien sur le feu que dans le four. Y verser 2 cuil. à soupe d'huile, la chauffer sur feu doux.
Battre les œufs en omelette dans un grand saladier, continuer à battre en incorporant peu à peu du fromage et du mélange d'herbes, en alternant. Lorsque tout est incorporé, saler en fonction du fromage et poivrer.
Monter le feu à moyen sous le plat, y verser la préparation et la battre aussitôt vigoureusement pour que le mélange reste homogène et jusqu'à ce que les œufs commencent à monter. Aussitôt, couvrir le plat de son couvercle ou d'une feuille d'aluminium et enfourner pour 20 min.
Hors du four, retirer éventuellement l'aluminium, retourner sur un autre plat. Verser le reste d'huile dans le plat de cuisson et y glisser la préparation démoulée. Remettre le couvercle ou de l'aluminium, faire cuire encore 20 min au four.

Présentation

Laisser refroidir et couper en tranches dans le plat.

Blettes
1€50

1

2

3

4

5

6

7

CHAPITRE 21

Corse

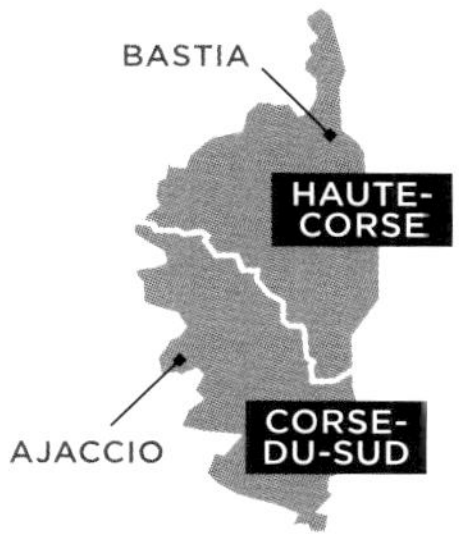

Insularité n'est pas synonyme d'unité. En Corse, nombre d'espaces sont clairement individualisés, les vallées montagneuses en particulier. Dans le domaine culinaire, ces divisions du territoire ont historiquement conduit à l'émergence d'usages et de pratiques très différenciés. Pour autant il existe aujourd'hui une véritable cuisine corse.

Relisons *Astérix en Corse*. Sur le bateau qui le ramène vers sa terre natale, Ocatarinetabellatchitchix hume avec plaisir un fromage corse tandis qu'Astérix et Obélix tournent de l'œil. Lors de son retour au village, les retrouvailles se font autour d'un repas où l'on sert un cochon sauvage. La châtaigne, peu présente sur les tables de nos héros, revient, elle, au détour d'expressions récurrentes. Fromage, cochon, châtaigne : qui n'associe pas spontanément ces trois produits à l'île de Beauté ?

En Corse, les fromages de brebis et de chèvre dominent. Celui qui, au cours des aventures de nos Gaulois, explose au contact d'une flamme, est peut-être le *casgiu merzu*, un *cuscio* que, sous la croûte, on a laissé se décomposer et que les amateurs aiment déguster avec ses asticots. Mais c'est en réalité le *brocciu*, au lait de brebis et/ou de chèvre, qui fait figure de « fromage national » : ce fromage de lactosérum (petit-lait) se consomme frais ou affiné. On l'emploie dans de très nombreuses préparations : dans des pâtisseries – la pâtisserie à base de fromage constitue l'une des grandes spécialités corses –, dans certaines farces de pâtes ou de poissons (sardines, truites), dans la sauce des langoustes *à la calvaise*. Les cochons sauvages d'Astérix seraient pour leur part les ancêtres des *porcu nustrale*, élevés en semi-liberté dans le maquis où ils se nourrissent de châtaignes et de glands. On en tire quantité de salaisons et de charcuteries. Quant aux châtaignes, elles constituaient la base de l'alimentation corse traditionnelle. On les consommait en fruits de bouche – bouillies ou grillées – ou on les réduisait en farine afin de confectionner des pains variés, des bouillies dures (*pulenda*) ou liquides (*granajola*), ainsi que des pâtisseries (*nicci*, *fritelle*, gâteaux de châtaigne, etc.).

Alors, oui, les clichés avec lesquels s'amusent Goscinny et Uderzo contiennent une large part de vérité, même si, pendant des siècles, l'alimentation des Corses a considérablement varié selon les lieux, l'environnement ou les milieux sociaux.

1/ La vallée du Niolo, élevage de cochons. 2/ La région de Castagniccia tire son nom de la châtaigne. 3/ Aux environs de Sartène, Fozzano et Santa Maria Figaniella. 4/ Un brocciu frais : sa recette aurait été transmise aux bergers corses par le roi Salomon ! 5/Moulage du brocciu. La production se limite aux périodes de lactation des chèvres et des brebis. 6/ En contrebas du col de Bavella, le torrent de Polischellu (Corse du Sud). 7/ Cap Corse, Terre Rosse, moulin à farine de châtaigne de Cagnano.

Produits

LE MYRTE ET SA LIQUEUR

Le myrte est un arbrisseau très ramifié pouvant atteindre jusqu'à 5 mètres de haut. Il porte des feuilles blanches, odorantes et des baies de couleur bleu nuit lorsqu'elles sont à maturité. On trouve ces fruits en abondance dans le maquis. En Corse, on l'utilise pour la fabrication de ratafias, de sirops, de gelées, de confitures, on l'incorpore dans des recettes, afin de parfumer des pâtés notamment. Toutefois, la fabrication de liqueur est le mode de valorisation le plus répandu du myrte.

Les témoignages dont on dispose sur les liqueurs corses avant le XIXe siècle ne font jamais mention de celle à base de myrte. À n'en pas douter, ce silence tient au fait que cette boisson était uniquement préparée dans le cadre familial. C'est depuis l'entre-deux-guerres qu'on la trouve dans le commerce.

La récolte des baies se fait en novembre-décembre. Elles sont mises à sécher avant de les laisser macérer dans l'eau-de-vie durant quarante jours. Après décantation et égouttage, on ajoute un sirop de sucre. Un filtrage précède la mise en bouteille. On laisse ensuite vieillir. Les préparations peuvent bien sûr varier de manière notable, sans même parler de l'infinité des recettes familiales.

FALCULELLA

Cette galette de petite taille est une spécialité de la ville de Corte. Elle est badigeonnée avec un jaune d'œuf à mi-cuisson, ce qui lui confère sa teinte jaune doré, plus foncée en certains endroits, et son aspect brillant. La *falculella* est composée de brocciu frais, d'œufs, de sucre et d'un zeste de citron râpé, auxquels on ajoute de la farine comme liant.
On ne connaît pas l'origine de cette pâtisserie. Par sa composition, elle est apparentée à un autre gâteau, le *fiadone*, dont on trouve diverses formes dès le Moyen Âge. La *falculella* pourrait être une version locale de cette pâtisserie. Austin de Croze en donne, en 1928, une description succincte dans son ouvrage sur *Les Plats régionaux de France*, et il ne manque pas de faire le rapprochement avec le *fiadone*. À l'époque, cependant, la *falculella* était déjà réputée et commercialisée dans les pâtisseries de la région de Corte. Il s'agit parallèlement d'une préparation simple qui se fait couramment dans le cadre familial et les livres de cuisine et de pâtisserie corses ne manquent pas d'en donner la recette.

FRAPPA

Ces beignets sont de forme et de taille variables selon les villages ou les fabricants : carrés, triangulaires, en losange, parfois en lanières nouées, en tresse, etc. De même, leur parfum varie : certains les parfument au citron, à l'anis ou au pastis, d'autres à la fleur d'oranger. Les *frappe* sont composées de farine, de sucre en poudre, d'œufs, d'eau, d'un peu de beurre ou de saindoux. Les variantes de composition concernent le nombre de jaunes d'œufs, l'ajout ou non de levure chimique, l'éventuelle suppression de la graisse.
Appelées aussi « oreillettes », elles font partie des desserts classiques des repas de fête corses. Puisqu'il s'agit de beignets, on peut supposer que la tradition est fort ancienne. On trouve en effet dans les livres de cuisine du Moyen Âge, tant français qu'italiens ou catalans, toutes sortes de beignets qui peuvent s'apparenter aux spécialités insulaires. Dans les années 1920-1930, les *frappe* étaient toujours présentes lors des repas de mariage.

CASTAGNACCIU

C'est l'un des rares produits dérivés de la châtaigne encore fabriqués sur l'île. Le *castagnacciu* est un gâteau moelleux, brun foncé à l'extérieur, brun clair à jaune à l'intérieur, cette couleur assez sombre étant due à la farine elle-même. Il est en effet composé de farine de châtaigne, de sucre, d'œufs, d'huile végétale en quantités égales et de levure chimique. Ce gâteau n'était autrefois qu'un des multiples usages de la farine de châtaigne.
On fabriquait aussi avec cette base des beignets, des flans, des pains et des galettes, sans parler des *nicci*, sortes de crêpes à la farine de châtaigne, et bien d'autres choses encore...
Traditionnellement dans les familles, le *castagnacciu* était fabriqué surtout à partir du mois de novembre, période à laquelle on disposait de farine de châtaigne fraîchement moulue.
Aujourd'hui, on peut trouver sur les marchés et foires des gâteaux à la farine de châtaigne non seulement nature ou aux pignons, mais aussi aux noix, aux noisettes, voire au chocolat !

PRISUTTU

Le *prisuttu* est un jambon cru et sec, assez proche des produits espagnol (sans détacher la couenne et le gras), portugais ou sarde. Il est facile de le distinguer des types « parme » ou « bayonne ».
À n'en pas douter, depuis des siècles, la charcuterie compte au nombre des préparations domestiques corses, notamment le *prisuttu*. On sait également qu'il existe, dès le XVIIIe siècle au moins, un artisanat salaisonnier. Ce dernier se développa au cours du siècle suivant.
Il reposait déjà sur l'élevage en liberté de la fameuse race dite « porc coureur de Corse ».
La chair ferme et savoureuse de cet animal a fait la réputation de la charcuterie de l'île.
Traditionnellement, cette pièce se consommait au-delà d'une année de sèche en cave et était liée à des occasions festives. La vente élargie a conduit les producteurs à s'adapter aux attentes de la clientèle (achat à la tranche). Les techniques de fabrication sont très simples et ne constituent pas une recette caractéristique, c'est l'originalité des porcs dont les cuisses sont issues qui distingue le *prisuttu*.

CUSCIO

Principalement fabriqué dans le sud de la Corse, c'est un fromage à pâte pressée non cuite et à croûte sèche. À base de lait de brebis et/ou de chèvre, il est de forme cylindrique, à talon droit ou légèrement concave. Sa pâte, de couleur blanche à jaune pâle, que protège une croûte épaisse, est de texture serrée et friable à la coupe après affinage.
Le *cuscio* est d'origine italienne et basé sur un type de fabrication qui remonte à l'Antiquité romaine. La dénomination « Sartenais » semble être récente, elle a certainement d'abord été employée hors de la zone de production. Pour cette raison, nous ne trouvons pas de mention ancienne de ce fromage sous le nom de « sartenais », alors que le *cuscio* est cité dans une liste des meilleurs fromages corses datant de 1839.
Utilisé à l'état frais dans des préparations culinaires, il est généralement consommé en fin de repas. C'est un fromage de garde qui peut permettre de faire la soudure d'une campagne à l'autre. Passé un certain âge, le fromage garde une croûte qui a conservé son intégrité et qui protège une pâte ayant évolué vers un état de décomposition avancée, *u casgiu merzu*, dont les amateurs parlent avec émotion.

Jean Jacques

Recette

OMELETTE AU BROCCIU FRAIS *Pour 4 personnes*

Niveau de difficulté : *

Temps de réalisation : 15 min

8 œufs extra-frais
150 g de brocciu
1 cuil. à soupe d'huile d'olive
sel, poivre du moulin

Le brocciu frais est omniprésent dans la cuisine corse. Dans l'omelette, cette « brousse » apporte beaucoup d'onctuosité. Pour la réussir, il est indispensable de prendre des œufs extra-frais, au blanc encore compact autour du jaune, qui, en cuisant, enroberont le fromage, évitant ainsi l'effondrement de l'omelette.

Préparation et cuisson

Casser les œufs dans un plat creux, les battre légèrement à la fourchette, simplement pour mêler les jaunes et les blancs. Ajouter le brocciu, saler et poivrer. Battre plus vigoureusement pour rendre la préparation homogène, en évitant de faire mousser.
Dans une poêle large, faire chauffer l'huile à feu moyen. Dès qu'elle est chaude, verser d'un seul coup le contenu du plat. Lorsque les œufs commencent à prendre sur tout le pourtour, plier l'omelette en deux, baisser légèrement le feu, laisser cuire encore 2 min, puis, avec une large palette souple, retourner l'omelette et la laisser 1 min sur l'autre face.

Présentation

Dès la cuisson terminée, glisser sur le plat de service et la couper en quatre parts.
Remarque : on ajoute fréquemment à l'omelette, en même temps que le brocciu, quelques feuilles de menthe sauvage finement hachées.

1

3

4

5

6

CHAPITRE 22

Camargue

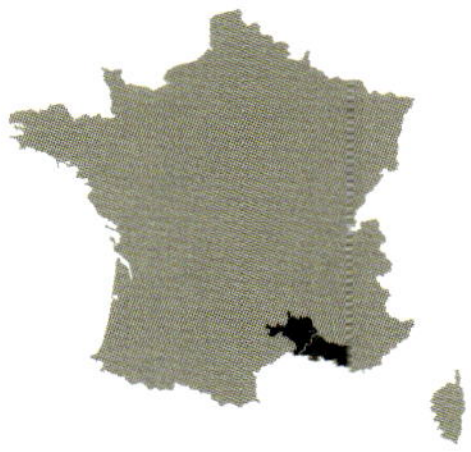

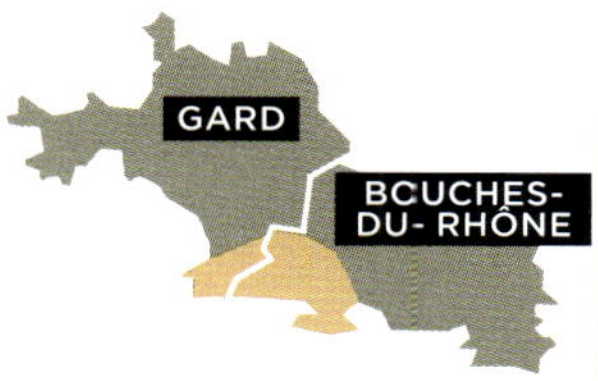

La Camargue, terre provençale, est une zone humide correspondant au delta du Rhône. Elle chevauche deux départements (Bouches-du-Rhône et Gard) et deux régions (Languedoc-Roussillon et Provence-Alpes-Côte d'Azur).

■ *Camargue*

L'évocation de la Camargue entraîne avec elle un cortège d'images paisibles où la nature semble avoir gardé nombre de droits : chevaux en liberté dans les marais, taureaux évoluant en manades. On ignore souvent – la pensée est moins charmante – que ces derniers sont aussi destinés à être mangés.

Certains produits camarguais sont associés à Arles ; ainsi la tomme, fromage à pâte molle au lait de brebis, que l'on mange fraîche ou séchée. Arles a aussi son saucisson, un saucisson sec dont on dit qu'il fut d'abord fait de viande d'âne – ce qui est invérifiable. Une chose est certaine, il était réputé dès le XVIIIe siècle et vendu dans les épiceries fines parisiennes. Sa composition actuelle, qui mêle des viandes maigres, peut en tout cas contenir de l'âne en plus du bœuf et du porc. Notons toutefois que ces produits ne sont plus élaborés à Arles même.

Dans les grandioses paysages du delta, on récolte le sel de mer depuis l'Antiquité – les Phéniciens auraient installé les premiers salins à la fin du IIe millénaire avant Jésus-Christ. On y cultive l'asperge des sables et surtout le riz, on y pêche l'anguille et la telline. Ramassé par des pêcheurs à pied (les telliniers) dans les bancs de sable, ce coquillage est une spécialité de la Camargue et du Languedoc, il se mange à l'apéritif ou en entrée, sauté à la poêle.

À cette liste fallait-il ajouter les flamants roses, autre célébrité des lieux ? Leur langue était consommée dans la Rome antique et Apicius, le célèbre gastronome, nous a laissé une étonnante recette : « Dépouillez le flamant, lavez-le, parez-le et mettez-le dans une cocotte, ajoutez de l'eau, du sel, de l'aneth et un peu de vinaigre. À mi-cuisson, liez un bouquet de poireau et de coriandre pour le faire cuire. Quand la cuisson sera presque terminée, ajoutez du *defritum* [moût de raisin cuit] pour colorer. Mettez dans un mortier du poivre, du cumin, de la coriandre, de la racine de laser, de la menthe et de la rue, triturez, mouillez de vinaigre, ajoutez des dattes caryotes et arrosez de jus de cuisson. Versez dans la même cocotte et liez à la fécule. Arrosez de sauce et servez. » Mais ce type de raffinement est passé de mode. Les flamants camarguais peuvent dormir tranquilles.

1/ Environs de Salin-de-Giraud, phare de Faraman. 2/ Les arènes d'Arles furent bâties à la fin du Ier siècle après Jésus-Christ. 3/ Les Saintes-Maries-de-la-Mer, traversée d'un marais par les taureaux. 4/ Vue aérienne du parc naturel régional de Camargue (les salins). 5/ Arles, le marché de Provence. 6/ Ces tellines dont sont friands les Camarguais.

Produits

FOUGASSE DE NOËL D'AIGUES-MORTES

Même si elle se consomme désormais toute l'année, c'est pour la période des fêtes de Noël que sa production est la plus importante. Cette brioche se distingue par sa forme carrée, par sa très forte teneur en œufs et par son goût très prononcé de fleur d'oranger. Très diverses dans leurs formes, les fougasses étaient souvent associées aux grandes fêtes, et notamment au cycle de Noël et de l'Épiphanie. Attestée à Aigues-Mortes depuis les années 1880, cette fougasse sucrée était traditionnellement offerte par les boulangers à leurs clients à l'occasion de Noël, ce qui explique son nom de « fougasse du boulanger ». Elle se consommait parallèlement à la bûche, durant la veillée de Noël, après la messe de minuit.

RIZ DE CAMARGUE

On ne peut pas parler de riziculture camarguaise *stricto sensu*, puisque la zone de production dépasse le delta du Rhône. Les cultures s'effectuent inondées. Plusieurs variétés croissent en Camargue, celles cultivées lors de l'essor des années 1950 furent d'origine italienne, notamment les riz ronds balilla ou cigalon.

Le riz était déjà connu des livres de cuisine français de la fin du Moyen Âge mais il devait être importé du Levant – c'était le riz « turc » – ou encore d'Espagne, notamment de la région de Valence. C'est sans doute cette demande qui incita à en tenter la culture en Provence au XVe siècle. Dans la première moitié du XVIe siècle, de nombreux témoignages attestent que cette culture était pratiquée dans la région qui s'étend de Grasse à Cannes. Le paludisme qui régnait dans les rizières arrêta cependant ce premier développement. La crainte et le danger étaient tels que les autorités interdirent progressivement la riziculture. Il faut attendre le XIXe siècle pour voir celle-ci reprendre dans la région mais cette fois en Camargue et le tout début du XXe siècle pour qu'une production commerciale démarre – notamment rendue possible par l'endiguement du Rhône qui permit l'apport d'eau douce. La concurrence des produits indochinois freinait toutefois considérablement le développement des rizières camarguaises : vers 1940, elles ne s'étendaient encore que sur 250 hectares.

La quasi-interruption du commerce avec les colonies durant la Seconde Guerre mondiale puis l'indépendance de l'Indochine dans les années 1950 donnèrent enfin leur chance à ces rizières : les surfaces cultivées passèrent à 2 000 hectares dès 1947, puis à 20 000 en 1951 – ce qui correspond aux superficies actuelles. Depuis 2000, le riz de Camargue bénéficie d'une IGP.

Recettes

CIVET DE LOTTE CAMARGUAISE *Pour 4 personnes*

Niveau de difficulté : *

Temps de réalisation : 1 h

1 queue de lotte (1,2 à 1,5 kg)
50 cl de vin rouge costières-de-nîmes
1 oignon émincé
1 carotte pelée et coupée en rondelles
1 brin de thym
1 brin de serpolet
2 feuilles de sauge
50 g de beurre
3 échalotes émincées
1 seiche entière avec son encre (300 g)
sel, poivre du moulin

Préparation et cuisson

Dépouiller la lotte et lever ses filets. Mettre les arêtes et la peau dans une casserole avec le vin, l'oignon, la carotte, le thym, le serpolet, la sauge, et faire cuire 20 min pour obtenir un fumet. Passer celui-ci au chinois.
Dans une sauteuse, faire fondre dans le beurre les échalotes, mouiller avec le fumet tamisé, saler et poivrer. Y faire cuire les filets de lotte environ 10 min, puis les retirer et lier la sauce avec la seiche. Faire réduire de moitié.

Remarque : on peut accompagner ce plat de croûtons grillés, de champignons de Paris rissolés au beurre et de riz de Camargue.

GARDIANE DE TAUREAU *Pour 8 personnes*

Niveau de difficulté : *

Temps de réalisation : 3 h 20

1,8 kg de paleron de taureau
5 carottes
200 g de céleri
400 g d'oignons
2 têtes d'ail
400 g de fenouil
1 bouquet garni (1 brin de thym, 1 feuille de laurier, 4 branches de persil plat)
1 l de vin blanc sec
4 cuil. à soupe d'huile d'olive
sel, poivre du moulin

Préparation et cuisson

Préchauffer le four à 100 °C (th. 3-4).
Parer et détailler la viande en cubes d'environ 4 cm de côté. Peler et tailler carottes, céleri, oignons et ail en grosse mirepoix (gros dés ou hachis grossier), avec le fenouil haché.
Faire rissoler les morceaux de viande dans l'huile, dans une cocotte allant au four. Ajouter le bouquet garni et tous les légumes. Mouiller à hauteur avec de l'eau, puis avec le vin. Saler, poivrer. Enfourner et laisser cuire 2 à 3 h à couvert.
Remarque : la gardiane est toujours servie avec un riz pilaf safrané (de préférence du riz de Camargue).

1

4

2

3

5

6

CHAPITRE 23

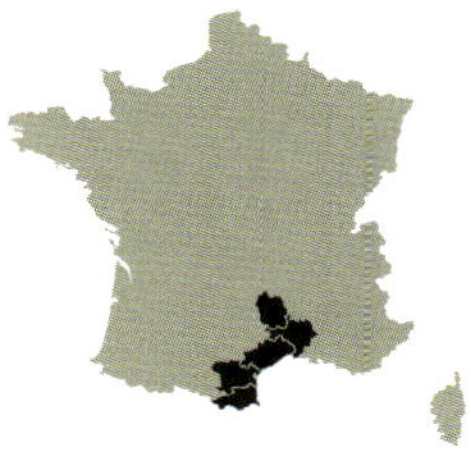

Languedoc-Roussillon

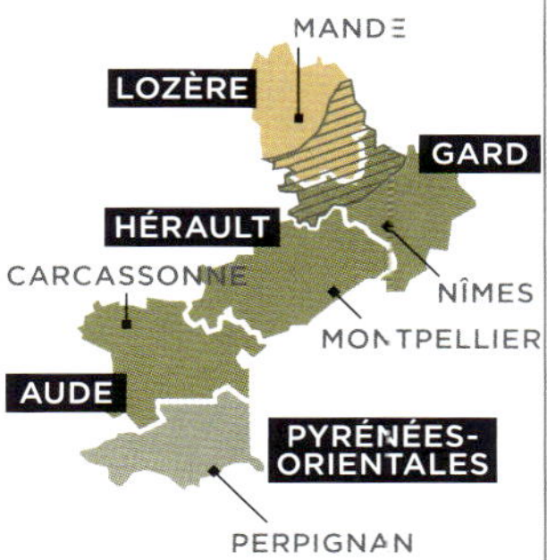

Le Languedoc-Roussillon comprend la plus grande partie du Bas-Languedoc d'Ancien Régime - le Vivarais et une partie des Cévennes lui ont été ôtés. À ces terres languedociennes qui incluent le Gévaudan s'ajoute le Roussillon, partie septentrionale de la Catalogne cédée par l'Espagne à la France en 1659.

Gévaudan
Cévennes
Bas-Languedoc
Roussillon

Une fois n'est pas coutume, nous débuterons ce chapitre en évoquant le vignoble. Non pour sa présence dans l'art culinaire languedocien mais parce qu'il fut un temps le premier vignoble du monde en superficie (500 000 hectares au milieu du XXe siècle) et qu'il a profondément marqué les paysages.

Dans ce pays méditerranéen, nous retrouvons naturellement quantité de produits communs à la Provence. La pêche y est toutefois plus active, Sète demeurant, en ce domaine, le premier port français en Méditerranée. Mais ce qui distingue surtout cette côte languedocienne de sa voisine d'outre-Camargue, ce sont ses 40 000 hectares de lagunes. Ces étangs ont été mis à profit, celui de Leucate et surtout le plus grand de la région, celui de Thau (7 500 hectares) : on y produit 12 000 tonnes d'huîtres par an, appelées communément « bouzigues », soit environ 10 % de la production française. C'est à la fin du XIXe siècle que furent conçus les procédés de culture en suspension nécessaires pour rendre l'ostréiculture possible dans cet espace où la marée fait à peine sentir ses effets. Mais c'est surtout durant l'entre-deux-guerres que l'élevage intensif s'est développé. Le bassin de Thau a aussi vu prospérer la mytiliculture à partir des années 1870, une réussite qui ne s'est jamais démentie. L'une des manières les plus originales de préparer ces moules est la « brasucade » : on les cuit alors sur un feu de bois en plein air. Quant aux moules farcies, elles constituent l'une des spécialités sétoises les plus appréciées. Mais Agde est probablement la ville la plus habile pour tirer le meilleur de ces trésors venus des mers : on y mitonne une merveilleuse bouillabaisse agrémentée de vermouth, des brochettes de moules, des escargots de mer à l'aïoli... Le regard se porte facilement vers la mer lorsqu'il s'agit du Languedoc mais celui-ci réserve bien d'autres plaisirs : brioche anisée, pastisson de Beaucaire, grisette de Montpellier, bougnette, fricandeau, saucisson des moissons, oreillettes... Mille créations destinées aux gourmets les plus difficiles. Je finirai cette brève introduction par un petit coup de cœur en me permettant de conseiller à chaque touriste en visite à Pézenas d'en goûter les petits pâtés, surprenant mélange sucré-salé... Une rareté.

1/ Le Parc national des Cévennes. 2/ Quelques abricots rouges du Roussillon. 3/ Un parc à huîtres de l'étang de Thau. 4/ Vignes à Saint Hilaire dans l'Aude. 5/ Réserve naturelle nationale du Bagnas à l'ouest de l'étang de Thau. 6/ Joute nautique languedocienne à Sète - en août, le tournoi de joutes de la Saint-Louis, à Sète, est le plus prestigieux tournoi de la discipline.

En passant par... le Bas-Languedoc

Produits

PALOURDE ET CLOVISSE

Les deux mollusques se pêchent en étang – sur celui de Thau en particulier – dans les eaux profondes d'environ 3 à 7 mètres. La palourde et la clovisse étaient consommées par les Romains. Duhamel du Monceau remarque, en 1769, qu'on prend des clovisses « à la côte & dans les étangs », notamment vers Agde, et « le long des canaux des étangs » qui se trouvent sur la côte de Narbonne. Au début du XXe siècle, ce sont encore les clovisses dont Ardouin-Dumazet remarque la « consommation énorme dans le Midi ». Les pêcheurs de l'étang de Thau utilisent alors pour les prendre des « filets en forme de poche tendus sur une sorte de râteau muni d'une longue perche et dont on se sert en traînant sur le fond » ; on reconnaît dans cette description l'arselière dont les pêcheurs languedociens font toujours usage et dont le nom dérive du terme occitan désignant la clovisse. De fait, Durand, le fameux cuisinier nîmois du début du XIXe siècle, donnait deux recettes d'« arcélis », l'une « en poulette » et l'autre « à la ménagère », confirmant l'importance de ce coquillage dans la gastronomie régionale.

PASTISSON DE BEAUCAIRE

Ce pâté est un mélange de salé pour la pâte et de sucré-salé pour la farce. La croûte est faite avec un feuilletage dit « bâtard » car beaucoup moins riche en matière grasse que le feuilletage habituel. La texture sèche de cette croûte est ramollie en bouche par le liquide de la graisse qui entre dans la farce. La farce est faite de cédrat confit, de sucre, de graisse de rognon de bœuf et d'un peu de citron vert. Le pastisson se consomme traditionnellement à Beaucaire pour le dimanche de Pâques. Aujourd'hui, sa période de consommation tend à s'allonger, durant un cycle qui s'étend des Rameaux jusqu'au week-end de Pâques, pour ralentir ensuite et cesser quinze jours après Pâques. Servi en entrée principale ou en dessert, il se consomme réchauffé, car la graisse doit être liquide et chaude pour pouvoir se mélanger au cédrat et au sucre. Sa consommation reste très locale et se maintient auprès de la population traditionnellement implantée à Beaucaire.

BRANDADE DE NÎMES

La brandade est une spécialité à base de morue ou plus précisément de merluche, merlu salé et séché à l'origine puis supplanté par la morue à partir du XVIe siècle. Elle tire son nom de *brandar* qui signifie « remuer » en patois provençal. Cette purée de chair de poisson, servie avec un soupçon d'huile d'olive et des pommes de terre à l'eau, mais aussi en croquette, est une spécialité commune à toute la région.
C'est à la fin du XVIIIe siècle que ce plat semble véritablement associé à la ville de Nîmes. Il acquiert ses lettres de noblesse grâce au cuisinier Charles Durand qui, dans un ouvrage, en établit la recette en 1830. À partir du milieu du XIXe siècle, la fabrication de la brandade devient une industrie nîmoise. Elle est commercialisée en conserve au moins depuis le début du XXe siècle.

NOUGAT DE LIMOUX

Le nougat de Limoux est un nougat mou et fondant, de couleur laiteuse, qui laisse apparaître de riches amandes entières grillées avec leur peau. Il unit parfaitement l'amande douce, dont le Languedoc est un très ancien producteur, et le miel, auxquels viennent s'ajouter du blanc d'œuf, du glucose et du sucre parfumé à la vanille. Il se consomme toute l'année avec toutefois une pointe au moment des Fécos, le célèbre carnaval de Limoux qui se déroule du 14 janvier au 24 mars.

Le Languedoc compte de nombreuses cités nougatières qui ont profité des abondantes ressources locales en amandes et en miel. Dans l'entre-deux-guerres, ce ne sont pas moins de six localités, presque toutes situées dans l'Aude, qui sont signalées comme produisant du nougat. Limoux est bien évidemment du nombre et sa réputation en la matière remonte au moins au début du XXe siècle. Aujourd'hui le marché est dominé par une seule maison, la maison Bor, tandis que les fabricants de ce nougat se font de moins en moins nombreux.

BERLINGOT DE PÉZENAS

Le berlingot de Pézenas n'a pas la forme d'un berlingot traditionnel, il est plutôt rectangulaire ou ovale et recouvert de stries colorées marquant ses parfums. Aux goûts classiques (bergamote, coquelicot, caramel au lait, lavande, violette, verveine, sève de pin) sont venus s'ajouter réglisse, menthe, anis, citron, mandarine, framboise, café, chocolat… Les fruits ne sont pas en reste, qu'ils soient du Midi ou exotiques. Huiles essentielles, arômes comme colorants, se veulent pour la plupart des produits naturels.

Une tradition locale veut que ce soit par le biais d'un marchand ambulant d'origine africaine que les Piscénois aient découvert le plaisir des berlingots à la fin de l'Ancien Régime. Logé chez un pâtissier, il aurait remercié son hôte en lui laissant le secret de fabrication de ces petits bonbons. Il semble plus vraisemblable que le berlingot de Pézenas soit le fruit d'une longue tradition de confiseurs dont le seul producteur actuel, l'entreprise Boudet, assure la pérennité.

Recettes

COUPÉTADE *Pour 4 personnes*

Niveau de difficulté : * Temps de réalisation : 45 min Temps de trempage : 1 h

6 tranches de pain rassis
70 cl de lait
1 gousse de vanille
6 œufs entiers
250 g de sucre en poudre
12 pruneaux
100 g de raisins secs

Préparation et cuisson

Faire tremper les tranches de pain rassis dans un peu de lait froid (20 cl) pendant 1 h.
Préchauffer le four à 180 °C (th. 6).
Préparer l'appareil à flan : faire bouillir le reste de lait avec la vanille coupée dans le sens de la longueur. Battre les œufs avec le sucre en poudre. Hors du feu, incorporer le lait bouilli à cet appareil.
Mettre le pain trempé dans une terrine, disposer les pruneaux sur le pain ainsi que les raisins secs. Recouvrir le tout avec l'appareil à flan. Enfourner dans un bain-marie et laisser cuire 30 min.

Présentation

Servir tiède ou froid selon le goût.

MOULES FARCIES À LA SÉTOISE *Pour 4 personnes*

Niveau de difficulté : *

Temps de réalisation : 1 h 15

24 grosses moules de Bouzigues
25 cl de Noilly Prat

Pour la farce
300 g de viande hachée (porc et veau)
3 tranches de pain trempées dans du lait
2 œufs
3 à 4 gousses d'ail hachées
1 petit bouquet de persil plat ciselé

Pour la sauce tomate
1 kg de tomates
1 cuil. à soupe d'huile d'olive
1 bouquet garni (thym, laurier, persil)
1 cuil. à soupe d'ailloli (facultatif)

Les moules farcies étaient autrefois confectionnées dans les foyers sétois, particulièrement le dimanche, à l'occasion des repas de famille. La ménagère farcissait les moules crues avant de les maintenir fermées au moyen d'une ficelle.

Préparation et cuisson

Préparer une sauce tomate : peler, épépiner et concasser les tomates ; faire chauffer l'huile d'olive dans une casserole, ajouter les tomates concassées, puis le bouquet garni. Laisser mijoter pendant 20 min en remuant de temps en temps.
Pendant ce temps, ouvrir les moules une fois bien lavées et les farcir avec le mélange de viande hachée, de pain bien essoré, d'œufs battus, d'ail et de persil.
Cuire les moules farcies 30 min dans la sauce tomate et le Noilly Prat (éventuellement, lier la sauce hors du feu avec l'ailloli).

Présentation

Servir très chaud.

En passant par… le haut pays languedocien

J'ai appelé « haut pays » cette vieille terre languedocienne de Lozère et de l'arrière-pays gardois - le Gévaudan, les Cévennes, la Margeride, les Causses. Le Massif Central rencontre ici le monde méditerranéen. Nous voici à nouveau dans un espace où règne la châtaigne. Elle est intimement liée à l'identité cévenole et à sa cuisine ; ce que nous avions pu décrire en Vivarais reste évidemment valable ici.
Surtout, ces pays forment « la » terre à fromages de la région, des fromages au lait de brebis en particulier (fédou, pérail). N'oublions pas qu'une partie de la Lozère appartient à l'aire d'appellation « Roquefort » pour ce qui regarde la production du lait. Des fromages de chèvre également, le pélardon étant le plus réputé d'entre eux - il bénéficie d'une AOC. Mais puisque le Massif central fait sentir sa présence, on ne sera pas surpris de découvrir ici deux fromages de vache de premier ordre, deux AOC, le bleu des Causses et le laguiole. Le laguiole sert évidemment dans la réalisation de l'aligot, n'oublions pas que l'Aubrac mord sur la Lozère.

Produits

CROQUANT DE MENDE

Les croquants vendus actuellement à Mende ont été créés vers 1900. Il s'agit de biscuits secs rectangulaires et de couleur dorée. Ils se composent de farine, de sucre, de matière grasse, de crème de lait, de poudre levante, de vanille, d'amandes et de noisettes entières. Ils peuvent se consommer seuls, accompagnés d'une boisson chaude ou d'un vin doux de type muscat ou grenache. Les boîtes de croquants sont aujourd'hui fréquemment offertes en cadeaux de fin d'année aux personnes étrangères à la région. Ils s'insèrent dans une grande tradition de croquants, les plus connus étant ceux de Nîmes. Ceux de Mende gardent cependant une certaine originalité car, à la différence des autres, ils sont composés d'un mélange d'amandes et de noisettes.

JAMBE ET OREILLE FARCIES SÈCHES

On utilise ici une patte évidée ou une oreille que l'on remplit d'une farce composée de filet de porc, de gras, de sel, de poivre, d'ail et de vin rouge corsé. La forme finale est celle d'un coussin contenant la farce et fermé par un ourlet cousu avec de la corde.
La jambe farcie sèche est associée à tout repas qui veut marquer la convivialité, cette préparation tend cependant à disparaître. Elle se consomme soit sèche, soit cuite, alors que l'oreille est toujours mangée cuite, au court-bouillon avec des pommes de terre ou un chou. En tout cas, et contrairement aux idées reçues, l'oreille farcie est un mets « noble », hérité des goûts et pratiques de l'Ancien Régime. Les oreilles farcies, encore fabriquées en Lozère, représentent ainsi la célébration d'un goût perdu. Si nous ne pouvons pas être aussi affirmatifs quant à la jambe farcie, autre spécialité du nord du département, il est clair qu'elle s'apparente aux « jambonnettes » de l'Ardèche et de la Haute-Loire voisines.
La commercialisation de ces spécialités, longtemps limitées à une fabrication familiale, est un phénomène assez récent… ce qui explique qu'elles aient pu échapper au regard et des chroniqueurs du passé et des gastronomes voyageurs.

PÂTÉ AU GENIÈVRE

Le pâté est présenté en bloc. De couleur rose plus ou moins prononcée, il est composé de maigre de porc, de foie et de 5 % de grains de genièvre. Le pâté au genièvre est consommé en entrée (ou en casse-croûte) avec des cornichons par exemple.
Voilà une trentaine d'années qu'on a commencé à utiliser le genièvre dans le pâté au foie de porc. Auparavant, dans les régions voisines des Causses, c'est un pâté de grives que l'on fabriquait et que l'on parfumait au genièvre. Les grives abondaient dans les Cévennes et figuraient parmi les mets recommandés par les guides gastronomiques. Depuis, la commercialisation de ce volatile a été interdite.

En passant par… le Roussillon

Si le Roussillon prolonge la côte languedocienne, son patrimoine culinaire est évidemment marqué par son identité catalane. Certes, l'expression « à la catalane », employée pour de nombreux apprêts, signale davantage une vague inspiration espagnole, autrement dit l'emploi de produits méditerranéens, qu'une réelle spécificité. Or la gastronomie du Roussillon exprime une véritable personnalité à travers un large éventail de spécialités, de recettes et de plats. On mentionnera l'escudella de Nadal, un pot-au-feu de bœuf comprenant, outre des légumes, des pâtes ou du riz, des boulettes de viande ou des œufs durs ; la bullinada, une soupe de poissons qui associe pommes de terre, piments, persillade et huile d'olive ; les boles de picolat, des boulettes de bœuf haché garnies de haricots blancs ; la monjetada, une potée de haricots cuits avec un jarret de porc. D'autres noms mériteraient de figurer ici : pinyata, saginat, trinxat cerda…
En somme, le Roussillon ne se résume pas à ses vins doux (banyuls, muscat de Rivesaltes), qui sont les ambassadeurs les plus connus de sa gastronomie. Celle-ci se distingue également par un penchant très catalan pour la charcuterie. Et nous commencerons par là.

Produits

EMBOTITS ET AUTRES CHARCUTERIES CATALANES

Qu'il s'agisse de la Catalogne ou du haut Languedoc, le porc se décline sous toutes ses formes. En pays catalan, la tradition des jambons salés et des *embotits* (une chair variée mise en boyau) comme la *botifarra* (ou boudin catalan) trouverait son origine dans les anciennes charcuteries romaines et les apports celtiques, phéniciens ou grecs. Les premières références européennes sur l'art de découper le porc et de faire des *embotits* apparaissent dans les livres de recettes catalanes de la fin du XIIIe siècle. Les manuels culinaires des XVIIIe et XIXe siècles reprennent avec plus de précision le thème du porc et toutes ses utilisations : apparaissent ainsi des recettes savoureuses comme les longanisses fraîches (saucisses d'échine et gras de porc). Dans les années 1930 et les décennies qui suivent, nombre d'auteurs gastronomiques décrivent avec précision la fête du cochon, son dépeçage, l'art de faire les *embotits*, leur cuisson dans les grands *parols* (chaudrons de cuivre), les repas de ce jour de fête, la soupe de bouillon de cuisson des boudins ou *bru-bufat* et autres agapes… Ainsi, avec les longanisses de multiples formes (boudins blancs et noirs, saucisses d'abats…), le jambon sec et le boudin catalan, nous disposons d'un véritable héritage alimentaire spécifique. Ajoutons-y le pâté de foie catalan, en terrines ou en boules entourées de crépine, au goût très marqué. Il est principalement composé de foie, de viandes maigres, de gras (ventrèche et gorge), d'œufs.

COQUES CATALANES

La coque traditionnelle consiste en une masse de pâte briochée supportant une garniture plus ou moins importante. Les coques sont de forme ovale le plus souvent, aux bords plus épais que le centre et plus dorés. Leur garniture fait qu'elles sont plus ou moins colorées : uniforme pour une *coca* de crème, bariolée pour une *coca* de légumes ou toute dorée s'il s'agit d'une *coca tancada* de type croustade. Les garnitures sont étalées sur la pâte ou à l'intérieur de la masse de pâte et elles varient selon les endroits, mais on peut les classer très sommairement en coques des régions côtières (poisson et légumes frais), coques de plaine (légumes, fruits et volailles), coques de montagne (pommes, miel, fromage, fruits secs, charcuteries, greixillons, noix...) ; sans parler des coques *llamineres* qui rythmaient les fêtes religieuses et que l'on trouve dans toute la Catalogne du Sud et du Nord et aux Baléares (coques bourrées de confiture, de cheveux d'ange, fruits confits, amandes et pignons). La consommation des *coques*, au moins à l'origine, est liée aux fêtes de famille ou populaires. Elles peuvent être salées (la *coca de recapte*, la *coca de trempó*, aux épinards à la catalane, aux bettes, etc.), ou sucrées-salées (à la soubressade et au sucre, à la soubressade et aux abricots, au boudin noir et aux poires, etc.) ou encore uniquement sucrées (à la crème catalane).

Recettes

ESTOFAT *Pour 8 à 10 personnes*

Niveau de difficulté : ** Temps de réalisation : 3 h 30 Temps de marinade : 30 min

2 kg de veau, de lièvre ou de lapin de garenne ou de bœuf (plus récent), débités en morceaux
1 l de vin rouge corsé
100 g de lard
1 gros oignon émincé
2 tomates mûres, pelées, épépinées et hachées
1 gousse d'ail entière
2 ou 3 brins de marjolaine
1 rameau de laurier
2 cuil. à soupe de vin rancio
1 dizaine de pommes de terre jaunes coupées en tranches assez épaisses
400 à 500 g de saucisse fraîche
500 à 600 g de champignons frais (de préférence des mousserons), brossés
sel, poivre du moulin

Il s'agit d'un mode de cuisson dans un récipient hermétiquement fermé, afin que tous les éléments conservent leurs sucs et s'imprègnent au maximum de leurs parfums.

Préparation et cuisson

Mettre la viande à mariner dans le vin rouge pendant 30 min. Puis la retirer de la marinade et l'essorer soigneusement.
Dans une cocotte en fonte suffisamment grande, faire chauffer le lard et y faire roussir la viande sur toutes ses faces. La retirer.
Dans ce jus, faire revenir l'oignon et les tomates, et lorsque l'oignon est blond, remettre les morceaux de viande. Saler, poivrer, ajouter l'ail, la marjolaine et le laurier. Mouiller avec le vin rancio. Fermer très hermétiquement (la cocotte doit être munie d'un couvercle permettant de mettre de l'eau), verser 25 cl d'eau sur le couvercle et laisser cuire 2 à 3 h à tout petit feu. Veiller à ce qu'il y ait toujours de l'eau sur le couvercle. À mi-cuisson, ajouter les pommes de terre, la saucisse et les champignons.
Cette préparation cuit dans le jus rendu par les différents ingrédients. Vous pouvez, en fin de cuisson, vérifier l'assaisonnement mais, surtout, veiller à ce que le feu soit toujours très doux. La cuisson est terminée lorsque la viande est tendre.

Présentation

Penser à retirer la tête d'ail et les aromates au moment de servir.

GÂTEAU ROULÉ OU BRAS DE GITAN *Pour 6 personnes*

Niveau de difficulté : **

Temps de réalisation : 40 min

Pour la crème
50 cl de lait
1 gousse de vanille
125 g de sucre en poudre
4 jaunes d'œufs
60 g de farine
20 g de beurre fin
écorces d'orange confite hachées
1 cuil. à soupe de rhum blanc

Pour le gâteau roulé
100 g de sucre en poudre (+ 25 g pour serrer les blancs, et 25 g pour le torchon)
4 œufs
125 g de farine
50 g de beurre ramolli (+ 20 g pour le moule)
1 zeste de citron râpé très fin

Pour le sirop
50 cl d'eau
60 g de sucre en poudre
3 cuil. à soupe de rhum
100 g de sucre glace

1 moule rectangulaire de 22 x 31 cm

Pas de *Festa major*, pas d'*aplec*, pas de pèlerinage, pas de *cargolada*, pas de *matança*, pas de fête du 15 août sans un *braç de gitano* ! C'est une pâtisserie très populaire confectionnée à la maison dans la majorité des cas. Chaque famille a sa recette.

Préparation et cuisson

La crème

Porter le lait à ébullition et y faire infuser la gousse de vanille fendue en deux.
Travailler sucre et jaunes d'œufs dans une terrine jusqu'à ce que le mélange blanchisse.
Ajouter la farine et mouiller progressivement avec le lait bouillant.
Cuire la crème à feu doux dans une casserole en porcelaine, en la remuant régulièrement à la spatule en bois jusqu'à ce qu'elle ait jeté quelques bouillons. La battre quelques minutes hors du feu afin qu'elle soit très lisse et légère, y ajouter le beurre, quelques écorces d'orange hachées et le rhum.

Le gâteau

Préchauffer le four à 210 °C (th. 7). Casser les œufs et séparer les blancs des jaunes.
Travailler sucre et jaunes d'œufs dans une terrine jusqu'à ce que le mélange fasse ruban.
Monter les blancs en neige très ferme et leur incorporer 25 g de sucre.
Ajouter alors, en soulevant la pâte, 1 cuil. de farine et 1 cuil. de blanc d'œuf. Travailler la pâte en la soulevant jusqu'à épuisement des denrées. Terminer par le beurre ramolli et le zeste de citron.
Beurrer largement le moule et y verser la pâte. Enfourner et laisser cuire 10 min seulement (le gâteau doit être à peine blond).
Préparer un torchon mouillé et saupoudré de sucre en poudre. L'étaler sur le plan de travail.
Réaliser le sirop en mélangeant eau, sucre et rhum.
Renverser le gâteau sur le torchon et l'asperger de sirop. Étaler toute la crème et rouler doucement. Le maintenir quelques minutes avec le torchon humide.

Présentation

Disposer le gâteau sur un plat rectangulaire, le saupoudrer largement de sucre glace.

1

2

4

3

5

6

CHAPITRE 24

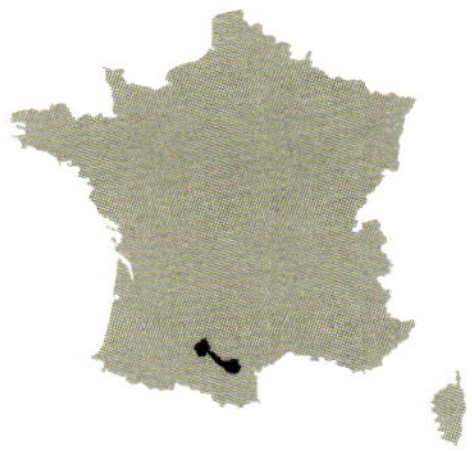

Pays du cassoulet

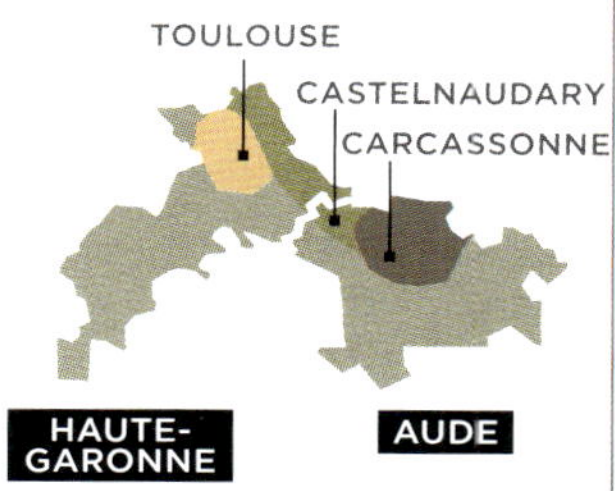

Le Lauragais est une zone de passage, une sorte de couloir entre le sud du Massif central et les Pyrénées. Il relie le pays toulousain, pays garonnais, et le monde méditerranéen qui commence vraiment avec le Carcassonnais. Le seuil du Lauragais marque la transition entre Bas- et Haut-Languedoc.

Carcassonnais *Lauragais* *Pays toulousain*

Quel est donc ce pays du cassoulet ? Quelle est cette bizarrerie ? Nous avons jusqu'ici suivi un parcours où s'articulaient les anciennes provinces historiques et les actuelles régions administratives, or voici que nous inventons une contrée étrange définie par un plat unique. Précisons toutefois que le pluriel prévaut : ce sont « les » pays du cassoulet.
Ce découpage inédit serait-il donc né d'une lâcheté ? De l'incapacité à trancher entre les trois grandes cités du cassoulet, à déterminer à laquelle accorder la paternité d'une des plus fameuses recettes de notre gastronomie ? Qui, entre Toulouse, capitale historique du Haut-Languedoc, Castelnaudary, cité du Lauragais, et Carcassonne, ville du Bas-Languedoc, doit-on reconnaître comme la patrie du vrai cassoulet ? Le grand cuisinier Prosper Montagné (1865-1948), carcassonnais, avait eu cette fameuse formule, souvent citée : « Le cassoulet est le Dieu de la cuisine occitane ; Dieu le père c'est le cassoulet de Castelnaudary, Dieu le fils celui de Carcassonne, et le Saint-Esprit celui de Toulouse. » Curnonsky, auquel nous nous référons souvent, allait, lui, jusqu'à en dénombrer quatre : celui de Castelnaudary, qui comprend du confit d'oie ou de canard, celui de Toulouse à la poitrine de mouton et où figure la célèbre saucisse locale, celui de Carcassonne, avec ses côtelettes de porc, et enfin celui de Castannau ou cassoulet de campagne, dans lequel on intègre la queue et l'oreille d'un cochon salées. Ces distinguos dissimulent évidemment mille autres débats, sur les temps de cuisson ou l'ajout de tel et tel ingrédient.
La cuisine de ces pays ne se réduit pas à ce plat mais il nous a semblé impossible de les dissocier. Car le cassoulet est au fond le signe d'une réelle unité culinaire entre ces domaines qui s'étendent du Carcassonnais au pays toulousain, dans le Haut-Languedoc. Une cuisine où, par exemple, en s'éloignant du littoral, les charcuteries se font de plus en plus présentes avant de triompher dans la Ville rose. Le cassoulet est donc le Dieu d'une cuisine occitane terrienne, où l'influence de la Méditerranée se dissipe puis disparaît.

1/ La cité médiévale de Carcassonne et ses cinquante-deux tours. 2/ Violettes de Toulouse servant à l'élaboration de fleurs cristallisées. 3/ Castelnaudary, le moulin de Cugarel qui remonterait au XVIIe siècle. 4/ Haricots du Lauragais, indispensables au cassoulet de Castelnaudary. 5/ Le canal du Midi, construit entre 1666 et 1681, ici en son point le plus haut, le Seuil de Naurouze. 6/ Carcassonne, la bastide Saint-Louis (Ville basse), le marché sur la place Carnot.

Produits

MICHELINE

Cette liqueur limpide de couleur jaune au goût sucré est à base d'extraits végétaux (coriandre, mélisse, racines et graines d'angélique, cannelle de Ceylan, noix de muscade, cardamome, girofle, genièvre...). Elle titre 35 % d'alcool en volume.

La légende veut que la création de cette liqueur remonte « au temps des Wisigoths », nous nous contenterons de constater que sa présence est attestée à partir de la fin du XIXe siècle. Le fabricant actuel de la micheline en a hérité la recette des établissements Sabatier, créés à Carcassonne en 1885. Au début du XXe siècle, on la dégustait non seulement pour le plaisir mais pour les vertus curatives qu'on lui prêtait. Depuis, la micheline a trouvé sa place parmi les digestifs de la région et entre dans bon nombre de pâtisseries et de desserts, notamment à Carcassonne.

VIOLETTE DE TOULOUSE

Confiserie emblématique de la ville de Toulouse, la violette de Toulouse est une véritable fleur ou pétale d'environ 15 millimètres cristallisée dans le sucre. Elle est consommée comme friandise ou utilisée en décoration de gâteaux, de pâtisseries et de chocolats.

Même si des recettes de « violette candie » sont publiées au XVIIe siècle, cette confiserie ne devient « typiquement » toulousaine que deux siècles plus tard. Il fallut en effet attendre 1845 pour que la production de violettes de Parme commence au nord de la ville. Au milieu des années 1870, le *Grand Dictionnaire Larousse* mentionne « des gâteaux aux fleurs de violette, d'un goût agréable » en signalant que « la plante est même cultivée en grand... dans certains pays, notamment aux environs de Paris et de Toulouse ». Enfin, en 1933, les « violettes cristallisées » sont classées comme une spécialité toulousaine par Curnonsky et Croze. Durant les années 1950, la culture des violettes sera abandonnée par de nombreux producteurs à la suite de mauvaises conditions climatiques et de maladies. En 1985, une politique de relance fut entreprise et les violettes de la région sont de nouveau largement employées pour être cristallisées.

SAUCISSE DE TOULOUSE

Saucisse maigre à gros hachage, elle se compose d'épaule et de poitrine de porc embossées sous menu de porc, de sucre, d'eau, de sel et de poivre. Elle est d'usage courant dans le cassoulet toulousain et de Castelnaudary, ou confite dans l'huile. La véritable saucisse de Toulouse ne peut être fabriquée que dans la zone géographique limitée à la Haute-Garonne, autour de Toulouse.

Les « saucisses fraîches » figurent déjà sur les étals des marchés toulousains en 1793. On les vendait alors « grosses ou petites ». Ce commerce resta vraisemblablement confiné dans la région, voire dans la ville, jusqu'au XIXe siècle mais, en 1898, la grande épicerie Olida à Paris proposait des « saucisses de Toulouse » dans son catalogue de « comestibles fins ». Dans les années 1930, Le *Trésor gastronomique de France* de Curnonsky et Croze les mentionne comme une spécialité de Toulouse. Nous en connaissons cependant plusieurs recettes au cours du XXe siècle. Une chose, reste constante : la présentation à la vente. On roule les boyaux pleins en spirale et le client en achète la longueur ou le poids désirés.

ALLÉLUIA DE CASTELNAUDARY

Ce biscuit sec se présente sous trois formes : allongée à la manière d'un éclair, la plus ancienne ; arrondie, de petite taille ; sous l'aspect d'un huit, pouvant être nappé de caramel. Son goût particulier provient du cédrat avec lequel il est parfumé. Il se compose d'œufs, de cédrat, de sel et du sucre pour le glaçage. L'alléluia se consomme traditionnellement pendant les fêtes de Pâques, à l'occasion desquelles il aurait reçu son nom.
Une légende, qui connaît plusieurs versions, veut que cette pâtisserie ait été rapportée par un soldat de Napoléon vers 1800. Hébergé par un pâtissier de Castelnaudary, il lui en aurait confié le « secret de fabrication » en guise de remerciement. Son nom lui aurait été donné en l'honneur du pape Pie VII, de passage à Castelnaudary en 1814, qui se serait écrié : « Alléluia ! » à la vue du gâteau qu'on lui offrait en signe d'allégresse. Rien de bien vérifiable évidemment mais tout bon produit se doit d'avoir sa petite histoire...

Recette

CASSOULET TOULOUSAIN *Pour 6 personnes*

Niveau de difficulté : ** Temps de réalisation : 2 h 45 Temps de trempage : 12 h

800 g de haricots blancs secs (demi-lingots)
250 g de couennes de porc
500 g d'épaule ou de collet d'agneau (ou les deux mélangés)
200 g de graisse d'oie
3 oignons
12 gousses d'ail
25 cl de bouillon de volaille
150 g de jambon cru de pays
2 carottes
300 g de longe (ou d'échine) de porc
250 g de coustelous (travers de porc)
1 bouquet garni (1 brin de thym, 1 feuille de laurier, 4 branches de persil plat)
1 pincée de noix de muscade râpée
400 g de confit d'oie ou de canard
250 g de saucisse de Toulouse
sel, poivre du moulin

Préparation et cuisson

Faire tremper les haricots de 6 à 12 h dans une terrine d'eau froide, en renouvelant l'eau plusieurs fois pour éviter les risques de fermentation. À part, faire également tremper les couennes.

Peler et émincer les oignons ; peler les gousses d'ail. Couper la viande d'agneau en morceaux. Dans une cocotte, les faire rissoler dans 50 g de graisse d'oie avec sel et poivre. Laisser presque roussir, puis ajouter 2 oignons émincés et 4 gousses d'ail pelées. Mouiller avec le bouillon et laisser mijoter 40 min sur feu doux.

Égoutter les couennes, les couper en fines lanières, les jeter dans une casserole d'eau fraîche et les faire blanchir 10 min. Pendant ce temps, couper le jambon en dés ; peler, laver et couper en rondelles les carottes. Égoutter les couennes à nouveau.

Dans un grand faitout, faire revenir la longe (ou l'échine) de porc coupée en gros cubes et les travers de porc (coustelous) coupés en petits morceaux dans 50 g de graisse d'oie avec le jambon coupé en dés, les rondelles de carottes, 1 oignon émincé, le sel et le poivre, pendant environ 10 min, en remuant souvent.

Ajouter alors les haricots soigneusement égouttés et les couennes blanchies, 8 gousses d'ail pelées, le bouquet garni et la noix de muscade. Rectifier l'assaisonnement. Mouiller largement d'eau (3 cm au-dessus du niveau des haricots). Porter à frémissement pendant 45 min en écumant souvent.

Incorporer encore le sauté d'agneau et les morceaux de confit (débarrassés de leur graisse) dans le faitout, mélanger soigneusement, couvrir et poursuivre la cuisson 30 min.

Pendant ce temps, piquer la saucisse et la faire cuire au four ou à la poêle dans 50 g de graisse d'oie jusqu'à ce qu'elle soit bien rissolée. La couper en six tronçons.

Préchauffer le four à 200 °C (th. 6-7).

Quand tout est prêt, « monter » le cassoulet : retirer les viandes et les haricots du faitout à l'écumoire et les disposer harmonieusement, par couches alternées, dans un grand plat en terre allant au four (éventuellement on peut le frotter au préalable avec 1 gousse d'ail).

Ajouter les morceaux de saucisse en les enfouissant à demi. Mouiller avec environ 2 louchées de bouillon de cuisson tamisé et parsemer du reste de graisse d'oie en petites noisettes.

Enfourner et laisser gratiner 30 min jusqu'à ce qu'il se forme une belle croûte blonde.

1

2

3

4

5

6

CHAPITRE 25

Sud-Ouest

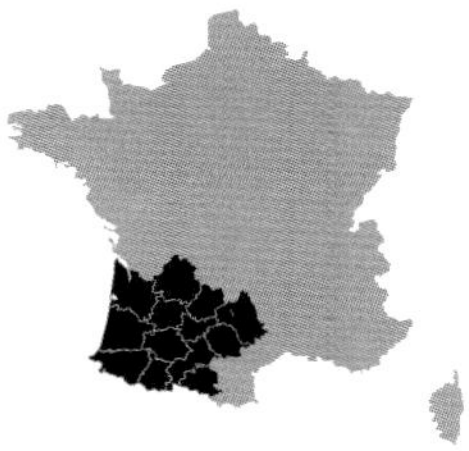

Ce Sud-Ouest réunit deux régions administratives (Midi-Pyrénées et Aquitaine) et treize départements. La Gascogne forme la plus importante des provinces historique à l'intérieur de cet espace mais, en son sein même, se détachent nombre de territoires naturels et/ou historiques : Bordelais, Landes de Gascogne, Béarn, Armagnac, Lomagne... À côté de la vaste Gascogne, existent de nombreuses entités territoriales nées de l'histoire ou correspondant à un milieu spécifique : Périgord, Quercy, Agenais, Pays basque, Albigeois, Rouergue, Aubrac...

Pourquoi réunir ici Midi-Pyrénées et Aquitaine ? Chacune aurait bien sûr toute légitimité à figurer seule dans cet ouvrage mais il nous est apparu que des traits fondamentaux unissaient la gastronomie de ces deux régions. Parler d'une « cuisine du Sud-Ouest » ne heurte au demeurant personne. Pour faire simple, nous n'avons tout simplement pas imaginé séparer les deux grands pays de la cuisine de l'oie et du canard.

Les savoir-faire qui caractérisent ces territoires se situent au croisement de deux traditions. L'une professionnelle, qui cultiva, à partir de la fin du XIXe siècle, l'art du pâté de foie gras. Toulouse mérite d'ailleurs, soulignons-le, de figurer ici ; Grimod de La Reynière ne la qualifiait-il pas de « capitale du pâté de foie gras » ? L'autre tradition est paysanne, elle s'exprime dans l'art du confit. L'élevage, l'engraissement et la transformation s'opéraient à l'origine dans les fermes. Confit, foie gras, abats, cou farci, pâté étaient d'abord destinés à la consommation familiale. Au cours des années 1960, les restaurateurs du Sud-Ouest mirent à la mode la consommation de foie de canard frais poêlé et de magrets gras grillés. L'engouement suscité par ces produits, allié à différents facteurs, amena cet éventail de succulences à sortir de la sphère domestique.

À côté de la face la plus prestigieuse de l'alimentation des hommes et des femmes du Sud-Ouest, il est une culture qui, de manière peut-être plus fondamentale encore, les rapproche : le maïs. Ces régions sont celles où, en France, cette céréale venue du Nouveau Monde s'imposa le plus précocement – dès le XVIIIe siècle dans certaines zones. Les paysans surent très vite en mesurer les avantages et elle devint la base de leur nourriture. Des bouillies et des préparations à base de maïs supplantèrent notamment celles au millet. Nombre d'entre elles sont parvenues jusqu'à nous : cruchade dans le Bordelais, l'escoton dans les Landes, la broye dans le Béarn, le pou et la rimote dans le Périgord, le millas en Albigeois. Voilà aussi pourquoi on peut bel et bien parler d'un Sud-Ouest lorsqu'il est question d'alimentation et de cuisine.

1/ Les moulins de l'Albigeois. Cette ancienne minoterie-vermicellerie abrite aujourd'hui, entre autres, le musée Lapérouse. 2/ Cabanes sur pilotis (cabanes tchanquées) sur l'île aux Oiseaux (bassin d'Arcachon). 3/ Soleil couchant sur le vignoble de Saint-Émilion. 4/ Le pruneau d'Agen est issu de la prune d'Ente. 5/ Espelette, les piments mis à sécher sur les façades font la réputation du village. 6/ Cuisson du gâteau à la broche (Arreau, vallée du Louron).

En passant par... la Gascogne

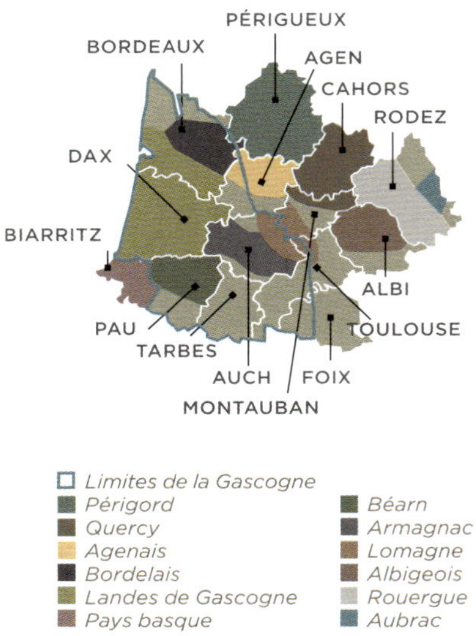

Simin Palay, chantre de son Béarn natal, écrivait en 1932 : « Si le Béarnais est sobre généralement, son péché mignon est pourtant la gourmandise ; aussi ne saurait-il se livrer à la joie complète sans l'accompagnement d'un bon repas oun y a grèche dinqu'au coude, *où il y a de la graisse jusqu'au coude. » Ce dicton pourrait s'appliquer avec bonheur à l'ensemble de la Gascogne, qui va des Landes au Gers, en passant par le Béarn. Au demeurant, des volailles que l'on engraisse, les Gascons savent tirer bien d'autres choses que du foie gras et du confit : magrets - que l'on consomme désormais surtout grillés -, cuisses, manchons, gésiers, cœur, rognons... Tout est bon dans le canard (pour qui sait y faire). Et outre les oies ou les canards, ce sont aussi des dindonneaux et poulets que l'on élève dans ces contrées ; l'omniprésent maïs confère d'ailleurs leur chair jaune à ces volailles. Les cochonnailles ne sont toutefois pas négligées, comme en attestent l'andouille et le boudin du Béarn, le boudin galabar ou le goût des locaux pour la ventrèche... À l'intérieur de cette Gascogne, chaque terroir marque sa différence. En Béarn, le chou est roi et si les plats « typiques » ne manquent pas (ouillat, cousinette, pastis, poule au pot...), nous retiendrons la garbure, cette soupe de légumes au jambon et au confit, comme la grande recette du cru. Dans les Landes, on cultive les asperges, le piment doux et on confectionne le pastis, un gâteau en pâte levée. Une recette ? L'omelette landaise avec dés de jambon, hachis d'ail et persil. En Lomagne, c'est l'ail qui fait office d'étendard culinaire - un tiers de l'ail consommé en France provient d'ailleurs de cette région.*

Produits

MADELEINE DE DAX

La madeleine de Dax est une grosse madeleine fraîche parfumée d'un mélange secret d'arômes à goût de citron. Selon une tradition familiale, c'est de Commercy même qu'Antonin Cazelle rapporta, lors de son service militaire, la recette des madeleines. Dès 1906, sa famille, à Dax, se mit à en fabriquer et à en vendre dans l'épicerie familiale au milieu des pruneaux et des foies gras. En 1933, ces friandises, devenues « Madeleines de Dax », méritaient une place dans le *Trésor gastronomique de France* de Curnonsky et Croze.

CRESPET

Le crespet est un gros beignet creux en pâte à choux, d'aspect craquelé, de couleur dorée, saupoudré de sucre, parfumé de fleur d'oranger, de zeste d'orange ou de citron, et de rhum.

On le consomme, notamment dans les Landes, au moment du carnaval, du Mardi gras, de préférence chaud. Les premières « crespes » pour lesquelles nous avons une recette sont celles « à la guise [à la façon] de Tournay » décrites au XIVe siècle dans *Le Ménagier de Paris*, beignets ronds et plats coulés en spirale à travers un entonnoir. Au tout début du XVIIe siècle, les « crepez » ou « crepets » apparaissent également comme des beignets. Dans la région, on le retrouve dans la liste des recettes de pâtisseries proposées par *Le Cuisinier gascon* à Dax en 1896 et dans *Le Cuisinier landais* qui date de la même époque.

BOUDIN GALABAR

Gros boudin pouvant être séché trois à quatre semaines pour augmenter sa conservation, le boudin galabar est typique du Sud-Ouest. Il est en effet fabriqué dans de nombreux départements, au-delà même de la Gascogne historique : en Ariège, dans les Hautes-Pyrénées, dans le Tarn et l'Aveyron. Il s'agit d'un chaudin de porc rempli d'une farce à base de sang et de viande de tête, de gras dur, parfois relevé d'épices ou de piments. Il est de couleur noire. Dans certaines variantes on incorpore des oignons, notamment dans le Ségala aveyronnais. Certains galabars contiennent une langue de porc entière ! Il peut être consommé cru mais également frit ou cuit à la poêle. Quand il est séché il peut être réchauffé dans la soupe. La tradition du boudin galabar n'est pas facile à établir. On note ainsi l'absence de ce boudin dans *Le Trésor gastronomique de France* ou le *Guide UNA*, ce qui peut faire douter de l'existence même de telles spécialités dans l'entre-deux-guerres. Ce silence des auteurs peut toutefois s'expliquer par leur méconnaissance des appellations locales à moins qu'ils aient délibérément écarté cette spécialité en raison de son manque d'importance commerciale.

ARMAGNAC

Qui ne connaît l'armagnac ne connaît pas cette région, et plus précisément le Gers. Produit d'une vigne et d'un vin orientés spécifiquement vers la distillation, cette eau-de-vie doit obligatoirement passer une partie de son élaboration au contact du bois de chêne dont on fait le tonneau. Ensuite, elle est déclinée en diverses catégories, du plus jeune en âge au plus vieux. Enfin, l'armagnac sert de base au floc de Gascogne, autre boisson de type ratafia très courant en France, mais qui est ici reconnu à travers une AOC.
Des documents du XVe siècle attestent la présence d'alambics dans la région mais c'est seulement à partir du XVIIe siècle que la production d'eau-de-vie connut un réel essor sous l'impulsion des Hollandais. Ces derniers recherchaient des alcools susceptibles de renforcer les vins doux dont ils étaient friands et qui trouvèrent ici des conditions favorables. Différentes innovations favorisèrent l'accroissement de la production, elle doubla notamment durant les trois premiers quarts du XIXe siècle, plaçant le Gers en tête des départements viticoles. La crise du phylloxéra fit ensuite presque entièrement disparaître les plants de picpoul et les volumes produits au milieu du XIXe siècle ne furent plus jamais atteints. La volonté de préserver la qualité de l'armagnac se manifesta toutefois rapidement à travers le décret de 1909 qui en délimita les différents crus. Elle s'est maintenue jusqu'à nos jours.

ANDOUILLE BÉARNAISE

Cette andouille de couleur gris à brun clair, dont l'intérieur est légèrement plus rosé, avec un effet d'anneaux, n'est confectionnée qu'avec l'estomac du porc, souvent fortement assaisonné d'ail et de poivre – les boyaux sont utilisés uniquement comme contenant. Voilà pourquoi, dans la tradition du pèle-porc familial, il ne peut y avoir qu'une andouille par cochon... C'est dire si cette « mirifique et pantagruélique andouille », comme l'appelle Curnonsky, est unique !

Recettes

GARBURE BÉARNAISE *Pour 6 personnes*

Niveau de difficulté : **

Temps de réalisation : 2 h 30

200 g de jambon de pays (Bayonne), en un seul morceau
1 kg de haricots blancs frais
500 g de petits pois frais
500 g de fèves (de préférence fraîches)
800 g de pommes de terre
200 g de carottes
200 g de poireaux
100 g de navets
1 gros oignon
1 bouquet garni (thym, laurier, persil plat, petite branche de céleri)
1 piment rouge séché (de préférence d'Espelette)
1 chou vert pommé
500 g de confit (oie, porc ou canard) et la graisse qui l'enrobe
2 gousses d'ail écrasées
1 morceau de pain de campagne (pain bis) légèrement rassis
sel, poivre du moulin

Soupe de légumes au jambon et au confit plus que roborative – on prétend que pour être vraiment réussie, elle doit être assez épaisse pour que la cuillère y tienne debout toute seule –, la garbure se mijotait autrefois exclusivement dans l'âtre, dans une marmite spéciale en terre vernissée baptisée « toupin ». Souvent, les Béarnaises « flambaient » la garbure, c'est-à-dire qu'elles étalaient une couche de graisse de confit à la surface de la soupe et y mettaient le feu. Ensuite, elles posaient des braises chaudes sur le couvercle du récipient et laissaient cuire pendant plusieurs heures, ce qui donnait une sorte de croûte. Même non flambée, une bonne garbure devait « faire des yeux », car avoir de la graisse en abondance était un signe de prospérité. Aussi, les ménagères qui faisaient une garbure claire, en n'y mettant la graisse qu'avec une « alène de cordonnier », étaient-elles piètrement considérées !

La composition des légumes peut varier sensiblement selon les saisons, mais il y entre toujours du chou et des haricots. Au pays, on utilise de préférence des choux cavaliers hauts sur tiges, appelés « caulets » ou choux noirs, ou, à défaut, du chou vert pommé, et des haricots frais, si possible tarbais, qu'on sème en bordure des champs de maïs afin que les tiges soutenant les épis servent de tuteurs naturels aux rames de haricots. Enfin, le jambon est presque toujours un peu rance, afin de parfumer la soupe ou, mieux encore, on lui préfère l'os du jambon terminé (*lou trebuc*), qui communique à la garbure une saveur très particulière, très estimée des habitants, mais qui rebute parfois l'estivant.

La garbure se mange en deux services : d'abord le bouillon et les légumes, sur des tranches de pain bis, puis on « rince » l'assiette en faisant « goudale », c'est-à-dire en y versant une bonne rasade de vin rouge de pays quand il n'y reste plus que quelques cuillerées de bouillon ; après cela, on peut passer à la viande !

Préparation et cuisson

Écosser les haricots et les petits pois, dérober les fèves. Peler, laver et couper les pommes de terre, les carottes, les poireaux, les navets et l'oignon en gros dés. Mettre tous ces légumes dans une marmite avec 3,5 l d'eau froide, le morceau de jambon, le bouquet garni et le piment équeuté et égrené. Porter à frémissement en écumant, couvrir et laisser cuire 1 h. Pendant ce temps, éplucher le chou en retirant le trognon et les grosses côtes. Le couper en quartiers, le laver soigneusement et le couper de nouveau en fines lanières. Les introduire dans la marmite, poursuivre la cuisson 30 min (éventuellement, les faire blanchir au préalable). Ajouter enfin le morceau de confit avec sa graisse et les gousses d'ail écrasées. Saler (en fonction du confit), poivrer. Terminer la cuisson pendant 30 min.

Présentation

Pour servir, couper le pain en fines tranches, les ranger au fond de la soupière, les recouvrir d'un peu de bouillon et les laisser s'imbiber. Retirer le bouquet garni de la marmite. Sortir également le confit pour le présenter à part, découpé et disposé sur un plat. Au moment de servir, verser les légumes et le bouillon dans une soupière chaude.

Remarque : l'usage de « tremper » la soupe avec du pain se perd de plus en plus, même dans les campagnes. On peut aussi utiliser des haricots blancs secs : en compter alors 500 g seulement, les faire tremper 12 h au moins, puis les faire blanchir pendant 30 min avant de les introduire dans la garbure.

RIS DE VEAU À LA LANDAISE *Pour 8 personnes*

Niveau de difficulté : ** Temps de réalisation : 1 h Temps de repos au frais : 12 h

8 ris de veau entiers d'environ 200 g chacun (généralement une paume de ris de veau par personne, en fonction de leur forme et de leur grosseur)
10 cl de vinaigre de vin
1 kg de champignons de Paris
120 g de beurre
1 citron (jus)
40 g de farine
20 cl de vin blanc sec
4 échalotes
3 petites carottes
1 ou 2 morceaux de sucre
3 à 4 cuil. à soupe de madère
20 cl de crème fraîche épaisse
sel, poivre blanc du moulin

C'est l'entrée des beaux dimanches, à condition de ne pas être trop nombreux (les repas festifs comptent souvent plus de vingt personnes dans les Landes). On l'appelle couramment « sauce de ris de veau ».

Préparation et cuisson

La veille
Faire dégorger les ris de veau pendant 2 à 3 h à l'eau froide légèrement vinaigrée, puis les égoutter, les plonger dans une casserole d'eau bouillante et les faire blanchir 2 à 3 min.
Égoutter, bien rafraîchir et parer les ris de veau en éliminant le gras, les filaments sanguins, les parties cartilagineuses et les petites peaux recroquevillées (mais pas la peau du dessus comme on le fait généralement, sinon les ris s'émiettent à la cuisson). Les envelopper ensuite à plat dans un torchon et les garder au réfrigérateur sous un poids jusqu'au lendemain, pour leur donner la forme d'escalopes et en briser les fibres, ce qui évite la rétractation des ris à la cuisson.

Le jour même
Éplucher les champignons, les couper en quatre s'ils sont gros et les faire revenir dans une casserole avec 50 g de beurre et le jus de citron.
À part, dans une autre casserole, préparer un roux blond en délayant 40 g de beurre avec la farine. Faire mousser légèrement, puis mouiller avec le vin blanc et la même quantité d'eau et faire cuire jusqu'à obtenir une consistance veloutée, sans cesser de délayer à la spatule (la sauce doit rester fluide et ne pas trop épaissir). Saler, poivrer.
Couper les escalopes de veau en tranches épaisses de la largeur d'un doigt.
Peler les échalotes et les carottes et les couper en petits dés. Les faire revenir dans une cocotte, dans le reste de beurre, puis dès qu'elles commencent à colorer, y faire blondir de tous côtés les escalopes de ris de veau.
Incorporer alors les champignons et leur jus, puis la sauce, ajouter 1 ou 2 morceaux de sucre selon l'acidité du vin, et faire mijoter le tout pendant 10 à 15 min sur feu très doux (ne pas prolonger la cuisson afin que les ris de veau ne s'émiettent pas).
Ajouter encore le madère et la crème fraîche, mélanger délicatement, rectifier l'assaisonnement et terminer la cuisson 4 à 5 min jusqu'à ce que le tout soit bien chaud.

Présentation

Verser les ris dans un plat creux bien chaud et servir immédiatement. Pour un nombre de convives important, préparer les ris de veau comme d'habitude, mais en garnir plutôt des bouchées à la reine, ce qui permet d'augmenter sensiblement le nombre de portions.

En passant par… le Rouergue

*S'il est un produit qui domine le paysage gastronomique du Rouergue, c'est bien le roquefort. On raconte que Charlemagne le tenait en grande estime. Anecdote pour le folklore mais on trouve des fromages de Roquefort dans des documents du XI*e *siècle. Un arrêté du parlement de Toulouse en 1666 posait le principe d'une amende de mille livres à l'encontre de ceux qui vendaient, en gros ou en détail, pour « "véritable Roquefort" des fromages qui n'en sont pas ». Une appellation d'origine avant la lettre en quelque sorte. Le roquefort fut d'ailleurs la première AOC fromagère de France, en 1925.*
Mais le Rouergue compte bien d'autres trésors. Dans le domaine des productions charcutières la gastronomie locale fait feu de tous bois : tripous de mouton, tripes de veau (trénels)*, poitrine de veau farcie* (falette)*, fricassée de pieds de porcs… L'art d'accommoder les poissons de rivière ou les grives n'a pas non plus de secret pour cette cuisine. On trouve même, parmi les mets du cru, le* stoficado*, un plat où de la morue séchée est pochée, mêlée à des pommes de terre, avant que l'ensemble soit écrasé avec de l'huile de noix, du beurre, de l'ail, du persil, des œufs et de la crème fraîche.*

Produits

FOUGASSE AVEYRONNAISE

Brioche de tradition très ancienne qui fut d'abord de la pâte à pain enrichie avec des œufs et parfois du beurre, la fougasse aveyronnaise, appelée également fouace, est ronde ou ovale, de couleur brun foncé. Sa mie est jaune doré et sa texture moelleuse. Elle est parfois saupoudrée de sucre semoule. La particularité de la fouace de Laguiole est le chignon (sorte de boule sur le dessus de la fouace) pour celles qui sont en forme de coque. Certains producteurs incorporent des fruits confits ou des pruneaux, d'autres la parfument au citron ou à la fleur d'oranger. Traditionnellement, la fouace se dégustait lors de fêtes familiales, baptêmes, mariages, etc. Elle se mangeait aussi pour le dessert accompagnée de crème ou d'îles flottantes. De nos jours, on la consomme au petit déjeuner, au dessert, pour le goûter mais aussi pour les vins d'honneur.
La fougasse tire son nom du *panis focacius*, littéralement « pain de foyer » des Romains. Devenue « fouace » ou « fougasse » en France, sa présence dans la région est attestée depuis le Moyen Âge. Plus près de nous, des sources identifient la production d'un pâtissier albigeois en 1866 à « 1 million de gâteaux, sans compter les échaudés et les fouaces ».
En Rouergue, la fougasse est ainsi le gâteau familial par excellence que l'on pétrit pour la Pentecôte. Parmi toutes les fougasses, celle d'Espalion a bénéficié de la plus grande renommée au XXe siècle. En s'industrialisant, la production de fougasse a donné dans le Rouergue une sorte de brioche au sucre légère, loin du produit d'origine, plus compact.

TARTE ENCALAT

La tarte encalat est une tarte à base de caillé de lait de vache. La face supérieure présente l'aspect d'un flan irrégulier aux couleurs chaudes allant du jaune au caramel brillant. Elle est composée pour sa garniture de lait caillé de vache, d'œufs, de sucre et d'eau de fleur d'oranger. Cette tarte se consomme froide ou chaude pour les grandes occasions et lors des fêtes, notamment celle de la Saint-Roch, le 15 août.

La tarte encalat, ou tarte au caillé, ressemble beaucoup à la recette de « tarte au fromage, ou flan » donnée par *Le Pastissier françois* en 1654, à base de « fromage mol non ecresmé », de beurre, d'œufs et, pour une tarte « plus fine », de sucre. Il s'agit bien ici de caillé. Ainsi, la tarte encalat du nord de l'Aveyron faisait partie d'une grande famille de tartes au fromage très répandues en France pendant l'Ancien Régime. Ce type de préparation était autrefois banal, ce qui explique peut-être pourquoi les chroniqueurs anciens ne semblent pas avoir prêté attention à la tarte encalat, qui échappa même au regard des gastronomes des années 1930 lorsqu'ils recensèrent les spécialités locales. Il est toutefois indéniable que cette pâtisserie fait partie du patrimoine gastronomique aveyronnais.

TRIPOUS DU ROUERGUE

Les tripous sont à base de veau, de jambon de porc, de panse, de fraise, de sel, de poivre et de persil. Les tripes de veau sont râpées et nettoyées préalablement. La panse de veau est découpée en cinq ou six rectangles, à l'intérieur desquels on dépose des morceaux de panse, de la fraise, du jambon, du sel, du poivre et du persil. Ces paquets sont alors attachés, puis disposés dans une marmite où ils mijotent pendant 4 heures, dans un mélange d'os de bœuf, de vin blanc, de céleri, de carottes et d'oignons. Après la cuisson, ils sont dégraissés. Ils se mangent chauds avec des pommes de terre vapeur et des croûtons frits.

Il s'agit d'un plat traditionnel autrefois consommé le dimanche ; de nos jours il l'est en toute occasion. Si l'Aveyron revendique cette spécialité, on célèbre dès 1913 « Aurillac au garde-manger bien garni de ses tripous, ses truites, ses truffades ». Vingt ans plus tard, c'est non seulement dans le Cantal mais aussi dans le Puy-de-Dôme, voire dans le Tarn (à Laune-les-Bains), que le *Guide UNA* recommande de les goûter.

En passant par... le Pays basque

L'appellation « basquaise » s'utilise pour tout plat associant jambon de pays, tomates et piments de pays, plus ou moins forts. Ce sont d'ailleurs eux qui donnent leur nom (« pipers ») à la piperade. On combine généralement cette dernière avec des œufs pour réaliser un plat simple et nourrissant. Elle sert de garniture au poulet basquaise mais se marie tout aussi bien avec des tranches de jambon frit. Quoi qu'il en soit, la piperade fait figure de plat emblématique et, avec elle, le piment d'Espelette, qui constitue l'ingrédient de base de la cuisine locale. On peut l'utiliser jeune, comme équivalent du poivron, ou vieilli, comme équivalent du poivre.
Certains représentants des traditions culinaires locales se rencontrent aujourd'hui partout en France, comme le gâteau basque ou l'ossau-iraty. Mais l'incroyable gamme de produits que l'on tire du porc basque mériterait une plus grande publicité : jambon de la vallée des Aldudes, lomo, saucisson des Aldudes, jésus du Pays basque, chorizo, saucisse sèche, ventrèche plate et roulée, chichons, confit de porc, saucisse confite, civet de porc basque, boudin basque, etc. À côté de ces productions bien terriennes, le pays basque mitonne une grande variété de soupes de poissons - la plus emblématique étant le ttoro, soupe des pêcheurs de Saint-Jean-de-Luz. Le thon, rouge et blanc, est quant à lui préparé en basquaise ou à la cocotte, de même que le merlu.
Nous ne faisons que survoler la grande variété des délices que l'on peut déguster sur cette terre. Une chose est sûre, au-delà de la grande diversité de ses savoir-faire, il émane de cette cuisine une véritable personnalité.

Produits

IZARRA JAUNE OU VERTE

L'Izarra, du mot basque qui signifie « étoile », est une liqueur parfumée produite en deux versions : la jaune plus sucrée et plus douce, et la verte, plus puissante. La recette a été transmise de distillateur en distillateur et jalousement gardée. La sélection des plantes et des épices est rigoureuse : 48 espèces entrent dans la composition de la verte, 32 dans celle de la jaune.
L'Izarra se déguste en liqueur à la fin du repas, sèche ou sur de la glace pilée. Au début du siècle, les montagnards des Pyrénées la consommaient avec de la neige. Elle se boit aussi en cocktails et parfume agréablement les pâtisseries, les glaces (voir ci-contre) et les plats cuisinés. L'Izarra est, selon certains, « dérivée de la liqueur d'Hendaye », très recherchée depuis au moins le XVIIe siècle où on l'expédiait aux Antilles.
Mais le produit actuel ne se confond pas avec son illustre prédécesseur, car sa recette serait celle d'une « vieille dame d'Espelette » qui, au début du XIXe siècle, la confia à un pharmacien de Bayonne, Joseph Grattau. Lui-même la commercialisa pour la première fois en 1835. Cette version des faits est contestée par d'autres qui affirment que Grattau avait simplement consigné la recette sur l'un de ses cahiers et que, en 1903, un de ses héritiers, ayant retrouvée, commercialisa pour la première fois l'Izarra jaune, puis la verte.

MACARON DE SAINT-JEAN-DE-LUZ

Voici un macaron tout en contraste : le dessus, de couleur beige clair, craque sous la dent tandis que l'intérieur se révèle moelleux et fondant. Il est composé d'amandes pilées, de sucre et de blancs d'œufs. Certains amateurs le recommandent avec une crème de noix et du cidre basque. S'il faut attendre les années 1930 pour voir figurer les macarons de Saint-Jean-de-Luz dans *Le Trésor gastronomique de France* de Curnonsky et Croze, ils sont néanmoins mentionnés dans certaines sources dès avant la Première Guerre mondiale. La légende était déjà bien entretenue, selon laquelle Louis XIV, lors de son mariage avec l'infante espagnole Marie-Thérèse en la ville de Saint-Jean-de-Luz, le 8 mai 1660, les aurait goûtés et appréciés. C'est ainsi que la maison Adam, descendante du pâtissier Adam ayant eu le grand honneur de les lui offrir, put s'intituler « fournisseur en macarons du Roy Soleil en 1660 » ! Elle fit déposer la marque en 1922 – ce qui n'empêche pas de nombreux pâtissiers de produire leurs propres macarons.

CHOCOLAT DE BAYONNE

C'est à partir du XVIIe siècle que forgent les liens entre le chocolat et Bayonne. À cette époque, le port de Bayonne, en contact avec le Nouveau Monde, reçoit son lot de fèves et les réexpédie en partie. Comment expliquer cependant que la fabrication s'y développe au point de devenir au siècle suivant une industrie locale des plus importantes ? La proximité de l'Espagne, grosse consommatrice, et les relations privilégiées de Bayonne avec les Antilles ont certainement joué, mais il faut aussi tenir compte de l'arrivée de Juifs marranes fuyant la péninsule ibérique, qui étaient passés maîtres dans l'art de travailler le cacao. Ces « Juifs portugais », comme on les appelait, implantèrent des fabriques à Saint-Esprit, près de Bayonne. Rapidement interdits de commerce, ils vont prendre l'habitude de se rendre à Bayonne, au domicile des particuliers, pour faire le chocolat à la demande, en apportant leur pierre à chocolat, leurs mortiers et pilons... Peu à peu, à leur exemple, une jurande de chocolatiers se forme dans cette ville en 1761. Le chocolat s'exporte de plus en plus et en 1856, Bayonne même compte plus de 30 chocolatiers et 25 autres dans les environs. En 1990, les chocolatiers de la ville se sont organisés pour produire un chocolat conforme à la tradition locale, riche en cacao des Caraïbes et parfumé à la cannelle.

Recettes

TTORO BASQUE *Pour 8 personnes*

Niveau de difficulté : **

Temps de réalisation : 2 h 30

2 têtes de poisson (merlu ou congre), voire 500 g de petits poissons pleins d'arêtes qui seront « sacrifiés » pour le fumet
2 kg de poissons divers (queue de lotte, merlu, congre, grondins, vives) parés (garder les parures pour le fumet) et coupés en tranches
1 kg de moules (1,3 l)
1 douzaine de langoustines
2 oignons émincés
8 tomates
2 piments verts du pays (piments doux)
2 gousses d'ail
1 l de bouillon dégraissé
8 petites pommes de terre
1 dose de safran
3 cuil. à soupe d'huile d'olive
sel, poivre du moulin

Pour le fumet
2 carottes
3 cuil. à soupe d'huile d'olive
20 cl de vin blanc sec
1 bouquet garni (1 brin de thym, 1 feuille de laurier, 1 petite branche de céleri)
5 ou 6 branches de persil plat
(de préférence munies de leurs racines)
1 piment rouge d'Espelette séché
2 gousses d'ail

C'est la soupe des pêcheurs de Saint-Jean-de-Luz, faite autrefois avec l'eau de cuisson de la morue, enrichie d'aromates, de poissons invendus... et de pommes de terre crues râpées pour lui donner de la consistance ! Au fil du temps, la recette a évolué et s'est codifiée jusqu'à devenir institutionnelle, l'important étant de préparer les différents éléments séparément, puis de les réunir ensuite, et non de tout faire cuire dans la même eau dès le départ.

Préparation et cuisson

Le fumet

Laver les têtes de poissons, les fendre en deux ; laver les poissons et les parures de poissons destinées au fumet. Éplucher, laver et couper les carottes en rondelles. Faire revenir le tout dans une marmite avec l'huile, en remuant souvent. Pendant ce temps, peler les gousses d'ail. Au bout de 7 à 8 min, mouiller avec le vin, mélanger, ajouter 3 l d'eau, le bouquet garni, le piment d'Espelette, l'ail écrasé, du sel et du poivre. Porter à tout petit frémissement pendant 2 h.

Le ttoro

Pendant ce temps, faire revenir les oignons émincés dans une grande casserole, dans l'huile, sans les faire colorer. Peler, épépiner et couper grossièrement les tomates ; équeuter, épépiner et couper en rondelles les piments verts, peler l'ail. Ajouter tous ces ingrédients aux oignons, mélanger, mouiller avec le bouillon et porter à frémissement pendant 1 h. Éplucher, laver et couper les pommes de terre en morceaux. Les faire cuire à part pendant 20 à 25 min, dans une casserole d'eau salée, puis les égoutter.

Gratter et laver les moules. Rincer les langoustines, les faire griller pendant 10 min juste sous le gril du four et les réserver.

Quand le fumet a suffisamment cuit, le passer au moulin à légumes en broyant le maximum d'arêtes pour donner du corps et du goût à la soupe. Verser de nouveau le fumet dans la marmite, y délayer le safran. Passer également le bouillon à la tomate au moulin à légumes et l'incorporer au fumet en délayant. Porter à frémissement léger et rectifier l'assaisonnement. Plonger les tranches de poissons dans la soupe pour les pocher. Au bout de 5 min, incorporer les langoustines et les pommes de terre et, après 5 min encore, ajouter les moules. Brasser délicatement avec une grande spatule et laisser cuire jusqu'à ce que les moules s'entrouvrent.

Présentation

Verser dans une soupière chaude, en plaçant les langoustines grillées sur le dessus pour décorer.

Remarque : quelquefois, on remplace le safran par un trait d'apéritif anisé. On peut aussi garnir la soupe de petits croûtons frits à l'huile.

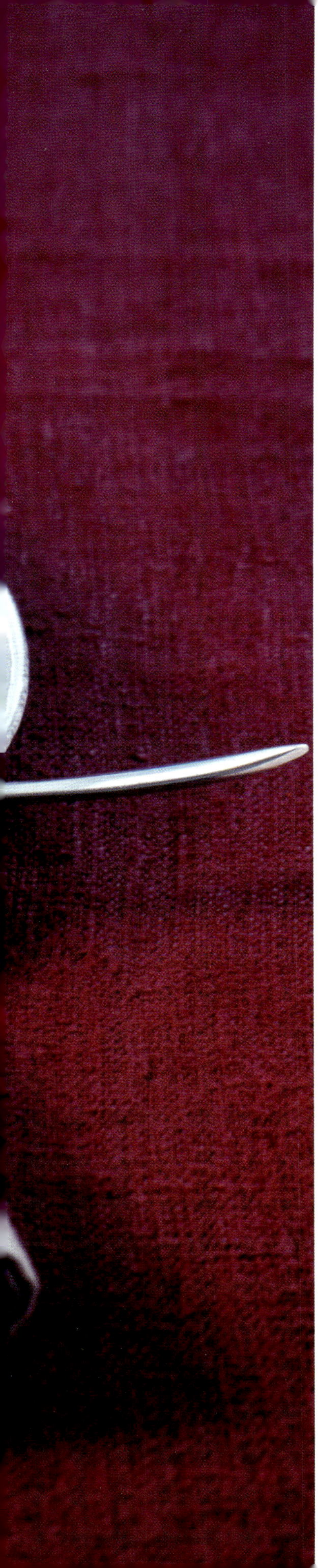

HACHUA BASQUE *Pour 6 personnes*

Niveau de difficulté : *
Temps de réalisation : 50 min

800 g à 1 kg de veau (dans l'épaule)
200 g de jambon de pays, avec du gras
6 piments verts doux (piments d'Anglet)
2 oignons
2 gousses d'ail
1 pincée de piment d'Espelette (rouge et fort) en poudre
1 pincée de sel

C'est le ragoût de veau traditionnel du Pays basque, et plus particulièrement du canton d'Espelette, renommé pour ses piments rouges. L'hachua - on dit aussi hachoa - s'accompagne presque toujours de pommes de terre sautées.

Préparation et cuisson

Équeutés, épépiner et couper en fines lanières les piments verts.
Peler et émincer finement les oignons ; peler et écraser l'ail.
Couper la viande au couteau en petits dés de 1 cm de côté maximum (et même moins si possible). Couper le jambon en tout petits dés également, en réservant les dés de gras à part.
Faire chauffer une poêle épaisse sur feu modéré, y faire fondre le gras de jambon, puis y jeter les oignons et les dés de jambon, les faire revenir, puis ajouter la viande et l'ail. Faire rissoler pendant 10 min environ, en mélangeant souvent.
Au bout de ce temps, ajouter les piments. Mélanger pendant quelques minutes, puis couvrir et terminer la cuisson à l'étouffée pendant 20 min environ. Assaisonner en fin de cuisson seulement, avec le sel et le piment d'Espelette.

Présentation

Pour servir, transvaser dans un plat creux et chaud, ou des coupelles individuelles. Ce ragoût rend un jus un peu trouble, mais délicieux.

En passant par... le Bordelais

Comme en Bourgogne ou en Champagne, la célébrité des vins de Bordeaux fait de l'ombre à la cuisine de la ville et de ses environs. On peut certes citer quelques spécialités, les cannelés par exemple, aujourd'hui très largement diffusés, mais peu de plats de la cité girondine ont accédé à une telle notoriété. Les poissons occupent une place importante au sein de cette gastronomie, que ce soient les aloses (farcies à l'oseille), la lamproie, les anguilles ou les pibales, les alevins d'anguilles translucides que l'on pêche lorsqu'ils remontent la Gironde pour vivre en eau douce. On les sert frits, mais aussi en omelette. Le caviar de Gironde connut quant à lui son âge d'or au milieu du XXe siècle avant de décliner, les esturgeons devenant de plus en plus rares ; ce caviar est maintenant exclusivement d'élevage.
Enfin, produit le plus célèbre d'entre tous : les huîtres du bassin d'Arcachon. Certes, le bassin ne se situe pas dans le Bordelais mais ces huîtres font partie intégrante des usages culinaires de la ville. Dès le XVIIe siècle, les huîtres de la région bénéficiaient d'une très bonne image. À la fin du XIXe siècle, la consommation de la gravette, une huître plate, était très courante, même au sein des populations les plus modestes de la ville de Bordeaux. Mais c'est à cette époque que les huîtres creuses commencèrent à s'imposer. L'anecdote est fameuse : en 1868, un navire chargé d'huîtres du Portugal fut pris dans une tempête et, à l'entrée de la Gironde, jeta sa cargaison périmée. Certains spécimens, toujours vivants, commencèrent alors à coloniser les lieux et à supplanter les gravettes. Le bassin d'Arcachon, où l'ostréiculture se développait (au lieu de la simple pêche), vit lui aussi s'imposer cette variété. La gravette se maintint cependant jusqu'aux années 1970-1980, époque où l'huître creuse japonaise la remplaça totalement ainsi que la portugaise.
La gravette continue d'être mangée par les Bordelais, sous une autre forme toutefois : une confiserie porte son nom. Ayant la forme d'une huître, elle se compose d'une fine coque de chocolat croquant fourré de pralin, ou de pâte d'amande, parfumé à l'orange.

Produits

FANCHONNETTE BORDELAISE

Bonbon à l'enveloppe craquante de sucre satiné et parfumé, la fanchonnette est fourrée de pâte de fruit au même parfum (citron, fraise, framboise, chocolat, café et pâte d'amande). Il est composé de sirop de sucre, de glucose, d'essences naturelles de fruits, de coulis de fruits frais et de pectine.
La date à laquelle une confiserie fut désignée comme « fanchonnette » est inconnue. Au XIXe siècle, ce terme désigne un petit gâteau meringué à la frangipane. En 1907, un bonbon de ce nom remporte une médaille d'argent à l'Exposition internationale de Bordeaux.
Dans cette ville, une tradition attribue sa création à une Mlle Badie, qui aurait créé cette douceur en hommage à une célèbre chanteuse de rue du XVIIIe siècle, connue sous le nom de Fanchon la Vielleuse. La boutique fut rachetée en 1942 par Mme Cadiot et c'est toujours la chocolaterie Cadiot-Badie qui entretient de nos jours la tradition des fanchonnettes.

CRUCHADE BORDELAISE

C'est une bouillie de farine ou de semoule de maïs laissée à refroidir pour qu'elle se solidifie, soit moulée en galettes, soit laissée en bloc puis coupée en tranches. Compacte et de couleur jaune doré à jaune pâle, elle évoque la polenta. Dans sa version commerciale, elle est moulée en galettes rondes. La texture moelleuse, mais dense, est légèrement granuleuse. Tranchée nature ou frite, la cruchade remplace le pain avec les plats en sauce, daube ou civet. Dorée à la poêle ou grillée, elle est sucrée, accompagnée de confiture ou de miel. Elle peut aussi être flambée avec un alcool. Autrefois, la cruchade accompagnait une sauce relevée à base d'abats de mouton ou d'agneau, cuits dans le sang et dans du vin rouge. Par ailleurs, lorsqu'on tuait le cochon, on utilisait le fond de graisse dans le chaudron où l'on avait fait des grattons, en versant dessus la farine de maïs pour la cuire avec un peu d'eau jusqu'à la consistance désirée.

MACARON DE SAINT-ÉMILION

Il s'agit d'un petit macaron moelleux. Le dessus est beige clair, craquelé et légèrement caramélisé, le dessous est encore blanc après le décollage. La fine croûte est craquante, l'intérieur est d'une consistance proche d'une pâte d'amandes aérée. Ces macarons sont composés d'amandes douces et amères, de sucre, de blancs d'œufs et de lait. On sait que les notables bordelais du XVIIe siècle consommaient déjà des macarons. S'agirait-il déjà de ceux de Saint-Émilion ? L'histoire officielle affirme qu'ils sont fabriqués depuis 1620, inventés par une communauté d'Ursulines. C'est en tout cas seulement à la fin du XIXe siècle qu'on en trouve explicitement mention dans les livres de pâtisserie. De nombreuses localités d'Aquitaine avaient alors leurs macarons : Bayonne, Bergerac, Orthez, Saint-Jean-de-Luz…

Recette

SOUPE AU POTIRON ET AUX HARICOTS À LA GIRONDINE

Pour 4 personnes

Niveau de difficulté : *

Temps de réalisation : 1 h 45

500 g de haricots blancs frais
1 bouquet garni (1 brin de thym, 1 feuille de laurier, 3 branches de persil plat)
500 g de potiron
1 gros oignon
2 gousses d'ail
2 belles tomates mûres, mais fermes
1 cuil. à soupe de graisse de confit (ou 2 cuil. à soupe d'huile d'olive)
30 g de beurre
2 branches de persil plat haché
sel, poivre du moulin

Très populaire dans tout le Sud-Ouest, la soupe au potiron s'y prépare quelquefois avec des pommes de terre, mais le plus souvent avec des haricots. La recette la plus courante est la formule girondine, mais il en existe beaucoup d'autres. Ainsi, au Pays basque, on y ajoute beaucoup d'oignons et un peu de sucre, et on sert ce potage très moelleux. En Périgord, on utilise plus volontiers une cucurbitacée proche du potiron, appelée giraumon (ou giraumon-turban, ou encore bonnet turc), et l'on ajoute toutes sortes de légumes (chou, carottes, navets, poireaux, céleri) ainsi qu'un hachis de lard gras, d'ail et de persil, puis l'on sert cette soupe copieuse, sans passer les légumes, sur des tranches de pain de campagne très finement coupées. Dans la région du Médoc, on fait souvent revenir un ou deux poireaux (voire des poireaux des vignes) en même temps que les oignons, et à Bordeaux proprement dit, on lie presque toujours la soupe avec une bonne cuillerée de tapioca que l'on fait pocher sans ébullition sur un coin du feu, jusqu'à ce qu'il soit bien fondant.

Préparation et cuisson

Écosser les haricots, les jeter dans une marmite contenant 2 l d'eau, ajouter le bouquet garni et porter à frémissement pendant 40 min à 1 h selon la nature et la grosseur des haricots (goûter pour vérifier). Égoutter en réservant et en tamisant le bouillon de cuisson des haricots.
Éplucher le potiron en éliminant l'écorce, les fibres et les graines et le couper en petits dés.
Peler et hacher l'oignon. Peler et écraser l'ail. Peler, épépiner et concasser grossièrement les tomates.
Faire fondre la graisse (ou l'huile) dans la marmite rincée et faire revenir l'oignon et les dés de potiron jusqu'à ce qu'ils commencent à se défaire, mais sans les colorer. Mouiller avec 1,5 l de bouillon de cuisson des haricots (s'il n'y en a pas assez, compléter avec de l'eau), saler, poivrer, ajouter les tomates et l'ail. Porter à frémissement pendant 20 min. Au bout de ce temps, ajouter les haricots dans la marmite, mélanger, couvrir à demi et laisser mijoter encore 20 min, sur feu très doux.
Passer alors la soupe au moulin à légumes, la verser de nouveau dans la marmite et lui donner juste un bouillon.

Présentation

Pour servir, transvaser dans une soupière chaude, incorporer le beurre en petites noisettes et parsemer de persil haché.

En passant par... le Quercy et le Périgord

*Voilà des terroirs qui, dans l'esprit de tous, s'imposent comme de vrais pays de cocagne, comme les pays de la truffe, du confit et du foie gras par excellence. C'est la dinde truffée qui, dès le XVIIIe siècle, assit la réputation gastronomique du Périgord. Grimod de La Reynière, dans l'*Almanach des gourmands *de 1810, évoque les « fameuses dindes du Périgord, bourrées plutôt encore que farcies de truffes ». L'art de la farce (au foie gras) est l'une des signatures de la gastronomie périgourdine - choux, carpes, volailles, perdrix, cous de volaille sont ainsi sublimés. Cependant, durant l'Ancien Régime, la truffe du Périgord était sans doute moins réputée que celle du Dauphiné ou de la Provence et c'est précisément au début du XIXe siècle que sa renommée s'établit. Aujourd'hui, la truffe du Quercy a acquis un prestige comparable.*
Une fois de plus, ces somptuosités gastronomiques ne laissent guère de place dans notre imaginaire pour d'autres produits. Et pourtant le Périgord donne également des châtaignes et des noix en abondance et possède, entre autres, de véritables savoir-faire charcutiers (boudin et enchaud). Les Quercinois, pour ne donner qu'un exemple, excellent quant à eux dans l'art fromager, que ce soit le bleu des Causses ou le bleu du Quercy, le cabécou ou le rocamadour.

Produits

BOUDIN DU PÉRIGORD

C'est un boudin maigre de couleur brun rouge à l'extérieur, la mêlée est rouge sombre avec des morceaux de viande apparents et très peu de gras. Il est composé de tête de porc avec la couenne, de sang de porc, d'oignon. Il est aromatisé à l'ail, au persil et à la muscade, salé et poivré. Il est fabriqué toute l'année en Dordogne. On le consomme froid en entrée ou chaud grillé, croustillant à l'extérieur et moelleux à l'intérieur, arrosé de quelques gouttes de vinaigre.
Comme tout produit fabriqué traditionnellement dans le cadre de la « cuisine » du cochon, les variantes en étaient multiples et nous ne pouvons spéculer sur la composition des boudins d'il y a quatre siècles. Rappelons aussi qu'il entre assez peu de sang dans les boudins du Sud-Ouest, qu'ils soient du Béarn, des Landes ou du Périgord. Il n'est utilisé que pour « lier » une farce faite de légumes, d'aromates et surtout de petits morceaux de viande. Dans la région donc, si le poumon, le cœur et la rate, ainsi que la couenne, peuvent figurer parmi les ingrédients du boudin, l'élément de base, que l'on retrouve généralement partout, reste la viande de la tête du porc, très souvent avec sa gorge en guise de gras. Cette charcuterie était le premier produit du cochon à être consommé car elle ne se conservait pas longtemps. Ainsi, elle faisait autrefois l'objet de dons entre voisins et surtout aux jeunes venant quêter lors des tournées de carnaval du Mardi gras.

COQUE QUERCINOISE

On appelle coque une brioche garnie de fruits confits (cédrats, melons, etc.), parfumée à la fleur d'oranger, présentée le plus souvent sous la forme d'une couronne. Sa consommation est associée à la fête des Rois. Sa croûte est brun foncé doré, sa mie jaune bouton-d'or. On la saupoudre parfois de sucre en grains. Outre sa vocation première de gâteau des Rois dans lequel se glisse une fève, la coque se vend une bonne partie de l'hiver. Elle se déguste en dessert, avec une crème, une salade de fruits, ou au goûter avec une boisson chaude. Le nom de « coque » apparaît dès 1793 dans les pâtisseries de la ville de Nîmes. C'est de fait un terme générique dérivé d'un vieux mot occitan *coca* ou *coco*, signifiant tout simplement « gâteau ». Plusieurs villes se signalaient, jadis, par la réputation de leurs coques : Montauban, Moissac, Castelsarrasin, Verdun-sur-Garonne, Cahors... Il existait même au XIXe siècle des coques salées, à la graisse d'oie ou de porc, à Escoussens !

LIQUEUR DE NOIX

Cette liqueur offre un aspect limpide et transparent dont la couleur varie de l'ambre au bronze doré avec des reflets. Son goût, légèrement amer, est astringent et sucré. Elle est composée d'un macérat de coques et de cerneaux de noix vertes, d'aromates (cannelle, muscade, vanille et réglisse, selon le producteur), de sucre ou de sirop de sucre. Elle titre 22 % d'alcool en volume. La liqueur de noix est le digestif périgourdin traditionnel. Après quelques mois de vieillissement, la liqueur de noix prend un goût typique et se déguste nature, en apéritif ou bien au creux d'un melon.

Au XIXe siècle, les noyers abondent dans le Périgord : ils occupent ainsi plus de 3 700 hectares pour le seul département de la Dordogne, avec 600 000 arbres ! Quoi de plus naturel, donc, que de trouver les noix transformées en pâtisserie, en huile et en « eau » dans cette région et de les voir représenter une branche capitale de l'activité économique de la région ? Fabriqués aujourd'hui par une dizaine d'unités artisanales et industrielles, ces produits vendus toute l'année sont surtout distribués localement en période estivale.

Recettes

FOIE GRAS D'OIE CLOUTÉ AUX TRUFFES, À LA PÉRIGOURDINE

Pour 4 personnes

Niveau de difficulté : ** Temps de réalisation : 1 h 10 Temps de dégorgeage : 12 h

1 beau foie gras d'oie, frais
250 g de truffes noires du Périgord, fraîches et rondes
1 barde de lard gras frais
3 cuil. à soupe de graisse d'oie
1 oignon
4 échalotes
1 cuil. à soupe de farine
20 cl de vin blanc sec
30 cl de bouillon de volaille
sel, poivre blanc du moulin

Recette prestigieuse s'il en est, ce foie met évidemment particulièrement bien en valeur les truffes noires fraîchement sorties de terre... mais à quel prix !

Préparation et cuisson

Faire dégorger le foie pendant toute une nuit à l'eau froide, puis l'égoutter sur un linge, le saler et le poivrer (ni trop ni trop peu).

Préchauffer le four à 120 °C (th. 4).

Éplucher les truffes (garder les pelures pour une autre préparation). Dans chacune d'elles, tailler des morceaux carrés d'un côté et pointus de l'autre, un peu comme des chevilles (réserver les chutes pour la sauce). Piquer le foie très régulièrement avec ces clous.

L'entourer de la barde de lard, puis d'un papier sulfurisé graissé avec 1 cuil. à soupe de graisse d'oie. Ficeler.

Placer ce paquet dans un plat allant au four contenant 1 cuil. à soupe de graisse d'oie, enfourner et laisser cuire 30 à 40 min (en fonction du poids du foie), en arrosant souvent avec la graisse contenue dans le plat.

Pendant la cuisson du foie, peler l'oignon et les échalotes, les émincer finement et les faire blondir dans une casserole avec 1 cuil. à soupe de graisse d'oie. Saupoudrer alors avec la farine, mélanger sans laisser roussir, mouiller aussitôt avec le vin et le bouillon, saler, poivrer et faire mijoter pendant 10 min sur feu très doux. Juste en fin de cuisson, incorporer les chutes de truffes, mélanger et donner encore deux ou trois bouillons.

Présentation

Lorsque le foie est cuit à point, le sortir avec précaution de sa papillote, le dresser sur un plat de service très chaud et l'entourer avec la sauce aux truffes. Déguster sans attendre.

CRÊPES À L'ANIS DU PÉRIGORD *Pour 8 personnes*

Niveau de difficulté : * Temps de réalisation : 30 min Temps de repos : 2 h

2 cuil. à soupe de graines d'anis vert
500 g de farine
1 cuil. à café de sel
1 cuil. à soupe de sucre en poudre
6 œufs
50 cl de lait (ou même d'eau)
5 cl d'eau-de-vie de pays
25 cl d'huile neutre
sucre en poudre
miel de pays (facultatif)

Les crêpes sont de toutes les fêtes (Chandeleur, carnaval, fête des foins, fête des moissons) et frairies (fêtes votives patronales de villages) en Périgord. Cependant, il y a crêpes et crêpes : ainsi, les « jacques » aux pommes ou au pain pourront nourrir les membres de la famille ; les « crêpes frisées » seront plutôt destinées à régaler les enfants ; et ces crêpes à l'anis seront plus spécifiquement vouées à honorer des invités !

Préparation et cuisson

Trier les graines d'anis qui comportent souvent des brindilles. Les mettre dans une petite casserole avec un verre d'eau, porter à frémissement pendant 2 à 3 min, retirer aussitôt du feu et laisser infuser 30 min.
Dans une terrine, mélanger la farine, le sel et le sucre. Faire une fontaine, y casser les œufs entiers et délayer peu à peu, en incorporant le lait en mince filet (on peut couper le lait pour moitié d'eau, ou même ne mettre que de l'eau, ce qui permet de faire des crêpes encore plus fines). Quand la pâte est homogène, lui incorporer l'eau-de-vie, l'infusion de graines d'anis passée à travers un chinois et 1 cuil. à soupe d'huile. Bien délayer et laisser reposer pendant 2 h au moins sous un torchon.
Faire cuire les crêpes comme à l'accoutumée, dans une poêle parfaitement chaude et graissée.

Présentation

Au fur et à mesure de leur cuisson, faire glisser les crêpes sur un plat maintenu au chaud et les saupoudrer chacune d'un voile de sucre. Si l'on préfère, on peut aussi les rouler. Les servir telles quelles ou les arroser de miel de pays.
Remarque : pour bien graisser la poêle, voici un truc de grand-mère périgourdine : prendre un pinceau, envelopper ses poils dans un morceau de vieux torchon qu'on ficelle au manche et tremper chaque fois cet ustensile insolite dans un bol d'huile pour graisser la poêle juste ce qu'il faut !

1

2

4

3

5

6

CHAPITRE 26

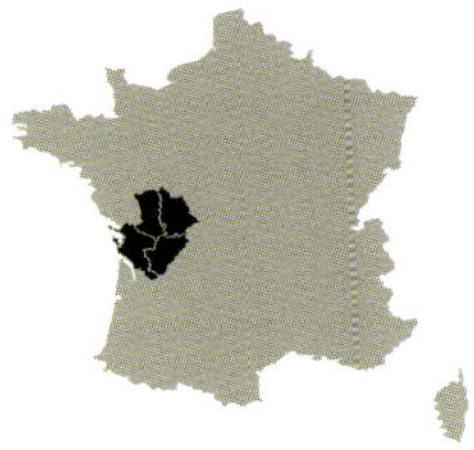

Poitou-Charentes

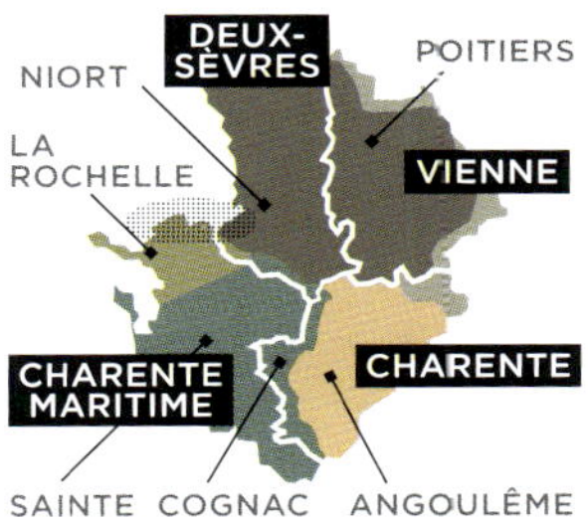

La région Poitou-Charentes est constituée de quatre provinces historiques. La Vienne et les Deux-Sèvres correspondent au Haut-Poitou (la Vendée était, historiquement, le Bas-Poitou). Les deux Charentes recouvrent quant à elles les anciennes provinces d'Aunis, de Saintonge et d'Angoumois.

Haut-Poitou · *Saintonge* · *Aunis* · *Angoumois* · *Marais poitevin*

En 1927, Austin de Croze, l'un des apôtres de la cuisine régionale, écrivait à propos de ce qui est aujourd'hui le Poitou-Charentes : « À vrai dire cette région est, avec la Bretagne, la moins riche de France en recettes culinaires ». Un jugement surprenant tant ces provinces regorgent de délices. Des mets universellement connus – moules de bouchot, pineau des Charentes, chabichou – et dont certains relèvent de la haute gastronomie : le cognac, les huîtres de claire, le beurre d'Échiré... Il n'y a pas si longtemps on pouvait même déguster le caviar des esturgeons sauvages de la Gironde et, chose souvent ignorée, ces terroirs savaient, au milieu du XXe siècle, préparer le foie gras et le confit d'oie. Ce dernier est d'ailleurs de retour depuis une vingtaine d'années. Quant au caviar, la Charente-Maritime compte maintenant plusieurs élevages d'esturgeons.

Avant même que la région Poitou-Charentes n'existe officiellement, le beurre en a constitué le premier ciment. Un ciment solide puisque l'Association centrale des coopératives des Charentes et du Poitou fut créée en 1899. Dans une moindre mesure, le fromage de chèvre, dont le premier essor date aussi des années 1880-1890, a joué un rôle similaire. Plus récemment, l'IGP obtenue en 2004 par l'agneau de Poitou-Charentes montre que d'autres savoir-faire s'expriment à l'échelle régionale. Des pratiques culinaires plus anciennes rassemblent également les quatre départements : la consommation d'escargots ; l'élaboration de « caillés » de lait de vache (de brebis parfois) que l'on appelle caillebotte ou jonchée ; la fabrication de galettes (broyé du Poitou, galette du Poitou, galette charentaise)... Plus surprenant peut-être, Poitou, Aunis, Saintonge excellent dans les préparations charcutières associant viande et légumes : le boudin du Poitou aux épinards et à la semoule, le farci poitevin à base de chou et de farce, la compote de volailles où la viande cuit dans le jus de tomate, la fressure ou le gigourit qui combinent les bas morceaux du cochon avec de l'oignon... Nous gommons ici un peu facilement la variété de ces territoires mais ce sont précisément les innombrables variations de ce patrimoine culinaire que nous allons entrevoir dans les pages qui suivent.

1/ Bassin de Marennes-Oléron, le port de La Cayenne sur l'estuaire de la Seudre. 2/ Chabichou et autres délices caprins. 3/ Arçais, dans le marais poitevin. Promenade en barque avec un guide batelier. 4/ Culture de l'angélique dans le marais poitevin. 5/ Église romane Sainte-Radegonde (XIIe siècle) à Talmont-sur-Gironde. 6/ Les marais salants d'Ars-en-Ré.

En passant par… le Poitou

Avec le Poitou, c'est encore une fois une cuisine campagnarde qui s'offre aux convives. Une cuisine qui mériterait d'être présentée dans toute sa diversité. Le Marais poitevin, espace restreint mais si particulier, n'a pas manqué de susciter des recettes et des produits qui lui sont propres : artichauts, anguilles, escargots (les lumas et leur fameuse sauce !)...
Le fromage de chèvre incarne peut-être le mieux ce Poitou culinaire aux yeux du reste de la France. Quelques « institutions » dominent : le chabichou surtout mais également le carré de Couhé et le bougon... Rendons au passage un petit hommage aux chèvres poitevines qui ont permis à ces fromages de se faire un nom. Cette race fut décimée par la fièvre aphteuse dans les années 1920 puis négligée et c'est une poignée de passionnés qui s'efforce d'en garantir la pérennité depuis le milieu des années 1980. Derrière la préservation d'un patrimoine alimentaire se cache toujours la protection d'un patrimoine naturel (et génétique).
Puisqu'il est question de race locale, la viande bovine ne peut être oubliée et, plus spécialement, la parthenaise. Sur le point, elle aussi, de disparaître – dans les années 1970 –, les éleveurs ont su la sauver en en faisant un produit haut de gamme. Sa viande persillée, rouge, au grain très fin, plaidait pour elle.
D'autres spécialités sont familières au grand public. La doyenne est sans doute l'angélique et plus particulièrement l'angélique confite dont raffolaient déjà les Parisiens au XVIIIe siècle. Quelques morceaux de cette sucrerie peuvent d'ailleurs se glisser dans une deuxième célébrité locale, le broyé du Poitou. Une pâte sablée sèche qui a fait voyager le nom du « Poitou » aux quatre coins de la France. Le tourteau fromagé a conquis d'aussi nombreux palais mais on oublie souvent son origine poitevine.
Continuons ce petit tour d'horizon...

Produits

ANGÉLIQUE DE NIORT

Plante aromatique cultivée traditionnellement dans la région de Niort mais aussi en Charente-Maritime, l'angélique est valorisée sous différentes formes en confiserie et en liquoristerie : angélique confite, angélique glacée, confiture d'angélique, crème d'angélique, bonbons ou brindilles de Saintonge (chocolats fourrés à l'angélique), liqueur d'angélique... Originaire de Scandinavie où on la cultive dès le XIIe siècle, l'angélique pénètre en France par les Ardennes, à partir des cloîtres d'Europe centrale qui l'utilisaient depuis le XIVe siècle pour ses supposées propriétés anti-pesteuses. Selon la légende, l'usage en avait été révélé à un ermite par l'archange Gabriel, d'où le nom de cette plante. La culture semble avoir été introduite à Niort en 1602, à l'occasion, précisément, d'une grave épidémie de peste. Cependant, si Niort était connue depuis longtemps pour ses « confitures » d'angélique, ce fut seulement à partir de 1826 qu'on commença à l'y cultiver en grand. Cette année-là, un notaire, nommé Morisseau, eut l'idée de profiter de la démolition du château pour en utiliser les fossés afin d'y installer une plantation. La culture a sans doute progressé à la fin du siècle, en particulier sur les coteaux qui bordent la Sèvre niortaise. On cherche aujourd'hui à développer la culture de cette plante originale et à en diversifier les usages, notamment en cuisine.

BEURRE D'ÉCHIRÉ

Jusqu'au dernier tiers du XIXe siècle, seul le sud des Deux-Sèvres possédait une tradition beurrière. Cette spécialisation régionale n'est en réalité intervenue qu'avec la crise phylloxérique (qui frappa l'Aunis à partir des années 1870). La destruction du vignoble amena les agriculteurs à se convertir à l'élevage laitier. Une coopérative laitière fut créée à Chaillé (Charente-Maritime) en 1888 – la première de France – et sa réussite fit immédiatement de très nombreux émules : on comptait 95 coopératives laitières en 1900. Or les producteurs choisirent de se tourner vers la fabrication du beurre. Une Association centrale des coopératives des Charentes et du Poitou fut constituée en 1899, qui organisa dès cette année-là un service de wagons réfrigérés destinés à transporter les beurres jusqu'à Paris. Si la production ne cessait d'augmenter, l'accent était mis sur la qualité des produits. Durant l'entre-deux-guerres, alors que ce succès ne se démentait pas, on vit d'ailleurs Curnonsky recommander de nombreux « beurres fins » des Deux-Sèvres ou de Charente-Maritime.

Celui que produit depuis 1894 la Société coopérative d'Échiré s'est rapidement taillé une réputation particulière. Dès 1900, il remportait le Grand Prix du Concours beurrier de l'Exposition universelle à Paris ! En 1979, « beurre d'Échiré » devenait une AOC. Les grains de ce beurre offrent la particularité d'être lavés à l'eau de source. Composé de 84 % de matières grasses, il se tartine aisément et se caractérise par sa finesse et par un délicieux goût de crème. Une saveur que l'on attribue au sol, au terroir qui porte ce produit d'excellence. Les mottes, dans leur papier aluminium doré, sont reconnaissables à leur conditionnement en bourriches de peuplier.

COMPOTE D'OIE OU DE CANARD

L'aspect de cette compote, à la texture grossière avec des morceaux de viande apparents, n'est pas sans évoquer les rillettes. La préparation diffère cependant largement. Les muscles d'animaux (oie ou canard, voire lapereau) non engraissés sont d'abord disposés sur un lit d'oignons et de vin blanc (les oignons sont cuits dans le vin). On ajoute ensuite les tomates préalablement pelées, les aromates et les épices avant de laisser cuire à feu doux pendant plusieurs heures. Après cuisson et refroidissement, les muscles sont délités manuellement et mélangés avec le « jus » de cuisson contenant la purée de tomates. La compote ainsi obtenue est mise en pot.

À partir de l'entre-deux-guerres, cette recette s'affirme comme une spécialité régionale mais, pendant des siècles, elle n'eut rien de spécifiquement poitevin. Des compotes à base de viandes et de volailles diverses se retrouvent en effet dans de nombreux traités de cuisine des XVIIe et XVIIIe siècles. Elles faisaient partie du répertoire des cuisiniers partout en France. La compote poitevine se distingue toutefois de ses ancêtres en ce que la viande est détachée des os et se présente donc sous forme de pâté.

Longtemps, les compotes de viande ont été consommées plutôt chaudes alors que, de nos jours, la compote d'oie est souvent servie froide en entrée ou en guise d'amuse-gueule.

MOTHAIS

Ce fromage au lait cru de chèvre, de forme ronde, est affiné sur feuille de châtaignier ou de platane. Une étude a montré que ce procédé donne une pâte plus souple, plus crémeuse et une flaveur sous-bois plus prononcée.

Jusqu'au milieu du XIXe siècle environ, le fromage au lait de chèvre eut un médiocre statut gastronomique. Avant cette date, les chèvres n'autorisaient guère mieux qu'une production domestique d'abord destinée à l'autoconsommation paysanne. Si le Poitou était cité par un *Dictionnaire portatif* de 1764 comme l'une des « provinces où l'on nourrit le plus de chèvres », aucun de ses fromages ne paraissait digne d'être mentionné. Un siècle plus tard, tandis que l'Aunis surmontait la crise phylloxérique en développant l'élevage bovin et la production du beurre, c'est vers le fromage de chèvre que se tournèrent les plaines et plateaux calcaires du Poitou. Une spécialisation jamais reniée depuis, même si d'importantes évolutions ont eu lieu, durant les années 1950 et 1960 notamment (industrialisation de la production, remplacement de la chèvre traditionnelle du Poitou par la race alpine suite à une épizootie...).

Face à la grande vedette locale, le chabichou (réputé dès les années 1860, AOC depuis 1980), le mothais apparaît en retrait. Un ouvrage de 1872 dresse l'éloge d'un « fromage grand chèvretain » et la description qu'il en donne laisse à penser qu'il s'agit de l'ancêtre du mothais. Il était alors produit dans les fermes de la Marche, du Limousin et du Poitou et non à La Mothe-Saint-Héray, dans les Deux-Sèvres, aujourd'hui patrie de ce fromage.

Dans les années 1930, quand la réputation des fromages de chèvre poitevins est établie, c'est bien, parmi d'autres, le fromage de La Mothe-Saint-Héray que différents guides recommandent. Durant les années 1960, tandis que les fabrications industrielles se développent, seuls quelques producteurs fermiers lui restent fidèles mais, depuis les années 1990, le mothais bénéficie d'une seconde vie. Ses promoteurs poursuivent leurs efforts en faveur d'une meilleure caractérisation et d'une meilleure protection de ce fromage dont les trois quarts de la production sont assurés par des producteurs fermiers.

Recette

FARCI POITEVIN *Pour 4 personnes*

Niveau de difficulté : ***

Temps de réalisation : 4 h

1 chou pommé d'environ 1 kg
500 g de lard de poitrine maigre demi-sel
1 kg de joutes (bettes)
100 g d'oignons
4 gousses d'ail
250 g d'épinards
250 g d'oseille
1 petit bouquet de persil plat
1 petite touffe d'appétit (ciboulette)
200 g de mie de pain rassis
6 œufs
2 branches de thym
1 feuille de laurier
sel, poivre du moulin

Spécialité de la région de Civray. Il existe une poche à farci spéciale, sorte de grand filet se fermant par une ficelle, mais on peut très bien préparer le farci en l'enveloppant dans un morceau de mousseline à beurre, ou même dans un torchon. Traditionnellement, on cuit le farci dans un pot-au-feu.

Préparation et cuisson

Éplucher le chou en coupant le trognon. Détacher le maximum de grandes feuilles, retirer les grosses nervures. Plonger les feuilles et le cœur du chou dans un faitout d'eau bouillante salée. Laisser blanchir 5 min, puis égoutter délicatement sur un linge.
Plonger le lard dans une casserole d'eau froide, porter à frémissement en écumant, laisser blanchir 5 min, égoutter, rafraîchir, couper en petits dés.
Éplucher les bettes, garder les feuilles et éventuellement quelques côtes, nettoyer. Peler les oignons et l'ail. Trier les épinards et l'oseille, couper les queues en n'en conservant que 2 cm. Trier et laver les herbes. Ciseler le tout grossièrement au couteau, ainsi que le cœur du chou blanchi. Tapisser un grand saladier avec une mousseline à beurre, en la faisant largement dépasser. Recouvrir entièrement la mousseline avec les feuilles de chou blanchies, en les faisant se chevaucher légèrement pour ne laisser aucun interstice.
Dans un autre saladier, préparer la farce : mélanger tous les légumes ciselés avec les dés de lard, la mie de pain émiettée et légèrement humectée d'eau, les œufs entiers, saler et poivrer. Verser la farce sur les feuilles de chou, en tassant un peu. Rabattre les feuilles de chou sur la farce, puis la mousseline. Ficeler en ballot.
Porter un faitout d'eau à ébullition avec le thym, le laurier. Saler, poivrer et y plonger le chou. Le maintenir sous l'eau à l'aide d'une spatule pendant les 5 premières minutes, puis couvrir et laisser cuire 3 h à petit frémissement.

Présentation

Retirer le chou du faitout, ôter sa mousseline. Le disposer sur un plat et le couper en quartiers comme un melon. Se mange chaud ou froid.

En passant par... les Charentes

Le lecteur attentif l'aura relevé, nous délaissons ici le découpage en provinces historiques qui guide généralement notre balade. C'est que les deux départements charentais ont su à l'évidence se construire une identité forte et la cuisine semble y avoir contribué. Nombre de produits, de plats, sont dits « charentais » ou « des Charentes » : pineau des Charentes, galette charentaise, fagot charentais, ratis charentais, grillon charentais... Quand, à la fin du XIXe siècle, est créée la société réunissant les Charentais exilés à Paris, elle est baptisée « La Cagouille ». Ce terme de patois désigne les escargots. Ils se mangent farcis, beurrés-aillés en Charentes et, depuis cette époque, cette préparation fait figure de signe de ralliement des Charentais (les « cagouillards »). Saintonge, Aunis et Angoumois cèdent donc la place lorsqu'il s'agit de nourriture - certes, le même lecteur attentif répliquera peut-être que l'on parle aussi de « galettes saintongeaises ».
Un autre produit, des plus prestigieux, a certainement joué un rôle essentiel dans la formation de l'identité charentaise : le cognac. Dès les XVIe-XVIIe siècles, la région se spécialise dans l'eau-de-vie. En 1720, un amateur l'affirme : « L'eau-de-vie de Cognac passe pour la meilleure du monde. » Beaucoup le diraient encore aujourd'hui. D'abord exportée vers l'Europe du Nord, elle séduit depuis des décennies les amateurs de toute la planète.
De la modeste cagouille au cognac dégusté par l'homme du monde à New York ou à Tokyo, les Charentes ont beaucoup d'atouts à faire valoir. À cette large palette s'ajoutent les merveilles dont regorge le littoral. Casserons, céteaux, huîtres de claires, coques, sardines... Ces ressources aquatiques sont innombrables mais la marennes-oléron et la moule de bouchot en sont les deux joyaux les plus célèbres que les savoir-faire locaux amènent à l'excellence pour le plaisir de tous.

Produits

PINEAU DES CHARENTES BLANC OU ROSÉ

Le terme de « pineau » servait depuis le Moyen Âge à désigner les cépages de Loire de la meilleure qualité (pineau blanc ou chenin, pineau d'Aunis ou chenin rouge) et l'on ignore quand on a commencé à l'utiliser pour désigner une mistelle à base de cognac. La légende locale, qu'aucun document ne confirme, veut qu'un vigneron distrait ait, au XVIe siècle, mélangé par mégarde du moût de raisin à une barrique d'eau-de-vie.
Dans les années 1930, on fabriquait du pineau non seulement dans le Cognaçais mais aussi sur l'île de Ré. À cette époque le pineau commençait à acquérir une certaine notoriété et, en 1945, l'appellation d'origine contrôlée « pineau des Charentes » vit le jour. Mais c'est surtout après la Seconde Guerre mondiale qu'il acquiert une renommée nationale et internationale. Il occupe aujourd'hui une position dominante parmi les vins de liqueur, sa production oscille entre 60 000 et 130 000 hectolitres selon les conditions climatiques de l'année. Au sein de cette production, le pineau blanc domine dans des proportions plus ou moins importantes.
Le pineau des Charentes est élaboré à partir de moût de raisin muté à l'eau-de-vie de Cognac. Un léger pressurage des raisins à parfaite maturité donne un moût qui est assemblé à un cognac âgé d'une année et ayant un volume alcoolique d'au moins 60 % : cette opération a pour but de stopper la fermentation. L'ensemble est mis à vieillir sur lie pendant une année en fûts de chêne pour obtenir l'équilibre souhaité. Cognac et jus de raisin doivent obligatoirement provenir de l'aire d'appellation contrôlée des eaux-de-vie de Cognac.

GRILLON CHARENTAIS

Ces grillons appartiennent à la grande famille des rillons de Touraine, rillauds d'Anjou et autres rillettes dont on peut tracer les origines jusqu'au XVIe siècle au moins. Il est du reste impossible d'opérer des distinctions claires entre toutes ces préparations charcutières, parfois même à des dates relativement récentes. On considérera que les actuels grillons charentais apparaissent comme la variante modernisée – et en particulier dégraissée – des antiques rilles ou rillons, où gras et maigre se mêlaient de manière parfois indéfinissable et qu'il était difficile de distinguer des rillettes. La recette ? Faire cuire pendant 5 heures le maigre de porc (de l'épaule), coupés en morceaux d'environ 2 centimètres de côté et le gras de porc. Assaisonner avec du sel, du poivre, des épices et des aromates. Après la cuisson l'excédent de graisse est ôté et les morceaux de viande légèrement écrasés. La viande obtenue est mise dans une terrine et recouverte avec la graisse de cuisson. Une tradition voulait que l'on mange du grillon le 1er mai, avec le brin d'aillet (et non pas de muguet), accompagné d'un rosé ou d'un rouge du pays.

HUÎTRE DE CLAIRE DE MARENNES-OLÉRON

C'est à la fin du XVIIe siècle que les huîtres de Saintonge, jusqu'alors peu estimées, commencent à asseoir leur renommée. Consécration suprême, elles accèdent même à la table de Louis XIV. Si on ne sait pas élever les huîtres sous l'Ancien Régime, on excelle à Marennes dans l'art de faire verdir : on pêche de jeunes huîtres qui prennent dans des claires – des bassins aménagés à cet effet – la couleur verte, chérie des gourmets de l'époque. Cette popularité ne se démentira jamais plus : durant le second Empire, ce sont 50 millions d'huîtres que Marennes enverra annuellement vers la capitale. À partir des années 1850, on apprend à collecter le naissain errant, à le fixer sur des pierres et le mettre à engraisser.

Cet élevage permet de surmonter l'épuisement des bancs traditionnels d'huîtres plates. Celles-ci seront d'ailleurs progressivement remplacées, à partir de la fin du XIXe siècle par l'huître portugaise, surtout après l'épizootie du début des années 1920. À la suite de diverses circonstances naturelles, la portugaise, victime à son tour d'une épizootie, disparaît au début des années 1970. Elle est remplacée par une cousine, improprement appelée « japonaise ».

Les parcs à huîtres charentais produisent entre 45 000 et 60 000 tonnes d'huîtres par an, soit près de la moitié de la production française. Ils se répartissent sur trois secteurs : vallée de la Seudre, côte atlantique (entre Bourcefranc et Port-des-Barques au nord de Marennes), côte est de l'île d'Oléron. L'IGP « Huîtres Marennes Oléron » a été obtenue en 2009.

La grande originalité de l'huître de Marennes-Oléron est son affinage en claires. Elle passe de deux à trois mois dans ces bassins aménagés sur les sols imperméables d'anciens marais salants, dont le niveau d'eau est contrôlé avec précision. C'est ici grâce au pigment bleu libéré par la fameuse algue qu'elle acquiert cette belle couleur verte tant recherchée.

Quant aux usages gastronomiques locaux, on rappellera que les Charentais préparent les huîtres à toutes les « sauces » : crues, au gratin, en bouchées, sautées, marinées, en brochettes, en pâtés et même en soupe avec du lait et du paprika. Dégustées crues, les huîtres conservent toute leur saveur originelle. On ne boit jamais le jus d'une huître en Charente. Il est de tradition de leur associer des crépinettes grillées (saucisses plates et carrées au vin blanc, entourées de crépine) ; on est alors supposé suivre un rituel consacré : gober une huître, manger une bouchée de saucisse chaude et prendre une gorgée de vin blanc sec.

Recette

ÉCLADE *Pour 4 personnes*

Niveau de difficulté : * Temps de réalisation : 50 min

4 l de moules de bouchot (750 g par personne)
pain de campagne
beurre frais des Charentes, doux ou demi-sel

L'éclade ou églade est une recette « sauvage » à réaliser en plein air pour faire la fête avec des amis. Il faut prévoir une grande planche en bois de sapin de 1 m sur 1 m, d'au moins 1 cm d'épaisseur, qui servira de support, ainsi qu'un bon sac d'aiguilles de pin très sèches (suffisamment pour couvrir la planche d'une couche de 1 à 2 cm). Prévoir des moules en grande quantité car faire la fête en plein air décuple l'appétit ! Autrefois, on consolidait l'échafaudage avec un cordon de terre glaise et l'éclade était alors baptisée « terrée ».

Préparation et cuisson

Mettre la planche dans de l'eau, le temps de gratter et de laver les moules.
Disposer 4 grosses moules en croix au centre de la planche. Ranger toutes les autres autour, debout, charnière en haut, en les serrant le plus possible pour qu'elles ne puissent pas s'ouvrir facilement à la cuisson, et en formant des ronds concentriques.
Poser délicatement la planche par terre, à l'endroit adéquat, et recouvrir les moules d'une bonne couche d'aiguilles de pin. Enflammer (attention au sens du vent). Dès que les flammes s'éteignent, ventiler avec un carton pour disperser les cendres.

Présentation

Déguster avec les doigts, en accompagnant de pain et de beurre. Présenter en même temps un vin blanc sec de l'île de Ré ou de l'île d'Oléron mis en seau avec des glaçons pour le tenir au frais, ou encore du gros-plant ou du muscadet-sur-lie.
Remarque : il est important que les moules soient placées debout, la charnière vers le haut, afin que les cendres n'entrent pas à l'intérieur des coquillages.

1

2

3

4

5

6

CHAPITRE 27

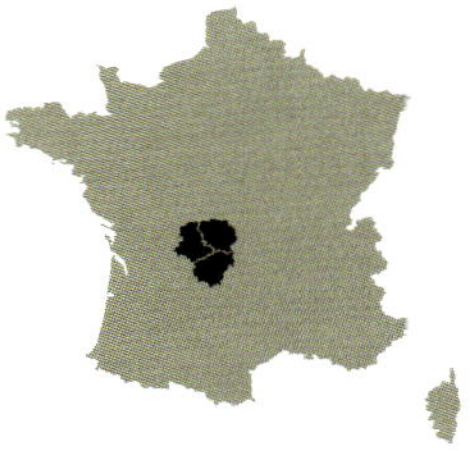

Limousin

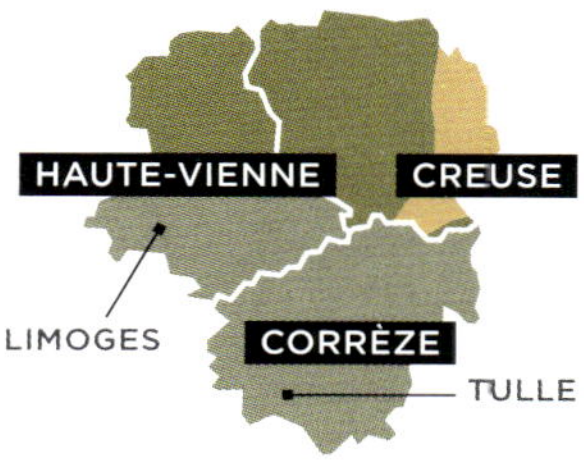

L'actuelle région Limousin regroupe en réalité le Limousin historique et la Marche. À ces deux principales provinces, il convient d'ajouter la Combraille. Aucune limite physique ne vient séparer le Limousin et la Marche mais la spécificité de cette dernière ne fait aucun doute.

Marche · *Combraille* · *Limousin historique*

Si Marche et Limousin forment deux provinces historiquement bien distinctes, de notre point de vue cet espace se définit par des traditions culinaires très largement partagées. Bien sûr (et heureusement !), des nuances existent – on affirme qu'en Marche la potée limousine est complétée d'une andouille –, mais ces terres sont riches des mêmes préparations simples et rustiques, à l'image de la flognarde et du clafoutis que l'on trouve partout.
Toute la région cultive sa réputation de pays de l'arbre et de l'eau. La forêt couvre un tiers de sa surface. Une forêt certes récente – issue des reboisements du XIXe siècle – mais dont les fruits complètent une infinité de recettes : qu'il s'agisse des champignons (cèpes et bolets) ou des noix (corne et marbot). « Pays de l'arbre » et, davantage encore, pays d'*un* arbre : le châtaignier. À la veille de la Révolution, arrivant par le nord, le célèbre voyageur Arthur Young le relevait : « Traversé une rivière qui sépare le Berry de la Marche ; des châtaigniers apparaissent à ce moment même. » Pénétrant dans le Quercy, il notait : « Entré dans un pays calcaire, les châtaigniers disparaissent en même temps. » La frontière n'est probablement pas si nette et le Berry – où l'on prise également le clafoutis – connaît la châtaigne dans ses franges méridionales. Pour autant, sans l'ombre d'un doute, Marche et Limousin s'identifient au châtaignier et sont identifiés à lui. On ne s'étonnera pas que la région, au sens actuel, ait choisi comme emblème la feuille de cet arbre.
Est-il d'ailleurs possible de trouver plus beau symbole de l'ennoblissement des nourritures paysannes que cette châtaigne ? Perçue comme une denrée de miséreux, elle fut méprisée des siècles durant par des esprits éclairés qui l'accusaient d'encourager la paresse et l'esprit routinier. Les Limousins eux-mêmes avaient la châtaigne un peu honteuse. Une époque révolue depuis longtemps. Réhabilitée, la châtaigne est érigée depuis plusieurs décennies en étendard. Elle, qui entre dans la composition de nombreux produits, plats et boissons, constitue bel et bien le socle de l'identité gourmande de la Marche et du Limousin.

1/ Élevage piscicole sur le plateau de Millevaches. 2/ Fabrication d'huile de noix selon des méthodes traditionnelles. Il faut en moyenne 5 kilogrammes de noix pour produire un litre d'huile. 3/ La châtaigne. Le meilleur emblème des traditions culinaires limousines. 4/ Race bovine limousine. Sans doute la représentante la plus renommée de sa région ! 5/ La forêt limousine regorge de champignons qui réjouiront tout amateur de bonne chère. 6/ Un marché de Brive-la-Gaillarde plus paisible que celui chanté par Brassens.

Produits

CIDRE

Pays traditionnellement riche en pommes, il ne fait guère de doute que le Limousin connaisse le cidre depuis des siècles. Il semble cependant que cette production demeurait plutôt marginale, tournée vers l'autoconsommation et de qualité médiocre. Pour y remédier, Turgot, intendant de la généralité de Limoges (1761-1774), tenta d'ailleurs d'introduire de nouvelles variétés de pommes normandes mais sans grande réussite.

Au XIXe siècle, la production et la consommation locales restèrent assez peu importantes, les pommes à cidre ne gagnèrent que progressivement du terrain. En 1909, un article sur « L'art culinaire en Limousin » se montre encore réservé quant au goût des gens du cru pour ce nectar : « le cidre qui provient des abondantes récoltes de pommes limousines, si variées, si juteuses et si douces, remplace quelquefois le vin à la campagne ».

Un savoir-faire régional s'est néanmoins affirmé, qui a su tirer profit des variétés du pays (belle-limousine, paradis, court-pendue…). Des pommes que l'on ramasse en novembre, en pleine maturité.

FARCIDURES – LA MIQUE

La mique appartient à la grande famille des farcedures (ou farcidures), ces pains bouillis dont les appellations varient selon les lieux : poule sans os (*poula senz os*) à Tulle, poule sèche (*poula seza*) à Argentat et, donc, mique (*miqua*) dans le pays de Brive…
En 1606, le médecin Joseph Duchesne décrit dans son ouvrage *Le Pourtraict de la santé* une « sorte de pain fait de millet » qui en Gascogne s'appelle « miques ». Il les présente comme des « petites boules rondes (…) bouillies et cuites dans l'eau ». La farine de millet fut par la suite délaissée, peut-être un temps remplacée par la farine de maïs. Comme toujours, différentes recettes ont certainement existé et coexistent encore ! D'aucuns y incorporent des herbes ou du lard, emploient de la farine de sarrasin, de la pomme de terre…
En tout cas, la mique, qui s'apparente à une brioche, ne ressemble guère à celle que connaissaient les paysans des siècles passés. Dans sa formule la plus simple, la pâte se compose de farine de froment, d'œufs, d'eau, de lait, de beurre, de levure et d'une pincée de sel. L'usage voudrait que le bouillon dans lequel on plonge cette pâte une fois levée soit celui de la « potée » (du chou au petit-salé) ou de l'« oulade », soupe paysanne, généralement aux châtaignes. Soulignons également que la mique peut se manger au dessert, on la réchauffe alors à la poêle avant de la saupoudrer de sucre.

MOUTARDE VIOLETTE DE BRIVE

Si on trouve de la « moutarde rouge » en diverses régions (Quercy, Auvergne…), celle de Brive-la-Gaillarde compte parmi les plus fameuses. La légende veut qu'au XIVe siècle le pape Clément VI, originaire de Rosiers-d'Égletons, dans l'actuelle Corrèze, ait fait venir à la cour pontificale d'Avignon un compatriote moutardier, un certain Jaubertie. L'heureux élu serait ainsi devenu le premier moutardier du pape.

Une chose ne fait par contre aucun doute : la réputation de la moutarde de Brive est déjà bien établie au début du XIXe siècle. Un dictionnaire de 1841 l'affirme sans ambages : « C'est à Brives-la-Gaillarde (sic) que se fait la moutarde au moût de raisin, si connue et si estimée des véritables amateurs. » Vers 1900, Ardouin-Dumazet, auteur de la collection de guides *Voyage en France*, passant à Brive, évoquait lui aussi les fabriques de « moutarde rose (…) très réputées dans la région ». Et si d'autres villes du Limousin en produisent également, c'est bien la « violette » de Brive qui figure dans *Le Trésor gastronomique* de Curnonsky et Croze en 1933.

Le goût pour ce condiment va toutefois décliner au point qu'en 1958, le dernier fabricant, Denoix, cesse d'en produire. Une éclipse de près de trente ans avant qu'en 1986 la même maison ne relance la fabrication. Le succès est depuis lors au rendez-vous et la moutarde de Brive orne maintenant les rayons de toutes les épiceries fines de France et d'ailleurs. Certes, les ingrédients de cette recette jalousement gardée ne sont plus vraiment locaux : les graines de moutarde proviennent désormais principalement du Canada et le moût de raisin d'autres régions françaises.

BOUDIN AUX CHÂTAIGNES

Le châtaignier a prospéré sur les sols acides du Limousin et ses pentes douces. Son fruit, on l'a dit, constituait une nourriture essentielle pour les populations locales. En Limousin, la pratique dominante voulait que l'on blanchisse les châtaignes. On en ôtait d'abord l'écorce avant de les plonger dans un chaudron rempli d'eau. Dès que le tan (la seconde peau), ramolli et gonflé, se détachait, il était enlevé grâce au débouéradour, un ustensile formé de deux bâtons crantés réunis en leur milieu, avec lequel on brassait les châtaignes dans la marmite. L'opération terminée, restait à cuire ces châtaignes blanchies, dans de l'eau salée ou avec des légumes... Cette denrée de base ne pouvait qu'être intégrée dans de multiples préparations. Et, dès la fin du XVIIe siècle, on trouve la trace du boudin aux châtaignes : on rendait ainsi le *gogue* (terme de l'époque) plus volumineux et nourrissant.
Longtemps ce boudin fut surtout consommé en hiver et de préférence lors des fêtes de la Toussaint et de Noël. De nos jours, les charcutiers de la région le commercialisent tout au long de l'année. Les châtaignes blanchies grossièrement écrasées sont incorporées à la viande hachée. Le sang de porc est ensuite ajouté. On remplit les boyaux avec ce mélange avant de procéder à la cuisson.

Recettes

BRÉJAUDE *Pour 4 personnes*

Niveau de difficulté : **

Temps de réalisation : 2 h 30

500 g de lard de poitrine maigre, frais
1 petit chou vert
2 poireaux
1 petite rave
2 carottes
4 belles pommes de terre
1 cuil. à soupe de gros sel gris
300 g de pain de campagne rassis
sel, poivre du moulin

Préparation et cuisson

Entailler régulièrement le morceau de lard côté chair, sans entamer la couenne, puis le mettre dans un faitout avec 3 l d'eau. Porter à ébullition douce pendant 1 h. Le lard va dégorger tout son gras dans l'eau, rendant cette dernière blanchâtre.
Pendant ce temps, préparer les légumes : éplucher le chou en éliminant le trognon, les feuilles extérieures et les grosses côtes, puis le couper en petits quartiers ; éplucher et tronçonner les poireaux ; éplucher la rave, les carottes et les pommes de terre, puis les couper en morceaux. Bien laver tous ces légumes.
Lorsque le lard a bien dégorgé, le retirer du faitout et, dans un plat, bien l'écraser à la fourchette avec du gros sel côté chair, jusqu'à ce que toute la viande s'effiloche et qu'il ne reste plus que la couenne. La racler et remettre le tout (lard et couenne) dans le faitout avec le chou, les poireaux, la rave et les carottes. Laisser cuire environ 30 min.
Introduire alors les pommes de terre et poursuivre la cuisson 20 min. Rectifier l'assaisonnement en sel en fin de cuisson.

Présentation
Couper le pain de campagne rassis en fines tranches. Verser la soupe dans une soupière chaude, en réservant le lard et les légumes à part, sur un plat. Détailler la couenne en quatre morceaux. Présenter en même temps la soupe, le plat de légumes et de lard, le pain et un moulin à poivre. Garnir abondamment son assiette de pain, l'imbiber avec du bouillon gras, laisser gonfler un peu pour donner de l'épaisseur, puis disposer des légumes et du lard sur ce matelas. Terminer par un ou deux tours de moulin à poivre.

CLAFOUTIS AUX CERISES NOIRES *Pour 4 personnes*

Niveau de difficulté : * Temps de réalisation : 50 min

500 g de cerises noires
20 g de beurre
100 g de farine
100 g de sucre en poudre
1 pincée de sel
3 œufs
25 cl de lait
2 cuil. à soupe de sucre cristal

C'est bien évidemment le dessert le plus réputé du Limousin, jamais si bon que lorsqu'il est réalisé avec les cerises du cru - des petites griottes noires un peu acides - qu'il serait totalement hérétique de vouloir dénoyauter, non seulement parce que les noyaux communiquent à cet entremets rustique un parfum incomparable, mais encore parce que, dénoyautées, les cerises perdraient leur jus à la cuisson et seraient donc moins savoureuses, tout en détrempant la pâte !

Préparation et cuisson
Préchauffer le four à 200 °C (th. 6-7). Laver les cerises, les égoutter et les équeuter. Surtout, ne pas les dénoyauter. Les ranger dans un moule préalablement beurré (plat sabot de préférence, ou moule à flan en porcelaine à feu qui puisse aller sur la table), en les serrant bien, mais sur une seule couche.
Dans une terrine, mélanger la farine, le sucre et le sel. Creuser en puits. Y casser les œufs entiers et mélanger à la cuillère en bois, en délayant peu à peu avec le lait, jusqu'à obtenir une pâte lisse et homogène. La verser doucement sur les cerises.
Enfourner à mi-hauteur et laisser cuire 40 min environ.
Juste au sortir du four, saupoudrer le clafoutis brûlant d'un voile de sucre cristal.

Présentation
Servir tiède de préférence, directement dans le plat de cuisson, car le clafoutis ne se démoule pas.

En passant par... la Creuse

Si la Marche et le Limousin partagent une culture alimentaire commune, il semblait nécessaire de nous arrêter sur les spécialités d'un pays dont la race bovine même - la défunte marchoise - se distinguait totalement de la célèbre limousine. Nous avons choisi de poser notre regard sur la Creuse. Dans les grandes lignes, le département correspond à l'ancienne Haute-Marche. Sans oublier son passé - son blason reprend les armes de la Marche -, la Creuse a progressivement bâti une identité qui lui est propre. Son nom se révèle sans conteste plus évocateur pour le lecteur d'aujourd'hui.
Quant aux saveurs que ces terroirs donnent à goûter, convient-il de les estampiller creusoises ou marchoises ? Au final cela importe assez peu. En 1858, un journaliste demandait aux Creusois d'apprendre à porter haut les couleurs de leur département. Il les exhortait à revendiquer avec fierté leur « beurre de mai », leurs bières, leurs fromages « aux formes les plus variées », leurs fruits « que la capitale enlève pour ses tables »... Autant de motifs de fierté que nous allons évoquer ici.

Produits

PÂTÉ DE BOULETTES

On a pu écrire qu'il existait en Limousin des pâtés pour tous les événements de la vie. Les pâtés de viande se trouvaient mis à l'honneur dans quantité de fêtes ; à Aubusson, cité mondialement connue pour ses tapisseries, on ne sera dès lors pas étonné que le pâté de boulettes ait été servi lors de la fête des lissiers, le 4 décembre, jour de la Sainte-Barbe, patronne de la profession.
Proche parente de la tourte limousine, il s'agit ici d'une tourte d'environ 25 cm de diamètre garnie de boulettes de viande confectionnées à partir d'un hachis mêlant rouelle de veau, échine de porc, oignons et herbes diverses.

GOUZON

La Creuse est une terre de tradition fromagère quelque peu méconnue. Les sources attestent de la présence importante de fromages sur les marchés de La Souterraine, d'Aubusson, de Bourganeuf, de Saint-Yrieix à la fin du XVIIIe siècle. Le gouzon, originaire de la ville du même nom, est l'héritier de cette tradition – d'aucuns se plaisent à le qualifier de « plus ancien des fromages de la Creuse ».
Ce fromage fermier de vache au lait cru, de type caillé lactique à coagulation lente, peut se consommer frais. Il se tartine alors sur du pain ou agrémente les salades. Apprécié selon différents degrés d'affinage, il est en ce cas servi comme fromage de plateau.

Recette

GÂTEAU AUX NOISETTES D'AUBUSSON *Pour 4 personnes*

Niveau de difficulté : *

Temps de réalisation : 45 min

200 g de noisettes décortiquées et mondées (de préférence fraîches)
50 g de sucre en poudre
100 g de farine
2 œufs entiers
2 jaunes d'œufs
100 g de miel
50 g de beurre fondu (+ 20 g pour le moule)

Cette recette de ménage est plus particulièrement originaire de la région d'Aubusson, mais il existe d'autres variantes de gâteaux aux noisettes en Creuse, notamment le creusois.

Préparation et cuisson

Préchauffer le four à 150 °C (th. 5).
Broyer finement les noisettes au robot avec le sucre, sans toutefois les réduire totalement en poudre. Verser dans une terrine et mélanger avec la farine. Creuser en puits.
Dans une assiette creuse, battre les œufs entiers et les jaunes en omelette. Verser dans le puits, ajouter le miel et le beurre fondu. Travailler peu à peu à la cuillère en bois jusqu'à ce que la préparation soit lisse et homogène.
Verser la préparation dans un moule à manqué préalablement beurré.
Enfourner à mi-hauteur et laisser cuire 25 à 30 min.

Présentation

Laisser tiédir avant de démouler sur un plat de service.
Remarque *:* si les noisettes sont fraîches, les monder en les plongeant 30 s dans l'eau bouillante puis, une fois pelées, les faire sécher quelques minutes au four, en les laissant prendre couleur.

1

2

3

4

5

6

CHAPITRE 28

Auvergne

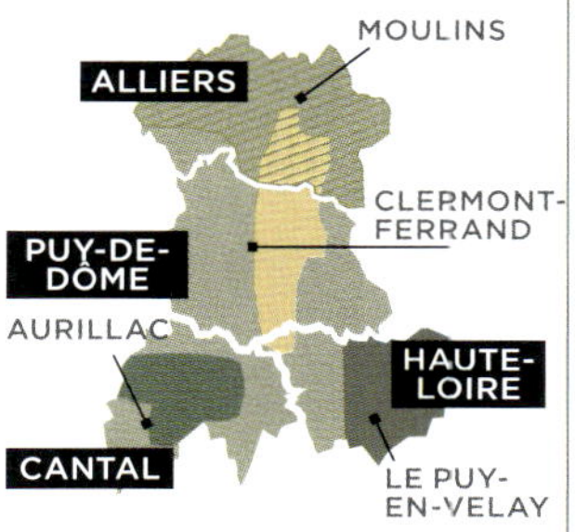

L'Auvergne historique regroupait les actuels départements du Puy-de-Dôme et du Cantal ainsi que l'arrondissement de Brioude. La région administrative que nous connaissons intègre pour sa part le Velay et le Bourbonnais (département de l'Allier).

Il y a quelques années, un auteur écrivait que la cuisine auvergnate était celle qui, parmi nos gastronomies régionales, prêtait le plus à débat. Ses contempteurs jugent qu'elle ne présente aucune originalité, que ses potées et sa soupe au chou se retrouvent un peu partout ; ses partisans arguent que la saveur et la qualité des produits auvergnats en feraient toute la personnalité. Nous nous rangeons sans hésiter à ce second avis.
Laissons pour l'instant de côté le Bourbonnais qui mérite d'être traité à part. Depuis le Moyen Âge, les montagnes d'Auvergne riment avec fromage. Les herbages recouvrent ces riches terres volcaniques. Du lait des races bovines locales (la salers, la ferrandaise) sont tirées des pâtes pressées non cuites le plus souvent (saint-nectaire, cantal) ou des pâtes persillées (bleu d'Auvergne, fourme d'Ambert). Des fromages plus anonymes ne doivent cependant pas être oubliés sous peine de disparaître, ainsi la fourme fermière de Rochefort, les bleus de l'Yssingelais ou le bleu de Laqueuille. De ces inépuisables ressources fromagères découlent de délicieuses recettes telles que l'aligot et la truffade, préparations paysannes qui ravissent les consommateurs du début du XXIe siècle.
L'Auvergne, pour tout un chacun, est aussi synonyme de charcuteries. Là encore, les mêmes noms reviennent toujours – jambon sec, saucisses sèches, saucissons. Or, à l'instar des fromages, il convient d'aller voir plus loin. Nous avons fait une place au « sac d'os » et au pounti, nous aurions pu choisir la liogue (un saucisson à cuire au fort goût de vin rouge) ou le friton d'Aurillac (une pâte à base de gorge et de poitrine de porc).
Rappelons enfin que cette région ne se résume pas à la montagne et à l'élevage. La vaste plaine de Limagne – qui, cependant, produit un fromage fameux, le gaperon – est une terre de cultures céréalières. En d'autres lieux, parfois en altitude, ce sont des pois, des lentilles (vertes du Puy) ou de l'ail (de Billom) que l'on cultive traditionnellement. N'oublions pas non plus que depuis toujours l'Auvergne a produit du vin.

1/ Saint Paul de Salers, Buron d'Algour, traite des vaches salers selon la technique du veau sous la mère durant l'estive. 2/ Une tartine auvergnate ornée d'un savoureux jambon cru. 3/ De l'ail d'Auvergne récolté sur la plaine de la Limagne (environs de Billom). 4/ Parc naturel régional des Volcans d'Auvergne, chaîne des Puys. 5/ Montaigut-le-Blanc, affinage de saint-nectaire. 6/ Le village de Laps dans le bas-Livradois.

En passant par... l'Auvergne et le Velay

Produits

MARC D'AUVERGNE

Résultant de la seule distillation du marc de raisin, cette eau-de-vie titrant 50 à 52 % d'alcool en volume, est majoritairement incolore. S'il a été procédé à un vieillissement en fût, elle prend une couleur légèrement ambrée. Principalement voué à la dégustation, le marc d'Auvergne entre parfois dans des compositions culinaires régionales.
Ce marc était primitivement destiné à une consommation domestique, on en trouve cependant commercialisé depuis la fin du XVIIIe siècle au moins. C'est en 1970 que M. Pierre Lapouje, exploitant sur la commune de Châteaugay (Puy-de-Dôme), lance l'idée d'une commercialisation individuelle du marc d'Auvergne auprès des particuliers. Aujourd'hui, les quantités produites sont très inférieures à celles des années 1970-1980, la qualité est privilégiée en termes de fourniture de matière première et de fabrication. Seuls deux distillateurs sur le Puy-de-Dôme, ayant fait la démarche d'agrément, produisent l'eau-de-vie de marc d'Auvergne. Parmi quatorze alambics recensés sur le secteur, seuls cinq ou six continuent à fournir de l'alcool en distillant des marcs « tout venant » et des fruits divers. Sauf quelques rares exceptions, la vente se fait par l'intermédiaire de commerces spécialisés sur la région (caves, producteurs revendeurs, épiceries fines...).

BRIOCHE DE TOMME

Ce gâteau brioché à base de tomme très fraîche est originaire des monts du Sancy dans le Puy-de-Dôme. Il prend traditionnellement l'aspect d'une couronne – mais est aujourd'hui le plus souvent vendu sous forme de cake dans un moule aluminium. Il est composé de tomme fraîche, de sucre, d'œufs, de farine, de levure et éventuellement de vanille, dans des proportions assez variables.
La brioche ou pompe de tomme fait partie des innombrables gâteaux au fromage de l'Auvergne. Lorsque les fermières avaient caillé le lait pour faire le saint-nectaire, elles le plaçaient dans des moules ; ce qui en dépassait servait pour la brioche, ou à d'autres réalisations culinaires locales de type aligot ou truffade. C'est donc une recette familiale qui, au fil du temps, fut commercialisée ; les pionniers de cette commercialisation seraient les boulangers-pâtissiers installés à l'époque sur la commune de Tauves (Puy-de-Dôme) dans les années 1960. Ces derniers, qui acceptaient de faire cuire les brioches réalisées par les habitants, trop grosses pour les fours familiaux, se sont orientés petit à petit vers leur propre réalisation. Aujourd'hui, quelques brioches fermières et individuelles sont commercialisées sur place ou sur les marchés locaux, ainsi que chez des boulangers-pâtissiers dans les monts du Sancy du Puy-de-Dôme autour de Besse et Saint-Anastaise, qui en a fait sa spécialité.

SAC D'OS

Sorte de gros saucisson à cuire fait de morceaux de porc osseux embossés dans un gros boyau, le sac d'os, de couleur grisâtre après fabrication, prend une coloration plus rosée lorsqu'il est cuit. Dans sa version sèche, sa couleur et sa « fleur de surface » sont proches de celles d'un saucisson sec. Il est composé d'un gros boyau rempli de morceaux osseux de porc (travers, cotis, queues et crosse de jambon), assaisonnés de sel, de poivre et d'ail frais. Il est conservé simplement au sel ou séché après salaison. Le « sac » fait souvent partie de la potée et se consomme aussi bien chaud que froid.
Le sac d'os est principalement fabriqué dans le sud du Cantal, en limite avec l'Aveyron, par quelques artisans salaisonniers, la plupart du temps sur commande. Dans une aire qui s'étend sur environ 100 kilomètres à la jonction de trois régions (l'Aveyron en Midi-Pyrénées, la Lozère en Languedoc-Roussillon, et enfin le Cantal), le sac d'os fait partie des traditions paysannes liées à la « tuée » du cochon.

CABÉCOU

La production auvergnate de cabécou est exclusivement fermière, réalisée par une vingtaine de producteurs, localisés principalement dans le Cantal, au voisinage de la vallée du Lot. Sa taille et son poids varient selon les fabricants. Sa pâte est souple, sans ouverture, de couleur crème, à caillé lactique et sa croûte est fleurie, de couleur crème.
L'Aquitaine, le Poitou et la Charente ont beau revendiquer la paternité du cabécou, il n'en demeure pas moins que de nombreux auteurs l'associent également depuis longtemps à l'Auvergne. Ainsi, l'*Encyclopédie méthodique* de 1791 fait état de chabrilloux, « sorte de petits fromages qui se fabriquent en Auvergne avec du lait de chèvre », une provenance confirmée par d'autres sources au XIXe siècle.
Le paysan de la montagne volcanique a toujours été, d'abord, un éleveur de vaches, salers ou aubrac. Il possédait aussi quelques brebis qu'il conduisait au troupeau commun mais il ne daignait guère s'occuper des chèvres. Celles-ci étaient souvent cantonnées aux régions de socle périphériques, marquées par la pente, et notamment à la partie méridionale de la région. Le cabécou d'Entraygues, du nom de la bourgade située au confluent du Lot et de la Truyère, bénéficie d'ailleurs encore d'une certaine renommée.

FROMAGE AUX ARTISONS OU « ARTISOUS »

Il s'agit d'un fromage à pâte pressée non cuite de couleur jaune paille. Sa croûte de couleur pierre, présente la particularité d'être sculptée par les artisons. Son affinage repose en grande partie sur le travail spécifique de ces acariens du fromage appelés localement « artisous ». Dès 1839 on trouve mention de ces fromages renommés. On continuera de vanter leur qualité jusqu'en 1914, avant que de telles mentions ne disparaissent. Produit fermier traditionnel, largement autoconsommé, il souffre de la spécialisation de ces régions dans la fourniture de lait aux laiteries, surtout à partir de 1960. En 1965, un ouvrage intitulé *La Haute-Loire gourmande* explique encore que « les montagnards du Velay et du pays de Saugues fabriquent pour leur usage personnel de petits fromages bleus assez maigres d'une saveur inimitable. Secs à point, recouverts d'"artisons", ces fromages ne ressemblent à aucun autre ». Ce texte précise que le bleu n'apparaît qu'une fois le fromage entamé.
On ne recense plus que 39 producteurs en 2000, contre 415 encore en 1988 ! Le « fromage aux artisons » demeure toutefois un produit emblématique de ces montagnes et un mouvement de relance a été initié depuis 1993 par une association de producteurs.

Recette

TRUFFADE *Pour 4 personnes*

Niveau de difficulté : *

Temps de réalisation : 50 min

130 g de poitrine fumée
600 g de pommes de terre
300 g de tomme fraîche de cantal
1 cuil. à soupe de saindoux
(ou 30 g de beurre)
3 gousses d'ail dégermées, finement hachées
1 petit bouquet de persil plat ciselé
sel, poivre du moulin

La truffade doit son nom à l'ancien nom de la pomme de terre : « tartoufle », « troufle » ou « truffe ».

Préparation et cuisson

Couper la poitrine fumée en petits dés. Éplucher, laver et couper les pommes de terre en fines tranches de 5 mm d'épaisseur. Les sécher dans un torchon et couper la tomme en lamelles.
Mettre le saindoux à fondre dans une grande poêle. Ajouter les lardons, les faire rissoler 2 min. Ajouter les pommes de terre et laisser cuire à feu moyen pendant 15 min à couvert, en remuant de temps à autre à l'aide d'une spatule en bois. Saler, poivrer.
Lorsque les pommes de terre sont cuites, les écraser grossièrement à la fourchette et ajouter l'ail. Répartir les lamelles de tomme. Mélanger puis laisser dorer quelques minutes sans y toucher (la truffade doit ressembler à un gâteau doré).

Présentation

Débarrasser la truffade dans un plat de service chaud et parsemer de persil. Servir avec une salade verte pour un repas léger ; pour un repas plus copieux, servir avec des saucisses rôties ou un pavé de rumsteck de salers...

En passant par... le Bourbonnais

Nul ne songerait à décrire la cuisine bourbonnaise comme une simple variante de celle d'Auvergne. Ici le fromage occupe une place fort modeste et aucune charcuterie ne peut prétendre à une renommée nationale. Bien sûr, il s'agit encore une fois d'une gastronomie paysanne, avec tout ce que cela suppose de simplicité et de capacité à magnifier quelques produits de base - choux, raves, noix (dont l'huile était abondamment utilisée dans les préparations locales) ; surtout, sans surprise, la pomme de terre se retrouve dans quantité de recettes.
Mais la grande contribution gastronomique de la province réside certainement dans l'élevage. Les bœufs du Bourbonnais étaient déjà réputés au XVIIIe siècle et aujourd'hui la viande charolaise, adoptée par le Bourbonnais, perpétue cette tradition tandis que dans le bocage est élevé l'agneau fermier du Bourbonnais. L'aviculture a aussi ses fleurons avec la dinde de Jaligny et le poulet bourbonnais.
Dans ce département largement rural, Vichy, ville thermale, a quant à elle créé des spécialités qui tranchent avec les austères préparations des campagnes alentour : marocains, pastilles et sucres d'orge.

Produits

GOUÈRE

Tarte de pommes de terre, les gouères sont faites d'une pâte brisée anciennement fabriquée avec du saindoux, avec une garniture haute d'une épaisseur d'au moins 3 centimètres. L'appareil est ferme sans être compact, onctueux et légèrement grumeleux. Le goût, très caractéristique, est aigrelet à cause du caillé mais adouci grâce à la pomme de terre.
Les origines de la gouère remontent au Moyen Âge, le terme s'appliquait à des préparations pâtissières dans différentes régions. Ce qui caractérise aujourd'hui la gouère du Bourbonnais, c'est la présence de la pomme de terre, passée totalement sous silence jusqu'en 1949 lorsque Robert Villatte des Prûgnes présente cette spécialité dans sa *Cuisine bourbonnaise* : « C'est une tarte qui se mange fréquemment dans la campagne bourbonnaise. Facile à exécuter et délicieuse. Faites un mélange de pommes de terre, cuites à l'eau et écrasées, de deux œufs et de fromage frais, auquel vous ajoutez des morceaux de coing, de pomme ou des pruneaux. D'autre part, préparez une croûte de tarte, en bonne pâte, placez-y le mélange et faites cuire. » Pas de sucre, trop cher pour les gens de la campagne, elle se mangeait « nature » comme plat de résistance ou, garnie de fruits, en dessert.

CROTTE DE MARQUIS DU BOURBONNAIS

Il s'agit d'une boule constituée d'une coque dure de chocolat au lait et d'un cœur onctueux de chocolat praliné. La surface de la coque est constellée de grains blancs de sucre en poudre. Selon une légende locale, l'origine de ce bonbon remonterait au XVIIIe siècle au temps du marquis Charles-Eugène de Levis, gouverneur de la province du Bourbonnais. Dans les années 1720, il aurait humilié son palefrenier en lui ordonnant de manger des chocolats qu'il avait fait tomber dans du crottin de cheval. Le pauvre homme s'exécuta, à la raillerie de tous ceux présents qui lui demandèrent : « Alors, c'est bon, les crottes de marquis ? » Dans tout le Bourbonnais, il devint coutume d'offrir à Noël des boules de chocolat, sous l'appellation « crottes de marquis ».

Les bonbons en chocolat naissent dans la première moitié du XVIIIe siècle mais la première référence écrite de « crotte » dans le sens de « bouchée (en chocolat) de forme sphérique » daterait de 1788. À l'aube du XIXe siècle la fabrication de « crottes de chocolat » s'étendait bien au-delà du Bourbonnais et, un siècle plus tard, ces bonbons sont souvent mentionnés comme friandises de Noël. À cette époque, les crottes de marquis étaient précisément de simples boules de chocolat, offertes aux enfants de l'Allier tous les ans à Noël. Elles disparurent dans la seconde moitié du XXe siècle.
Le 4 août 2007, à l'initiative de l'office du tourisme du pays de Lévis et avec le concours de pâtissiers-chocolatiers de l'Allier, les « Crottes de marquis du Bourbonnais » ont été relancées en grande pompe.

CHAMBÉRAT

Le chambérat (au centre de la table sur la photo) est l'un des rares fromages de l'Allier. Très gras, il est de forme cylindrique, de 18 centimètres de diamètre, 5 centimètres de haut et d'un poids de 1,4 kilogramme. Le chambérat fermier d'origine était nettement plus petit. Sa pâte est de couleur jaune pâle, à ouvertures. La texture en est souple, la croûte lavée est assez fine.
Issu des Combrailles bourbonnaises, le chambérat est intimement lié au système du métayage. Les métayers sevraient en effet les veaux dès que possible, récupérant ainsi, illégalement, quelques litres de lait non concernés par le partage prévu par le contrat de métayage. Aussi le lait ne pouvait guère être stocké et les agriculteurs devaient faire vite pour fabriquer des fromages dont les modes d'élaboration étaient directement liés à cette contrainte.
Seul fromage vraiment réputé de l'Allier, le chambérat est fabriqué depuis longtemps dans l'ouest de ce département. Il était déjà recherché à la fin du XVIIIe siècle.

Conclusion

C'est donc avec le Bourbonnais que s'achèvent nos pérégrinations. Je souhaite qu'elles aient permis de nombreuses découvertes à tous ceux qui m'ont emboîté le pas sur ce chemin gourmand. Ce sont 250 recettes et produits qui ont scandé ce parcours, encore aurions-nous pu l'enrichir de dizaines d'autres mets... Notre ambition était de donner un aperçu de la diversité des ressources culinaires de notre pays. Si nous avons pu éveiller la curiosité de chaque lecteur pour les plaisirs dont regorgent nos terroirs, des plaisirs trop souvent méconnus, alors ce livre aura rempli sa mission. Car pour que ces trésors existent et perdurent, il convient que chacun ait conscience de leur valeur.

Loïc Bienassis

INDEX DES PRODUITS

INDEX DES RECETTES

BIBLIOGRAPHIE

Les sources principales utilisées pour élaborer cet ouvrage sont les volumes parus dans la collection « L'inventaire du patrimoine culinaire de la France » (voir ci-dessous) publiée aux éditions Albin Michel (sous la direction de Claude Lebey), en partenariat avec le CNAC et les régions :

Région Bretagne, Les produits, sous la direction de L. BERARD, J. FROC, M. HYMAN, PH. HYMAN ET PH. MARCHENAY, Les recettes traditionnelles recueillies par B. VIE-MARCADE (Albin Michel/CNAC, 1994).

Pays-de-la-Loire, Les produits sous la direction de L. BERARD, J. FROC, M. et Ph. HYMAN, Ph. MARCHENAY, Les recettes traditionnelles recueillies par C. VENCE (Albin Michel/CNAC, 1993).

Région Centre, Les produits sous la direction de M. HYMAN, Ph. HYMAN, L. BERARD, Ph. MARCHENAY, J. AUBOURG, N. BACCHELLA et Ph. BOISNEAU, Les recettes traditionnelles recueillies par V. LAMPREIA (Albin Michel, 2012).

Normandie, Les produits sous la direction de J. FROC, M ET PH. HYMAN, ET A. JACOBSOHN, Les recettes traditionnelles recueillies par B. VIE-MARCADE (Albin Michel/IRQN, 2003).

Île-de-France, Les produits sous la direction de L. BERARD, J. FROC, M. et PH. HYMAN, PH. MARCHENAY, Les recettes traditionnelles recueillies par C. VENCE (Albin Michel/CNAC, 1993).

Picardie, Les produits sous la direction de J. FROC, M. HYMAN, PH. HYMAN, Les recettes traditionnelles recueillies par C. VENCE (Albin Michel/CNAC, 1999).

Nord-Pas-de-Calais, Les produits sous la direction de L. BERARD, J. FROC, M. et PH. HYMAN, PH. MARCHENAY, Les recettes traditionnelles recueillies par C. VENCE (Albin Michel/CNAC, 1992 et 1996 pour la nouv. éd. augmentée).

Champagne-Ardenne, Les produits sous la direction de J. FROC, M. HYMAN, PH. HYMAN, Les recettes traditionnelles recueillies par C. VENCE (Albin Michel/CNAC, 2000).

Lorraine, Les produits sous la direction de J. FROC, M. HYMAN, PH. HYMAN et CL. ROYER, Les recettes traditionnelles recueillies par B. VIE-MARCADE (Albin Michel/CNAC, 1998).

Alsace, Les produits sous la direction de J. FROC, M. HYMAN, PH. HYMAN et Alsace Qualité, Les recettes traditionnelles recueillies par J-P. DRISCHEL (Albin Michel/CNAC, 1998).

Franche-Comté, Les produits sous la direction de l'Académie franc-comtoise du goût et L. BERARD, J. FROC, M. et PH. HYMAN, PH. MARCHENAY, Les recettes traditionnelles recueillies par C. VENCE (Albin Michel/CNAC, 1993).

Bourgogne, Les produits sous la direction de L. BERARD, J. FROC, M. et PH. HYMAN, PH. MARCHENAY, Les recettes traditionnelles recueillies par C. Vence, (Albin Michel/CNAC, 1993).

Rhône-Alpes, Les produits sous la direction de L. BERARD, J. FROC, M. HYMAN, PH. HYMAN et PH. MARCHENAY, Les recettes traditionnelles recueillies par C. VENCE (Albin Michel/CNAC, 1995).

Provence-Alpes-Côte d'Azur, Les produits sous la direction de L. BERARD, J. FROC, M. HYMAN, PH. HYMAN et PH. MARCHENAY, Les recettes traditionnelles recueillies par C. VENCE (Albin Michel/CNAC, 1995).

Corse, Les produits sous la direction de L. BERARD, J. FROC, M. HYMAN, PH. HYMAN, PH. MARCHENAY ET F. CASABIANCA, J.-A. PROST, CH. DE SAINTE-MARIE, Les recettes traditionnelles recueillies par C. VENCE (Albin Michel/CNAC, 1996).

Languedoc-Roussillon, Les produits sous la direction de J. FROC, M. HYMAN, PH. HYMAN et M. CHAUVET, Les recettes traditionnelles recueillies par B. VIE-MARCADE (Albin Michel/CNAC, 1998).

Midi-Pyrénées, Les produits sous la direction de L. BERARD, J. FROC, M. HYMAN PH. HYMAN et PH. MARCHENAY, Les recettes traditionnelles recueillies par B. VIE-MARCADE (Albin Michel/CNAC, 1996).

Aquitaine, Les produits sous la direction de J. FROC, M. HYMAN et PH. HYMAN, Les recettes traditionnelles recueillies par B. VIE-MARCADE (Albin Michel/CNAC, 1997).

Poitou-Charentes, Les produits sous la direction de L. BERARD, J. FROC, M. et PH. HYMAN, PH. MARCHENAY, Les recettes traditionnelles recueillies par B. VIE-MARCADE (Albin Michel/CNAC, 1994).

Limousin, Les produits sous la direction de J. FROC, M. HYMAN et PH. HYMAN, Les recettes traditionnelles recueillies par B. VIE-MARCADE (Albin Michel/CNAC, 1998).

Auvergne, Les produits sous la direction de M. HYMAN, PH. HYMAN, J. FROC, J. BLANCHON, G. GARD, L. LAGRANGE et D. RICARD, Les recettes traditionnelles recueillies par V. LAMPREIA (Albin Michel, 2011).

Autres titres parus de la collection de « L'inventaire du patrimoine culinaire de la France » : *Martinique* (Albin Michel / CNAC, 1997) ; *Guadeloupe* (Albin Michel / CNAC, 1998) ; *Guyane* (Albin Michel / CNAC, 1999). À paraître : *La Réunion*.

Autres ouvrages consultés

Agronome (L'). Dictionnaire portatif du cultivateur, 2e éd., Paris, 1764.

ALALAIN (A.), *La Haute-Loire gourmande*, Le Puy, L'Éveil, 1965.

ARDOUIN-DUMAZET (V.E.), *Voyage en France,* Paris, Berger-Levrault, 1893-1907. [Collection de guides régionaux.]

AURICOSTE DE LAZARQUE (E.), *Cuisine messine*, 3e éd., Nancy, Sidot, 1898.

BIGARNE (Ch.), *Patois & Locutions du Pays de Beaune* (1891), Marseille, Laffitte Reprints, 1978.

BOISARD (P.), *Le Camembert, mythe français,* Paris, Odile Jacob, 2007.

BOURGUIGNON (A.), *Carte gastronomique et vinicole de la France*, Paris, E. Girard, s.d. [1929].

BRETON (O.), *Rilles, rillons, rillettes. L'aventure de la véritable rillette du Mans*, Paris, Du May, 1994.

BRIFFAULT (E.), *Paris à table*, Paris, J. Hetzel, 1846.

BRILLAT-SAVARIN (J.A.), *La Physiologie du goût*, Paris, A. Sautelet, 1826.

BUCHINGER (abbé B.), *Kochbuch*, Porrentruy, 1671.

CAILLAT (A.), *150 manières d'accommoder les sardines*, Marseille, Colbert, 1898.

CHANCRIN (E.), FAIDEAU (F.), *Larousse ménager. Dictionnaire illustré de la vie domestique*, Paris, Larousse, 1926.

CHAUVET (Dr S.), *La Normandie ancestrale,* Paris, Boivin & Cie, 1921.

Code de la charcuterie, de la salaison et des conserves de viande, 3e éd., Maisons-Alfort, CTCSCV, 1986.

COLOMBIÉ (A.), *Nouvelle Encyclopédie culinaire*, 3 vol., Melun, Réty, s.d. [1906-1907].

CONTOUR (A.), *Le Cuisinier bourguignon*, 3e éd., Beaune, Loireau, 1901.

COTGRAVE (R.), *A Dictionarie of the French and English Tongues* (1611), Columbia, University of S. Carolina Press, 1968.

COURCHAMPS [M.], *Dictionnaire général de la cuisine française*, Paris, Plon, 1853. [1re édition, 1839, sous le titre *Néo-physiologie du goût*.]

COURTINE (R.), *Larousse des fromages*, Paris, Larousse, 1973.

CROZE (A. de), *Les Plats régionaux de France* (1928), Luzarches, D. Morcrette, 1977.

Cuisinier gascon (Le), Dax, 1896.

Cuisinier landais (Le) (1893), Bordeaux, Ultreïa, 1987.

CURNONSKY et CROZE (A. de), *Le Trésor gastronomique de France*, Paris, Delagrave, 1933.

DARENNE (E.) et DUVAL (E.), *Traité de pâtisserie moderne*, Paris, Darenne, Duval, s.d. [vers 1912].

DE LA PORTE (J.-P.-A.), *Hygiène de la table*, Paris, Savy, 1872.

Dictionnaire de l'Académie des gastronomes, 2 vol., Paris, Éd. Prisma, 1962.

DU CHESNE (J.), *Le Pourtraict de santhé*, Paris, 1606.

DUHAMEL DU MONCEAU (H.), *Traité des arbres et arbustes qui se cultivent en France en pleine terre*, Paris, 1765.

DUHAMEL DU MONCEAU (H.), *Traité général des pesches et histoire des poissons qu'elles fournissent,* Paris, Saillant & Nyon, Desaint, 1769.

DURAND (C.), *Le Cuisinier Durand : cuisine du Midi et du Nord* (1830), 7e édition, Nîmes, hôtel Durand, s.d. [vers 1860].

École des ragoûts (L'), Lyon, Canier, 1685.

École parfaite des officiers de bouche, Paris, Ribou, 1713.

FAVRE (J.), *Dictionnaire universel de cuisine*, , 4 vol., Paris, s.d. [vers 1890].

FROC (J.), *Balade au pays des fromages*, Versailles, Quae, 2006.

Fromages de France, préface de Curnonsky, Tours, Arrault, 1953.

FURETIÈRE (A.), *Dictionnaire universel* (1960), 3 vol., Paris, SNL-Le Robert, 1978 (fac-similé).

Gazetin du comestible (Le), Paris, Duré, 1767. [Périodique.]

GOTTSCHALK (A.), *Histoire de l'alimentation et de la gastronomie*, 2 vol., Paris, Éditions Hippocrate, 1948.

GOUBERVILLE (G. de), *Le Journal du sire de Gouberville*, 4 vol., Bricquebosq, Les Éditions des Champs, 1993.

GOUFFÉ (J.), *Le Livre de pâtisserie* (1873), Marseille, Jeanne Laffite, 1981.

GRIMOD DE LA REYNIÈRE (A.-B.-L.), *Almanach des gourmands*, Paris, 8e année (1803 à 1812) ; Valmer-Bibliophile, Paris, 1984.

GRIMOD DE LA REYNIÈRE (A.-B.-L.), *Manuel des amphitryons* (1808), Paris, A.M. Métailié, 1983.

Guide des consommateurs. Maisons de commerce de Paris et des départements auxquelles les consommateurs peuvent s'adresser avec confiance, Paris, Imprimerie Paul Dupont, 1855.

Guide UNA, la France, Paris, Union nationale automobile, 1931.

GUILLAUMIN (G.), *Dictionnaire du commerce et des marchandises*, 2 tomes, Paris, Guillaumin éd., 1839-1841.

HERMANN (M.-Th.), *Dictionnaire de la cuisine de Savoie*, Paris, Bonneton, 1992.

HUSSON (A.), *Les Consommations de Paris*, 2e édition, Paris, Hachette, 1875.

KOPFUFF (M.), *Kochbuch*, Strasbourg, 1507, 1516, 1519.

L'ESCUROL (P.), « L'Art culinaire en Limousin », *Lemouzi*, Tulle, 1909.

LA CHAPELLE (V.), *Le Cuisinier moderne*, 4 vol., Amsterdam, 1735.

LACAM (P.), *Le Mémorial historique et géographique de la pâtisserie* (1890), 8e édition, Paris, chez l'auteur, 1908.

LECOINTE (J.), *La Cuisine de santé*, 3 vol., Paris, Briand, 1790.

LITTRÉ (E.), *Dictionnaire de la langue française*, 4 vol., Paris, Hachette, 1883.

LOMBARD (L.-M.), *Le Cuisinier et le Médecin*, Paris, Curmer, 1855.

Manuel de la cuisine, Metz,Antoine, 1811.

Ménagier de Paris (Le) (1846), Luzarches Morcrette. [Le manuscrit original date des années 1390.]

MONTAGNÉ (P.) et GOTTSCHALK (A.), *Larousse gastronomique*, Paris, Larousse, 1938.

MONTAGNÉ (P.) et SALLES (P.), *Le Grand Livre de la cuisine*, Flammarion, Paris, 1929.

MORARD (M.), *Manuel complet de la cuisinière provençale*, Marseille, Laffitte Reprints, 1984. [Réédition des *Secrets de la cuisine dévoilés*, 1886-1888.]

NOSTRADAMUS (M.), *Le Vray et Parfait Embellissement de la face* (1557), Paris, Gutenberg Reprints, 1979.

PALAY (S.), *Autour de la table béarnaise* (1932), Pau, Princi Negue, 2004.

PAMPILLE [M. ALLARD DAUDET], *LES BONS PLATS DE FRANCE* (1913), PARIS, CNRS ÉDITIONS, 2008.

PÂTISSIER FRANÇOIS (LE) (1653), REPR. DANS *LE CUISINIER FRANÇOIS*, PARIS, MONTALBA, 1983.

PITTE (J.-R.), *Terres de Castanide, Hommes et paysages du Châtaignier de l'Antiquité à nos jours*, Paris, Fayard, 1986.

Premier guide gastronomique des crêperies, Pont-Croix, La Tennière, 1988.

RABELAIS (Fr.), *Œuvres complètes, Paris, Gallimard, « Bibliothèque de la Pléiade », 1994.*

REBOUL (J.B.), *La Cuisinière provençale* (vers 1895), 14e édition, Marseille, Tacusse , s.d.

RICHELET (C.-P.), *Dictionnaire françois*, Genève, 1680.

RICHON (B.) [dir.], *Prasline de Montargis (La) : un siècle de savoir-faire*, Paris, Herscher, 2002. [Pour la Maison Mazet de Montargis.]

RIEUX (L.), *Au pays de Cocagne*, Albi, Imprimerie générale du Tarn, 1913.

ROBUCHON (J.) et *alii.*, *Le grand Larousse gastronomique*, Paris, Larousse, 2012.

RONDELET (G.), *Histoire entière des poissons*, Lyon, Mathieu Bonhomme, 1558.

SAVARY DES BRUSLONS (J.), *Dictionnaire universel de commerce*, Copenhague, 1759-1765.

SEIGNEURIE (A.), *Dictionnaire encyclopédique de l'épicerie*, Paris, journal *L'Épicier*, 1898.

SERRES (O. de), *Le Théâtre d'agriculture*, Paris, I. Métayer, 1600.

SIMON (C.), *La Galette, spécificité régionale ?*, rapport, Rennes, Association Buhez/Paris, Mission du Patrimoine ethnologique, 1993.

SPOERLIN (M.) (attrib.), *Oberrheinisches Kochbuch* (1811 et 1819), éd. augmentée, Strasbourg, 1826 ; trad. *La Cuisinière du Haut-Rhin,* Risler, Mulhouse, tome 1, 1842, tome 2, 1833.

Tableaux ou tarifs du maximum..., 1793-1794.

THEURIET (A.), *Le Livre de la Payse*, Paris, A. Lemerre, 1883.

Thrésor de Santé, Lyon, Hugueton, 1607.

V... Y (A.M), *Le Cuisinier des cuisiniers*, Paris, Audin, Urbain Canel, 1825.

VALMONT DE BOMARE (J.-C.), *Dictionnaire raisonné universel d'histoire naturelle* (1764 et 1765), 3e éd. augmentée, 9 vol., Paris, Brunet/Lyon, J.-M. Bruysset père et fils, 1775-1776.

VILLATTE DES PRÛGNES (R.), *La Cuisine bourbonnaise*, Moulins, Crépin-Leblond, 1949.

Site INAO : Institut national de l'origine et de la qualité, http://www.inao.gouv.fr.

COPYRIGHTS DES ILLUSTRATIONS

Première de couverture : © Arne Pastoor/Stock4B / Photononstop ; Quatrième de couverture (de gauche à droite, de haut en bas) : © Sucré Salé, © Degas J.P / hemis.fr, © Sucré Salé, © Bringard D. / hemis.fr, © Sucré Salé, © Jacques P. / hemis.fr, © Kauffmann A. / hemis.fr, © Sucré Salé, © Sudres J.D. / hemis.fr, © Sucré Salé, © Soberka R. / hemis.fr, © Sucré Salé, © Giuglio G. / hemis.fr, © Caviglia D. / hemis.fr, © Flpa / Hemis.fr, © Sucré Salé, © Sudres J.D. / hemis.fr, © Sucré Salé, © Rieger B. / hemis.fr, © Sucré Salé ; Bandeau de couverture : © DR / Benjamin Chelly ; P. 3 : © DR / Benjamin Chelly ; P. 4 (de gauche à droite, de haut en bas) : © Rieger B. / hemis.fr, © Rigoulet G. / hemis.fr, © Leroy F. / hemis.fr, © Escudero P. / hemis.fr, © Gerault G. / hemis.fr, © Cormon F. / hemis.fr, © Sarramon C. / hemis.fr, © Maisant L. / hemis.fr, © Rigoulet G. / hemis.fr, © Soberka R. / hemis.fr, © Wysocki-Frances / hemis.fr, © Preau L.M. / hemis.fr, © Barbier B. / hemis.fr, © Cintract R. / hemis.fr, © Gerault G. / hemis.fr, © Robert Harding / hemis.fr, © Sudres J.D. / hemis.fr, © Jacques P. / hemis.fr, © Guiziou F. / hemis.fr, © Frumm J. / hemis.fr, © Rieger B. / hemis.fr, © Sudres J.D. / hemis.fr, © Giuglio G. / hemis.fr, © Moirenc C. / hemis.fr, © Cintract R. / hemis.fr, © Rieger B. / hemis.fr, © Flpa / Hemis.fr, © Cormon F. / hemis.fr ; P. 6 (de gauche à droite, de haut en bas) : © Sucré Salé, © Sucré Salé, © Sucré Salé, © Sucré Salé, © Hughes H. / hemis.fr, © Sucré Salé, © Jon Arnold / hemis.fr, © Sucré Salé, © Rigoulet G. / hemis.fr, © Sucré Salé, © Sucré Salé, © Food Collection / hemis.fr, © Sucré Salé, © Bringard D. / hemis.fr, © Nicolas Leser, © Sucré Salé, © Sucré Salé, © Sucré Salé, © Sucré Salé, © Caviglia D. / hemis.fr, © Sucré Salé, © Sucré Salé, © Sucré Salé, © Sudres J.D. / hemis.fr, © Sucré Salé, © Sucré Salé, © Sucré Salé ; P. 8 (de gauche à droite, de haut en bas) : © Stichelbaut B. / hemis.fr, © Berthier E. / hemis.fr, © Rieger B. / hemis.fr, © Sudres J.D. / hemis.fr, © Berthier E. / hemis.fr, © Sudres J.D. / hemis.fr ; P. 10 : © Sucré Salé ; P. 11 : © Sucré Salé ; P. 12 : © Sucré Salé ; P. 13 à gauche : © Sucré Salé ; P. 13 à droite : © Sucré Salé ; P. 15 : © Sucré Salé ; P. 17 : © Sucré Salé ; P. 19 : © Sucré Salé ; P. 21 : © Sucré Salé ; P. 22 (de gauche à droite, de haut en bas) : © Rigoulet G. / hemis.fr, © Berthier E. / hemis.fr, © Jon Arnold / hemis.fr, © Hughes H. / hemis.fr, © Perousse B. / hemis.fr ; P. 24 en haut : © Sucré Salé ; P. 24 en bas : © Sucré Salé ; P. 25 : © Sucré Salé ; P. 27 : © Sucré Salé ; P. 28 (de gauche à droite, de haut en bas) : © Body P. / hemis.fr, © Leroy F. / hemis.fr, © Rabouan J.B. / hemis.fr, © Frances S. / hemis.fr, © Giuglio G. / hemis.fr, © Leroy F. / hemis.fr ; P. 30 : © Sucré Salé ; P. 31 : © Sucré Salé ; P. 33 : © Sucré Salé ; P. 35 : © Sucré Salé ; P. 37 à gauche : © Sucré Salé ; P. 37 à droite : © Sucré Salé ; P. 39 : © Sucré Salé ; P. 41 à gauche : © Sucré Salé ; P. 41 à droite : © Hughes H. / hemis.fr ; P. 42 (de gauche à droite, de haut en bas) : © Lenain H. / hemis.fr, © Body P. / hemis.fr, © Escudero P. / hemis.fr ; © Sudres J.D. / hemis.fr, © Guy C. / hemis.fr, © Degas J.P. / hemis.fr ; P. 45 : © Sucré Salé ; P. 46 : © Sucré Salé ; P. 47 : © Sucré Salé ; P. 48 : © Sucré Salé ; P. 49 : © Sucré Salé ; P. 51 : © Sucré Salé ; P. 53 : © Sucré Salé ; P. 55 à gauche : © Sucré Salé ; P. 55 à droite : © Sucré Salé ; P. 57 : © Sucré Salé ; P. 58 (de gauche à droite, de haut en bas) : © Sudres J.D. / hemis.fr, © Hughes H. / hemis.fr, © Hughes H. / hemis.fr, © Gerault G. / hemis.fr, © Cormon F. / hemis.fr, © Sudres J.D. / hemis.fr ; P. 60 : © Sucré Salé ; P. 61 : Lenain H. / hemis.fr ; P. 62 (de gauche à droite, de haut en bas) : © Cormon F. / hemis.fr , © Gerault G. / hemis.fr, © Mattes R. / hemis.fr, © Du Boisberranger J. / hemis.fr, © Mattes R. / hemis.fr, © Wysocki-Frances / hemis.fr ; P. 64/65 : © Sucré Salé ; P. 66 : © Sucré Salé ; P. 67 : © Sucré Salé ; P. 68 : © Rieger B. / hemis.fr ; P/ 69 : © Sucré Salé ; P. 70 : © Sucré Salé ; P. 71 : © Sucré Salé ; P. 73 : © Sucré Salé ; P. 75 : © Sucré Salé ; P. 76 (de gauche à droite, de haut en bas) : © Krinitz H. / hemis.fr, © Sarramon C. / hemis.fr, © Sucré Salé, © Rigoulet G. / hemis.fr, © Sucré Salé, © Hauser P. / hemis.fr ; P. 79 : © Sucré Salé ; P. 80 : © Sucré Salé ; P. 81 : © Sucré Salé ; P. 83 : © Sucré Salé ; P. 85 : © Sucré Salé ; P. 86 (de gauche à droite, de haut en bas) : © Soberka R. / hemis.fr, © Sudres J.D. / hemis.fr, © Soberka R. / hemis.fr, © Sudres J.D. / hemis.fr, © Renault P. / hemis.fr, © Sudres J.D. / hemis.fr ; P. 89 : © Sucré Salé ; P. 91 à gauche : Sudres J.D. / hemis.fr ; P. 91 à droite et en bas : © Sucré Salé ; P. 93 : © Sucré Salé ; P. 94 (de gauche à droite, de haut en bas) : © Guiziou F. / hemis fr, © Rigoulet G. / hemis.fr, © Rigoulet G. / hemis.fr , © Nicolas Leser, © Guiziou F. / hemis.fr, © Guiziou F. / hemis.fr ; P. 96 : © Sucré Salé ; P. 97 : © Nicolas Leser ; P. 98 (de gauche à droite, de haut en bas) : © Thomas P. / hemis.fr, © Sudres J.D. / hemis.fr, © Soberka R. / hemis.fr, © Sudres J.D. / hemis.fr, © Cormon F. / hemis.fr, © Sudres J.D. / hemis.fr, © Soberka R. / hemis.fr ; P. 100 : © Sucré Salé ; P. 101 : © Sucré Salé ; P. 102 en haut : © Sucré Salé ; P. 102 en bas : © Nicolas Leser ; P. 103 : © Sucré Salé ; P. 105 en haut : © Sucré Salé ; P. 105 en bas : © Sucré Salé ; P. 107 en haut et en bas à gauche : © Sucré Salé ; P. 107 en bas à droite : © Sudres J.D. / hemis.fr ; P. 109 : © Sucré Salé ; P. 110 (de gauche à droite, de haut en bas) : © Wysocki-Frances / hemis.fr, © Madamour C. / Hemis.fr, © Preau L.M. / hemis.fr, © Sucré Salé, © Gerault G. / hemis.fr, © Gerault G. / hemis.fr ; P. 112 : © Nicolas Leser ; P. 113 : © Sucré Salé ; P 114 : © Sucré Salé ; P.115 : © Sucré Salé ; P. 116 : © Sucré Salé ; P. 117 : © Sucré Salé ; P. 119 : © Sucré Salé ; P. 121 : © Sucré Salé ; P. 123 : © Sucré Salé ; P. 124 : © Sucré Salé ; P. 126 (de gauche à droite, de haut en bas) : © Mattes R. / hemis.fr, © Sudres J.D. / hemis.fr, © Food Collection / hemis.fr, © Bringard D. / hemis.fr, © Degas J.P. / hemis.fr ; P. 128 : © Sucré Salé ; P. 129 : © Sucré Salé ; P. 131 : © Sucré Salé ; P. 132 (de gauche à droite, de haut en bas) : © Bringard D. / hemis.fr, © Lemaire S. / hemis.fr, © Barbier B. / hemis.fr, © Kauffmann A. / hemis.fr, © Preau L.M. / hemis.fr, © Rieger B. / hemis.fr, © Bringard D. / hemis.fr ; P. 134 : © Bringard D. / hemis.fr ; P. 135 : © Sucré Salé ; P. 136 : © Sucré Salé ; P. 137 : © Sucré Salé ; P. 139 : © Sucré Salé ; P. 140 (de gauche à droite, de haut en bas) : © Cintract R. / hemis.fr, © Bringard D. / hemis.fr, © Kauffmann A. / hemis.fr, © Bringard D. / hemis.fr, © Mattes R. / hemis.fr, © Kauffmann A. / hemis.fr ; P. 143 : © Sucré Salé ; P. 145 en haut à gauche : © Sucré Salé ; P 145 : © Sucré Salé ; P. 147 : © Sucré Salé ; P. 149 : © Sucré Salé ; P. 150 (de gauche à droite, de haut en bas) : © Gerault G. / hemis.fr, © Rieger B. / hemis.fr, © Gerault G. / hemis.fr , © Guiziou F. / hemis.fr, © Gerault G. / hemis.fr, © Frilet P. / hemis.fr ; P. 153 en haut à gauche : © Sucré Salé ; P. 153 en bas à gauche : © Sucré Salé ; p 153 à droite : © Sucré Salé ; P. 155 : © Sucré Salé ; P. 156 (de gauche à droite, de haut en bas) : © Sudres J.D. / hemis.fr, © Boulay J. / hemis.fr, © Sucré Salé, © Robert Harding / hemis.fr, © Boisvieux C. / hemis.fr ; P. 159 : © Sucré Salé ; P. 160 : © Sucré Salé ; P. 161 : © Sucré Salé ; P. 162 : © Sucré Salé ; P. 163 : © Sucré Salé ; P. 164 : © Sucré Salé ; P. 165 : © Sucré Salé ; P. 166 (de gauche à droite, de haut en bas) : © Boisvieux C. / hemis.fr, © Food Collection / hemis.fr, © Guiziou F. / hemis.fr, © Sudres J.D. / hemis.fr, © Sudres J.D. / hemis.fr, © Jacques P. / hemis.fr ; P. 169 en haut : © Sucré Salé ; P 169 en bas : © Sucré Salé ; P. 171 : © Sucré Salé ; P. 172 (de gauche à droite, de haut en bas) : © Food Collection / hemis.fr, © Montico L. / Hemis.fr, © Jacques P / hemis.fr, © Sudres J.D. / hemis.fr, © Lenain H. / hemis.fr, © Giraudou L. / hemis.fr ; P. 174 : ©Leemage ; P 175 : Guiziou F. / hemis.fr ; P. 177 : © Sucré Salé ; P. 178 : © Sucré Salé ; P. 179 : © Sucré Salé ; P. 181 : © Sucré Salé ; P. 183 : © Sucré Salé ; P. 185 à gauche : © Sucré Salé ; P. 185 à droite : Sudres J.D. / hemis.fr ; P. 187 : © Sucré Salé ; P. 188 : © Sucré Salé ; P. 189 : © Sucré Salé ; P. 191 : © Sucré Salé ; P. 192 (de gauche à droite, de haut en bas) : © Giuglio G. / hemis.fr, © Sudres J.D. / hemis.fr, © Descamps S. / hemis.fr, © Sudres J.D. / hemis.fr, © Guiziou F. / hemis.fr, © Moirenc C. / hemis.fr ; P. 195 en haut à gauche et en bas à droite : © Sucré Salé ; P. 195 en haut à droite : © Sucré Salé; P. 195 en bas à gauche : © Sucré Salé ; P. 197 : © Sucré Salé ; P. 199 : © Sucré Salé ; P. 200 (de gauche à droite, de haut en bas) : © Sudres J.D. / hemis.fr, © Sudres J.D. / hemis.fr, © Frumm J. / hemis.fr, © Lenain H. / hemis.fr, © Moirenc C. / hemis.fr, © Moirenc C. / hemis.fr ; P. 202 : © Sucré Salé ; P. 203 à gauche : © Sucré Salé ; P 203 à droite : © Sucré Salé ; P. 204 : © Sucré Salé ; P. 205 : © Sucré Salé ; P. 207 : © Sucré Salé ; P. 209 en haut : © Sucré Salé ; P. 209 en bas : © Alain Muriot ; P. 211 en haut : © Sucré Salé ; P 211 en bas : © Sucré Salé ; P. 213 : © Sudres J.D. / hemis.fr ; P. 214 (de gauche à droite, de haut en bas) : © Guiziou F. / hemis.fr, © Caviglia D. / hemis.fr, © Gotin M. / hemis.fr, © Caviglia D. / hemis.fr, © Rieger B. / hemis.fr, © Rieger B. / hemis.fr, © Sudres J.D. / hemis.fr ; P. 216 : © Sucré Salé ; P. 217 : © Sucré Salé ; P. 219 : © Sucré Salé ; P. 221 : © Sucré Salé ; P. 222 (de gauche à droite, de haut en bas) : © Colin M. / hemis.fr, © Moirenc C. / hemis.fr, © Moirenc C. / hemis.fr, © Sudres J.D. / hemis.fr, © Wysocki-Frances / hemis.fr, © Sudres J.D. / hemis.fr ; P. 224 : © Sucré Salé ; P. 225 : © Sucré Salé ; P. 226 : © Sucré Salé ; P. 227 : © Sucré Salé ; P. 228 (de gauche à droite, de haut en bas) : © Guy C. / hemis.fr, © Jon Arnold / hemis.fr, © Sudres J.D. / hemis.fr, © Giuglio G. / hemis.fr, © Rieger B. / hemis.fr, © Degas J.P. / hemis.fr ; P. 230 : © Sucré Salé ; P. 231 : © Sucré Salé : P. 233 :© Sucré Salé ; P. 234 : © Sucré Salé ; P. 235 : © Sucré Salé ; P. 237 : © Sucré Salé ; P. 241 : © Sucré Salé ; P. 242 (de gauche à droite, de haut en bas) : © Tuul / hemis.fr, © Sucré Salé, © Moirenc C. / hemis.fr, © Azam J.P. / hemis.fr, © Azam J.P. / hemis.fr, © Guiziou F. / hemis.fr ; P. 245 en haut et en bas à droite : © Sucré Salé ; P. 245 en bas à gauche : © Sucré Salé ; P. 247 : © Sucré Salé ; P. 248 (de gauche à droite, de haut en bas) : © Bertolissio G. / hemis.fr, © Sucré Salé, © Cintract R. / hemis.fr, © Roy P. / hemis.fr, © Cintract R. / hemis.fr, © Sudres J.D. / hemis.fr ; P. 250 à gauche : © Felix A. / hemis.fr ; P. 250 à droite : © Sucré Salé ; P. 251 : © Sucré Salé ; P. 253 : © Sucré Salé ; P. 255 : © Sucré Salé ; P. 257 : © Sucré Salé ; P. 259 à gauche : © Sucré Salé ; P. 259 au centre : Sudres J.D. / hemis.fr ; P. 259 à droite : Rigoulet G. / hemis.fr ; P. 261 : © Sucré Salé ; P. 262 : © Sucré Salé ; P. 265 : © Sucré Salé ; P. 267 : © Sucré Salé ; P. 269 : © Sucré Salé ; P. 270 : © Sucré Salé ; P. 271 : Sudres J.D. / hemis.fr ; P. 273 : © Sucré Salé ; P. 274 (de gauche à droite, de haut en bas) : © Rieger B. / hemis.fr, © Sudres J.D. / hemis.fr, © Sudres J.D. / hemis.fr, © Lenain H / hemis.fr, © Lenain H. / hemis.fr, © Leroy F. / hemis.fr ; P. 277 : © Sucré Salé ; P. 279 : © Sucré Salé ; P. 281 : © Sucré Salé ; P. 283 à gauche : Escudero P. / hemis.fr ; P. 283 à droite : © Sucré Salé ; P. 285 : © Sucré Salé ; P. 287 : © Sucré Salé ; P. 288 (de gauche à droite, de haut en bas) : © Preau L.M. / hemis.fr, © Flpa / Hemis.fr, © Guy C. / hemis.fr, © Sudres J.D. / hemis.fr, © Sudres J.D. / hemis.fr, © Guy C. / hemis.fr ; P. 290 : © Sucré Salé ; P. 291 : © Sucré Salé ; P. 292 : © Sucré Salé ; P. 295 : © Sucré Salé ; P. 297 : © Sucré Salé ; P. 298 (de gauche à droite, de haut en bas) : © Degas J.P. / hemis.fr, © Cormon F. / hemis.fr, © Caviglia D. / hemis.fr, © Guy C. / hemis.fr, © Sudres J.D. / hemis.fr, © Guy C. / hemis.fr ; P. 301 en haut à gauche et à droite : © Sucré Salé ; P. 301 en bas à gauche : © Sucré Salé ; F. 302 à gauche : © Sucré Salé ; P. 302 à droite : © Sucré Salé ; P. 303 : © Sucré Salé ; P. 305 : © Sucré Salé.

Pour toute information : patrimoine.culinaire@albin-michel.fr
Photogravure: Bussière, Paris
Imprimé et façonné en France chez Pollina à Luçon - L66054
En partenariat avec France Bleu (www.francebleu.fr)

Éditions Albin Michel, 22 rue Huyghens, 75014 Paris, www.albin-michel.fr